Handwörterbuch
der
Kriminologie
und der anderen strafrechtlichen Hilfswissenschaften

unter Mitberatung von

Justizrat Dr. Drucker, Leipzig / Professor Dr. Graf Gleispach, Berlin / Generalstaatsanwalt i. e. R. Dr. Hafner, Karlsruhe / Oberverwaltungsgerichtsrat Dr. Hagemann, Berlin / Reichsgerichtsrat Dr. Hartung, Leipzig / Professor Dr. Kohlrausch, Berlin / Professor Dr. Müller-Heß, Berlin

herausgegeben von

Alexander Elster und **Heinrich Lingemann**
Dr. jur. in Berlin — Landgerichtsdirektor in Köln

15. Lieferung
Soziale Gerichtshilfe — Strafvollzug

Berlin und Leipzig 1935
Verlag von Walter de Gruyter & Co.

Inhalt der 15. Lieferung

sich für die Behörden und Beamten des Sicherheitsdienstes ein Verhältnis zur Finanzverwaltung, welches eine auf das Sondergebiet der fiskalischen Interessen beschränkte Analogie zu ihrem Verhältnis zur Staatsanwaltschaft darstellt, mit dem einzigen Unterschied, daß die „Beamten des Polizeidienstes" nicht auch Hilfsbeamten der Finanzämter sind.

Schrifttum:

C.: Enno Becker, Reichsabgabenordnung 1930 und Ergänzung dazu 1931, Berlin 1930 u. 1931.

D. Die Wasserpolizei. Die Wasserpolizei schließt in sich ein die Strom-, Schifffahrts- und Hafenpolizei und die polizeiliche Betreuung der nicht zu den Wasserläufen gehörenden Gewässer. In Preußen sind Wasserpolizeibehörden: I. für Wasserläufe erster Ordnung der Regierungspräsident, II. für Wasserläufe zweiter Ordnung und die nicht zu den Wasserläufen gehörenden Gewässer der Landrat, in Stadtkreisen die Ortspolizeibehörde, III. für Wasserläufe dritter Ordnung die Ortspolizeibehörde. Für Talsperren ist der Regierungspräsident, der die Aufsicht über die Talsperre führt, Wasserpolizeibehörde. § 342 des WasserpolizeiG. vom 7. IV. 1913 (GS. S. 53).

In Anwendung des § 343 WG. ist jedoch die Wasserpolizei den Strombauverwaltungen übertragen, deren Zuständigkeitsbereich die Grenzen der Regierungsbezirke und Provinzen überschneidet, um so die Wasserpolizei in einer Hand zu vereinigen mit der Aufsicht und Verwaltung der Gewässer.

Die Wasserpolizei auf den „Reichswasserstraßen" (vgl. unten) wird von den mittleren und unteren Behörden der Länder (Rhein-, Elb-, Oderstromverwaltung, die Wasserbau- und Wasserstraßendirektionen und die Verwaltung in den Berliner und Märkischen Wasserstraßen) als Organ des Reichs unter Leitung des Reichsverkehrsministers ausgeübt und diese Behörden haben die örtlichen Geschäfte der Wasserpolizei den Vorständen der Wasserbauämter (Hafen-, Kanalbauämter) allgemein übertragen (vgl. MinBl. i. V. 1884, S. 208 und 1889, S. 24). Wasserläufe, die von einem Deichverband zu unterhalten sind oder dessen Aufsicht unterstehen, werden wasserpolizeilich von der örtlichen Deichverwaltung betreut (§ 11 des Staatsvertrags vom 31. III. u. 26. IX. 1921 (RGBl. S. 961).

Die Aufgabe der Wasserpolizei ist die Betreuung der natürlichen und künstlichen Wasserläufe, das sind alle Gewässer, die in natürlichen oder künstlichen Betten beständig oder zeitweise oberirdisch abfließen einschließlich ihrer oberirdischen Quellen und der Seen, Teiche, Weiher, aus denen sie abfließen, sowie ihrer unterirdisch verlaufenden Strecken (§ 1 WG.).

Die natürlichen und künstlichen Wasserläufe bzw. -strecken erster Ordnung sind in einem durch das Gesetz aufgestellten und nur durch Gesetz veränderlichen Verzeichnis bezeichnet (§§ 2 und 3 WG.).

Die Verzeichnisse der künstlichen und natürlichen Wasserläufe zweiter Ordnung sind von den Oberpräsidenten nach Auflegung aufgestellt und enthalten diejenigen Wasserläufe, die nicht Wasserläufe erster Ordnung, aber für die Wasserwirtschaft von größerer Bedeutung sind (§§ 3, 4 und 5 WG.).

Wasserläufe dritter Ordnung sind alle anderen Strecken natürlicher und künstlicher Wasserläufe.

Reichswasserstraßen sind diejenigen Wasserläufe, die laut Staatsvertrag vom 31. III./26. IX. 1921 (RGBl. S. 961) von den Ländern auf das Reich übergegangen sind.

Die Zuständigkeit der Wasserpolizei ist örtlich beschränkt auf die Wasserläufe, selbst in der Regel bis zur Uferlinie.

Der Leinpfad untersteht für den Treidelverkehr der Wasserpolizei. Soweit er aber gleichzeitig ordnungsmäßig dem öffentlichen Verkehr gewidmet ist, überschneidet hier die Zuständigkeit der Wegepolizeibehörde die der Wasserpolizeibehörde. OVG. 73, 340 PVBl. 24, 470; 25, 80. Die laufende polizeiliche Betreuung der die Wasserstraßen überspannenden Brücken liegt der Wegepolizei ob. Für den Schutz der Meeresufer sind die Landespolizeibehörden zuständig, insoweit nicht dafür Sonderpolizeibehörden bestehen (§ 1 zu a VO. vom 1. X. 1931, GS. S. 231).

Die sachliche Zuständigkeit der Wasserpolizei ist beschränkt auf ihr Fachgebiet. Auf ihm genießt sie Ausschließlichkeit mit der Maßgabe, daß auch die wasserpolizeilichen Belange nur im Rahmen der allgemeinen Staatsnotwendigkeiten zu beurteilen sind und daß diese unter Umständen die Vorgeltung der ordentlichen Polizei bedingen. Die von der Wasserpolizei zu schützenden, in besonderen und unbedingten Beziehungen zum Wasser stehenden polizeilichen Interessen kann man erkennen als die Interessen „auf" und „im" und „am" Wasser in seiner unmittelbaren volks- und verkehrswirtschaftlichen Bedeutung.

Auf das so gekennzeichnete Fachgebiet ist die Wasserpolizei absolut beschränkt. Alle polizeilichen Interessen, wie insbesondere die der Seuchen-, Gewerbe-, Bau-, Wege-,

Deich-, Fischerei-, Fremden-, Kriminalpolizei sind auch dann von den zuständigen ordentlichen und Sonderpolizeibehörden zu wahren, wenn ihr Schutz auf den Wasserläufen notwendig wird. Verlangen die wasserpolizeilichen Interessen polizeiliche Maßnahmen auf dem Land, z. B. Entfernung von die Schifffahrt störenden Lichtern, so muß die Hilfe der ordentlichen Polizei angerufen werden. Der Schutz der Schiffahrttreibenden gegen Angriffe auf ihre Person auch auf dem Wasser ist nicht Sache der Wasserpolizei. Die Freihaltung des Wassers von gesundheitsschädigenden Einflüssen gehört ins Fachgebiet der Wasserpolizei, deshalb ihre Mitwirkung bei der Zulassung der Zuleitung von Abwässern, ihre Pflicht zur Entfernung von Kadavern und Leichen aus dem Wasserlaufe. Mit der Bergung der letzteren ans Land ist aber die wasserpolizeiliche Pflicht erfüllt.

Für die Genehmigung der Ausübung genehmigungspflichtiger Gewerbe auf dem Wasser bleibt die Gewerbepolizei zuständig, die Zuständigkeit der Wasserpolizei für die Überwachung des Badens und Eislaufens endet an der Uferlinie, ebenso wie umgekehrt die der ordentlichen Polizei (vgl. allgemein über die Zuständigkeit den MinErl. vom 13. VII. 1930 betr. Zuständigkeit der Wasserpolizei MinBlJV. S. 783).

Zu den verwaltenden Befugnissen der Wasserpolizei gehören 1. die Festlegung der Uferlinien (§ 12 WG.).

2. Die nach freiem Ermessen auch zum Schutze von Privatinteressen durchzuführende Beschränkung oder Untersagung der Benutzung der Wasserläufe (§ 21 WG.).

3. Die wasserpolizeiliche Genehmigung zur Errichtung oder wesentlichen Veränderung von Anlagen im Bett der Wasserläufe z. B. Schleusen, Badeanstalten, Brücken Häfen, Baumanlagen. Zum Schutze der Vorflut kann auch bei allen Wasserläufen die Errichtung von Anlagen innerhalb eines bestimmten Abstandes von der Uferlinie wasserpolizeilicher Genehmigung unterworfen werden (§ 22 WG.).

4. Die wasserpolizeiliche Vorprüfung bei Einleitung von Wasser oder anderen flüssigen Stoffen in einen Wasserlauf und die Befugnis, diese zu versagen (§ 23 WG.).

5. Die wasserpolizeiliche Überwachung und nötigenfalls die Beschränkung oder Regelung des Gemeingebrauchs: Zum Gemeingebrauch gehört die Benutzung der Wasserläufe zum Baden, Waschen, Viehtränken, Schwimmen, Kahnfahren, Eislaufen, die Entnahme von Wasser und Eis für die eigene Haushaltung und Wirtschaft und die Einleitung von Wasser und Abwasser aus Haushalt und Wirtschaft (§ 25 WG.). Ferner die zulässige Benutzung der Wasserläufe zur Schiffahrt und Flößerei, für welche die Uferanlieger den erforderlichen Leinpfad zur Verfügung halten müssen. Aufgabe der Wasserpolizei ist es auch, die unnütze Erschwerung dieses Gemeingebrauchs durch die Eigentümer der Wasserläufe zu verhindern.

6. Die Mitwirkung bei der Verleihung, Sicherstellung, Ausgleichung von Rechten und der Begründung von Zwangsrechten. Hier handelt es sich z. B. um das Recht zur Senkung oder Hebung der Wasserspiegel (Stauanlagen); die Anlage von Häfen und Stichkanälen; von Badeanstalten; das Maß, die Zeit und Art der Benutzung von Wasserläufen, deren Wassergehalt unter eine Mehrheit von Berechtigten ausgleichend verteilt werden muß (§§ 49, 69, 77, 83—85, 86 II, 89, 340 V WG.).

7. Die Setzung der Staumarke (§§ 92 III, 93 I WG.).

8. Die Feststellung und zeitliche Anordnung von Unterhaltungs- und Ausbauarbeiten an Wasserlauf und Ufer soweit Wasserläufe nicht von Reich oder Staat unterhalten werden (§ 133 Abs. 2 § 176 Abs. 2 WG.).

Das Polizeiverordnungsrecht der Wasserpolizeibehörden ergibt sich aus § 24 des Polizeiverwaltungsgesetzes. Nach dem gleichen Gesetz ist auch das Recht zum Erlaß von wasserpolizeilichen Verfügungen und zur Verhängung von Zwangsgeld und Zwangshaft zu behandeln. Die Zuständigkeit der einzelnen Wasserpolizeibehörden ist geregelt in den §§ 348, 284, 306, 350, 355 WG.

Bis zum 31. III. 1931 diente der wasserpolizeilichen Exekutive der „Reichswasserschutz", der aber nicht Wasserpolizeibehörde im eigentlichen Sinne war. Seine Aufgaben sind nach seiner Auflösung von der Schutzpolizei als Sonderaufgabe unter der Bezeichnung „Hafen- und Schiffahrtspolizei" übernommen.

Schrifttum:

D.: D. A. Bochalli, Wasserpolizei und Wasserpolizeibehörde in Preußen, Berlin 1913. — Karl Friedrichs, Polizeiverwaltungsgesetz, Berlin 1932. — A. Herzfeld, Preußisches Wasserstrafrecht 1930, — v. Bayer-Ehrenberg, das Badische Wasserrecht 1926. — W. Hofacker, Das württembergische Wasserrecht 1927. — Das Wasserrecht in Deutschland 1931. Die vier zuletzt genannten Aufsätze in den Mitteilungen des Deutschen Wasserwirtschafts- und Wasserkraft-Verbandes, E. V., Berlin-Halensee. — Für Bayern: Kommentar v. Eymann Schubert, Ansbach. — Für Sachsen: Kommentar von Meyer, Leipzig 1909. — B. Böhm, Gewerbliche Abwässer, Berlin 1928.

E. Die Deichpolizei. Auch sie ist geregelt im Wassergesetz. Ihre Aufgabe ist der Schutz der Deiche und der zugehörigen Anlagen (Deichkrone, Deichböschungen), auch die Wasserpolizei, dort wo die Wasserläufe von Deichverbänden unterhalten werden (vgl. oben unter D). Örtlich zuständig sind die Deichvorsteher (§ 367 WasserG.) (Deichhauptmann, Deichrichter, -graf, -gräfe usw.). Sie haben die gleichen polizeilichen Zwangsbefugnisse wie die örtlichen Wasserpolizeibehörden (§ 308 WasserG.). Ein Polizeiverordnungsrecht haben sie ebensowenig wie ihre Deichaufsichtsbehörden. Dieses steht allein den örtlich zuständigen Regierungspräsidenten und Landräten zu (§ 306 WasserG.). Wege auf den Deichen sind in der Regel nicht öffentliche i. S. des Wegerechts.

F. Die Quellenpolizei, deren Aufgabe es ist, die Heilquellen zu schützen. — Zuständig sind als Sonderpolizeibehörden die Regierungspräsidenten gemeinsam mit dem Oberbergamt, dem Kreisarzt und (z. B. für die Feststellung des Lageplans und des Schutzbezirks) den Ortspolizeibehörden. Zuständige Fachminister sind Min. d. I., Min. d. Handels, Landw., Volksw. (vgl. QuellenschutzG. vom 14. V. 1908, GS. S. 105).

Schrifttum:

E.: v. Gierke, Geschichte des deutschen Deichrechts, Breslau 1901 u. 1918. — Bochalli, Wassergenossenschafts- und Deichrecht, Berlin 1913.

G. Die Fischereipolizei. Sie wird gehandhabt in den Küstengewässern von den Oberfischmeistern (FischereiG. vom 11. V. 1916, GS. S. 55); in den Binnengewässern in der Regel von den Ortspolizeibehörden. Doch können an ihrer Stelle Oberfischmeister als Sonderpolizeibehörde bestellt werden (FischereiG. § 119). Die Fischereibeamten sind Hilfsbeamte der Staatsanwaltschaft, sie sind zum Erlaß von Polizeistrafverfügungen befugt. Ausschließliche Aufgabe der Fischereipolizei ist die Regelung des Fischfangs.

Schrifttum:

G.: Delius, Fischereigesetz, Berlin 1916.

H. Die Feld- und Forstpolizei wird nach dem Feld- und ForstpolizeiG. vom 10. VIII. 1904 in der Fassung vom 21. I. 1926 (GS. S. 83) gehandhabt entweder als Sonderaufgabe von der ordentlichen Polizei oder von Sonderpolizeibehörden, dazu gehören die Schaurichter und diejenigen Feld- und Forsthüter, welche von den Grundbesitzern (nicht von den Gemeindebehörden) angestellt werden. Die Zuständigkeit dieser Sonderpolizeien ist beschränkt auf den Forst- und Feldschutz. Die Beamten sind nicht befugt, den Jagdschutz z. B. durch Kontrollen der Jagdscheine zu handhaben.

Schrifttum:

H.: Rasch-Eggert, Preuß. Feld- und Forstpolizeigesetz, Berlin 1926. — Wagemann-Kranold, Feld- und Forstpolizeigesetz, Berlin 1926.

J. Soweit die Jagdpolizei nicht als Sonderaufgabe von der ordentlichen Ortspolizei geübt wird, ist sie besonderen Jagdpolizeibehörden anvertraut. Das sind die unteren Jagdpolizeibehörden, die Jagdaufsichtsbehörde, der Kreisausschuß, Bezirksausschuß, der Regierungspräsident und Oberpräsident, schließlich der Min. d. I. und Min. f. Landw. Aufgabe der Jagdpolizei ist der reine Jagdschutz, das ist die Regelung des Rechtes zu jagen und der Schutz dieses Rechtes gegen Dritte, nicht dazu gehört die Sorge für weidmannsche Ausübung der Jagd.

Schrifttum:

J.: Dalke-Delius, Preuß. Jagdrecht, Berlin 1914. — Görcke, Jagdordnung, München 1920. — Peters in v. Brauchitsch, Bd. 2, Berlin 1925.

K. Zu den Sonderpolizeibehörden gehören auch die Gewerbeinspektoren, welche die laufende Aufsicht über die Gewerbe ausüben, und zwar entweder allein oder wie in Preußen neben den Ortspolizeibehörden. Ihre Zuständigkeit ist beschränkt auf die in der Gewerbeordnung bezeichneten Rücksichten und sie erstreckt sich nicht auf die Handhabung der zahlreichen Vorschriften der Gewerbeordnung, welche der ausschließlichen Zuständigkeit der ordentlichen Polizei anvertraut sind. Vgl. d. Art. „Gewerbepolizei".

L. Die Dampfkesselüberwachung ist als Sonderpolizeigebiet hinsichtlich der Genehmigung übertragen für Lokomotiven den Eisenbahnaufsichtsbehörden, für Dampfkessel den Bergwerken und Aufbereitungsanstalten dem Oberbergamt, im übrigen dem Kreis- oder Stadtausschuß; hinsichtlich der laufenden Untersuchung, bei Bergdampfkesseln: den Bergrevierbeamten, bei Staatsdampfkesseln der Staatsverwaltung: Staatsbeamten, bei privaten Dampfkesseln: den Ingenieuren der Dampfkesselüberwachungsvereine. Auch die letzteren sind Sonderpolizeibehörden und ihre Machtvollkommenheit erstreckt sich auch auf Nichtmitglieder.

M. Sonderpolizeibehörden auf dem Gebiete der Kunst sind die Prüfungsstellen für Bildstreifen in Berlin und München und die Oberprüfungsstelle in Berlin.

Georg Müller.

Soziale Gerichtshilfe.

Da die soziale Gerichtshilfe ihre praktische Bedeutung inzwischen verloren hat, wird von einer Behandlung in diesem Handwörterbuch abgesehen. Wer sich über den Gegenstand in seiner historischen Bedeutung unterrichten will, vgl. d. Art. Gerichtshilfe für Erwachsene im Handwörterbuch der Rechtswissenschaft Bd. II, S. 737.

Soziale Umwelt.

I. Das Umweltproblem in der Kriminologie steht an Schwierigkeit nicht hinter dem Persönlichkeitsproblem zurück. Wenn Wilhelm Sauer sagt (Kriminalsoziologie I, S. 94), „an dem Verbrechen wirken stets drei Faktoren mit: Umwelt, Anlage und freier Willensentschluß", so gehören die beiden letzteren dem Persönlichkeitsproblem an, der erstere aber ist eben ein Problem für sich, — freilich niemals losgelöst von dem Persönlichkeitsproblem. Denn wenn es auch typische Umwelteinflüsse kriminellen Charakters gibt, so wirken sie doch individuell ganz verschieden, führen den Einen geradewegs zum Verbrechen, während sie den Anderen trotz Gefährdung nicht aus seiner sozialen Bahn und seiner redlichen Haltung bringen. „Das Milieu ist der große Fallensteller und der Erprober des Menschen. Aber die Art, wie der Einzelne die ihm gestellten Lebensprobleme löst, wie er also in seinem Lebensraum sich entfaltet und wirkt, ob er in dem maßgebenden, verhängnisvollen Augenblick die richtige Entscheidung findet, richtet sich nach dem Wesen und der Stärke seiner zielsetzenden Aktionskraft. Denn die Milieufaktoren bilden bloße Konvergenzfaktoren" (Nagler). Trotz dieser Erkenntnis aber bleibt eine Betrachtung der kriminogenen Möglichkeiten der Umwelt wichtig.

Wenn auch die meisten Umwelteinflüsse typisch für bestimmte Verbrechen sind — z. B. schlechte Wohnverhältnisse für Sittlichkeitsdelikte, Elend und Geldverwaltungslockungen für Diebstahl und Unterschlagung, schlechte Gesellschaft Großmannssüchtiger und Leichtsinniger für Betrügereien, sowie namentlich die spezifischen Berufseinflüsse — alles im weiteren Sinne der „Gelegenheit" (s. oben S. 70 u. 266), so daß deren Behandlung jeweils bei der Betrachtung der einzelnen Verbrechensarten und kriminellen Typen zu besprechen ist, so gibt es doch auch einen allgemeinen Teil der Umweltlehre. Dieser soll hier betrachtet werden, während vieles Einzelne an anderen Stellen dieses Handwörterbuchs (vgl. das Sachregister am Schluß des Werkes unter „Umwelteinfluß") erörtert ist.

Umwelt ist dabei nicht nur die „soziale" Umwelt; Exner hat im Art. Kriminalsoziologie oben S. 15ff. die Begriffe klargelegt; auch Klima, Jahreszeit, Tageszeit, Wochentag, Naturereignisse, Krankheit usw. ist zu dem weiteren Begriff der Umwelt zu rechnen (vgl. die betreffenden Spezialartikel, insbesondere d. Art. „Jahreszeiten"). Das kriminologisch Wichtigste aber ist doch die soziale Umwelt, die die ganze auf Menschensatzung, Staatsordnung, Wirtschaft und Kulturlage beruhende Umgebung des Menschen umfaßt, sei es daß er in die speziellen Umweltverhältnisse hinein geboren ist, sei es daß er sie bewußt gesucht hat. In die „soziale" Umwelt ist alles das einzuschließen, was nicht rein biologisch ist, obwohl wir uns darüber klar sein müssen, daß auch die Grenze zwischen Biologischem und Sozialem flüssig ist, wenn wir beispielsweise an den Einfluß der Familie oder der Rasse und Sippe denken.

Daß diese soziale Umwelt auf die Verbrechensgenese von Einfluß ist, ist unbestritten, ja eine „Selbstverständlichkeit". Nicht restlos zu beantworten aber ist die Frage, wie weit der sozialen Umwelt im Verhältnis zur biologischen Konstitution, zur Erbanlage, zum Phänotypus ein — überwiegender oder subsidiärer? — Einfluß zuzusprechen ist und wie tief jeweils dieser Einfluß geht. Dies ist bereits von Aschaffenburg im Art. „Kriminalanthropologie und Kriminalbiologie" oben Bd. I, S. 830ff. und von Exner im Art. „Kriminalsoziologie" oben Bd. II, S. 21ff. ausführlicher besprochen worden, worauf verwiesen sei. Im Folgenden handelt es sich daher nur um ergänzende und methodisch zusammenfassende Betrachtungen.

Die wechselseitige Bedingtheit von Umwelt und Lebensführung wird schon in den Grundzügen der Siedlungsart deutlich; denn die Siedlungsart ist ein aktiv und passiv bedeutsames Moment der sozialbiologisch wesentlichen Umwelt. Sie ist teilweise Ergebnis, teilweise Voraussetzung der Rechtslage, und diese ist dann ihrerseits Ergebnis und Voraussetzung der sozialen Ordnung. Es hängt also mit der Siedlungsart aufs engste sowohl das Familienrecht wie das Erbrecht wie die Sexualsitte u. dgl. zusammen. Welchen Einfluß gerade auf die letztere das großstädtische Leben im Gegensatz zum ländlichen und kleinstädtischen hat, wissen wir ja nicht erst angesichts der modernen europäischen Kultur. Auch beispielsweise die pompejanischen Ausgrabungen zeigen andere sexuelle Sitten als etwa die griechischen Dionysien oder die Kybele-Feste, die an sexualer Ungebundenheit ja auch nicht gering waren. Schon in früher Zeit wird jede Art von Promiskuität bei nahem Zusammenleben gefördert, während strenge Sippenscheidung mit Endogamie, Raubehe, Blutrache u. dgl. bei der Siedlungsart entfernt liegender Einzelhöfe gefunden wird.

Die Beziehungen der Umwelt zur allgemeinen staatlichen Ordnung und sittlichen Anschauung sind unstreitig vorhanden — ein Gebirgsvolk ist anderer Art als ein Seemannsvolk, ein reiches Kulturland schafft andere Menschen als ein karger Boden oder gar eine Eiswüste. Aber diese Beziehungen wirken nicht nur, ja vielleicht nicht einmal vorwiegend, unmittelbar auf Rechtslage und Sozialordnung, sondern, was das wichtigere ist, auf dem Umwege über die körperliche und seelisch-geistige Konstitution des Menschen (s. dazu auch unten II 4). Hier taucht bereits die alte sowohl natur- wie geisteswissenschaftliche Streitfrage auf, ob Eigenschaften nur angeboren werden und „was mal so ist, auch so werden muß" oder ob Erziehung oder ungünstige Einflüsse und namentlich die „freie" Willensbestimmung einen Sieg über die Erbanlagen sowohl für das Individuum selbst wie namentlich durch die Vererbung erworbener Eigenschaften auch für die Nachkommenschaft davontragen können. Eine unbedingte Ablehnung der Vererbung erworbener Eigenschaften würde bedeuten, daß alle Erziehung, alle Sozialpolitik, alle Kriminalpolitik, ja sogar alle Aufartung nur für den Phänotypus, also für den lebenden Menschen auf die Dauer seiner Lebenszeit (und vielleicht nicht einmal so lange) Wirkung tut, den Genotypus aber nicht verändert. Allgemeine Evolution und Höherentwicklung wären dann Utopieen und Selbsttäuschungen. Aber außerhalb dieses in erster Linie die Biologen angehenden Streites darf doch gefragt werden: was bedeutet in solchem Zusammenhange Umwelt? Sind nicht die zeitlichen und dynamischen Wirkungen der Umwelt, die wir beobachten können, viel zu klein, und ist nicht ein großer Unterschied zu machen bezüglich der Oberflächen- und der Tiefenwirkung des Umwelteinflusses? Gewiß bildet der menschliche Wille sich selbst und die Umwelt, diese Umwelt ist also auch eine Folgeerscheinung, und mithin muß, da sich die Umwelt ändert, doch wohl auch die ihr zu Grunde liegende Eigenart der Menschen änderungsfähig sein und gewesen sein — möglicherweise auf dem Wege, daß durch Umwelteinflüsse zum mindesten eine stärkere Wirksamkeit vorhandener, aber unter anderen Umständen latent bleibender Erbanlagen möglich wird — im Sinne einer gewissen „Umweltbereitschaft", vgl. oben S. 64 u. 71ff. Der Kriminologe muß jedenfalls, wenn er nicht an seinen Erkenntnissen und Aufgaben verzweifeln will, bis zu einem erheblichen Grade an die gegenseitige Beeinflußbarkeit von Umwelt und Konstitution glauben (vgl. oben S. 279), auch auf Tiefen- und Langzeitwirkung hin.

II. Betrachten wir nun überblickend die verschiedenen Gruppen der sozialen Umwelt und ihre zumeist typischen positiven und negativen Einflüsse auf die Kriminalität.

1. Die nächste und engste Umwelt um den Einzelnen ist die Familie und die von ihr ausgehende Erziehung (einschließlich der ergänzenden Erziehung durch Schule und Kirche). Hier bleibt Erbmasse und Umwelt teilweise noch in so nahem Zusammenhang, daß eine klare Trennung tatsächlich kaum möglich erscheint, und zwar in aktiver wie in passiver Hinsicht: sowohl das elterliche Vorbild und die Erziehungsmethoden sind durch die Rassen- und Sippenanlagen bedingt wie andererseits die Aufnahme durch das Kind den gleichen Bedingtheiten unterliegt. Das so aus verschiedenen Komponenten gebildete Milieu muß naturgemäß mit besonderer Stärke wirksam werden, weil die Aufnahmebereitschaft von Gleich zu Gleich meist keine starken Hemmungen entgegensetzt und weil überdies die Aufnahmefähigkeit der kindlichen Psyche weit größer als die des Erwachsenen ist. Wenn also Hagemann (s. d. Art. Berufsverbrecher oben Bd. I, S. 141) darauf hinweist, daß die Mehrzahl gerade der schwersten Berufsverbrecher aus rechtschaffenen Familien stammt, so betont er dadurch mit Recht, daß es voreilig wäre, von einem erblichen Verbrechertum zu sprechen, aber er verneint damit nicht den Einfluß des Familienmilieus, von dem er zuvor — u. a. unter Hinweis auf die bekannten Untersuchungen der Verbrecher- und Alkoholikerfamilien Kallikak und Juke und auf die Einteilung der Verbrechergruppen nach Franz v. Liszt — ausdrücklich gesprochen hat. Sehen wir also von denjenigen Ausnahmefällen ab, in denen ein Kind — sei es zum Guten, sei es zum Schlechten hin — „aus der Art schlägt" (wohl eine Art Atavismus), so ist doch nicht zu leugnen, daß der wichtigste kriminologische Umweltfaktor die Familie ist. Fördert die Familie die Kriminalität, so ist der Eingriff durch den Staat, der die Kinder und Jugendlichen dem verderblichen häuslichen Einfluß, selbst wenn dieser nur mittelbar kriminogen ist, entzieht, nachdrücklichst und für eine verhältnismäßig frühe Zeit zu fordern. Selbstverständlich darf dies nur in klar liegenden Fällen geschehen (vgl. d. Art. Heilpädagogik und Jugendkriminalität oben

Bd. I, S. 657). Es wäre soziologisch und kriminologisch interessant, zu erforschen, ob das Familienmilieu vorwiegend vom Vater oder vorwiegend von der Mutter bestimmt wird. Bekannte Typen sind einerseits der trinkende und die Ehefrau mißhandelnde Vater oder die bei den Töchtern einen putzsüchtigen Leichtsinn fördernde Mutter — andererseits der eine strenge Hauszucht haltende Vater oder die Mutter, die noch den einzig möglichen sittlichen Halt für einen mit verbrecherischen Neigungen behafteten Sohn bildet. Teilweise erkennbar wird das, wenn man die Jugendlichen-Kriminalität aus „unvollständigen" (vaterlosen, mutterlosen) Familien betrachtet, wofür Roesner oben Bd. I, S. 851 aufschlußreiche statistische Daten gegeben hat. Unerquickliche Familienverhältnisse, insbesondere eheliche Zerwürfnisse, können zu schweren Taten führen (Mord, Ehebruch, Blutschande, Kindermißhandlung, Veruntreuungen); vgl. u. a. oben Bd. I S. 192, 257, 657, 788.

Das Kapitel der schwer erziehbaren Kinder gehört hierher, über das hier jedoch nicht näher gesprochen werden soll. Das Maß der Erziehungsergebnisse und namentlich die Nachhaltigkeit sind Proben auf das Exempel, wie weit der Milieueinfluß im Elternhause ging und ob und wie weit Umweltänderung die Erbanlage noch zu formen oder wenigstens in ihrer sozialen Wirksamkeit zurecht zu rücken vermag. Über „milieugeschädigte" Fürsorgezöglinge s. oben Bd. I, S. 148.

Schule und Kirche darf man wohl nur so weit zum engeren Milieu rechnen, als Erziehung und Gesellschaft überhaupt von Einfluß sind. Jedoch gehören sie im weiteren Sinne zu den Umwelteinflüssen, zumal die Wahl der Schule — höhere oder niedere, öffentliche oder private — und die Hinneigung zur Kirche in hohem Maße familienbedingt sind (s. die Art. Religion, Konfession, Weltanschauung oben S. 489ff. und „Kriminalsoziologie" oben S. 21).

Zu beachten ist auch der Familienstand, der in gewissem Ausmaß Umwelteinflüsse bedingt: z. B. die (für den Mann) günstigen der Ehe (vgl. oben S. 21), die häufig gefahrvollen der Einsamkeit (s. darüber d. Art. Familienstand von Roesner oben Bd. I, S. 398ff.).

2. Den nächsten Umweltumkreis, sowohl raummäßig wie auch zeitlich in der Entwicklung des einzelnen Menschen, bildet der Beruf und die Beschäftigung. Der selbstgewählte Beruf weist schon auf Neigungen und Charakteranlagen dessen hin, der ihn ergriffen hat; andererseits nehmen Beruf und tägliche Betätigung den Menschen so sehr in Anspruch, daß sie ihn allmählich modeln, ja sogar seinen Phänotypus, sein körperliches Aussehen, beeinflussen können. Daß somit ein Einfluß auch auf Rechtschaffenheit oder ihr Gegenteil sowie Gefährdung durch Gelegenheit oder physisch-psychische Reize, die kriminell werden können, entstehen mag, liegt auf der Hand. Eingehend sind diese Fragen von Hagemann im Art. „Beruf" oben Bd. I, S. 113ff., insbesondere auch S. 123ff. behandelt worden; und es ist auch oben Bd. II, S. 22 zu vergleichen. Da zu dem Umkreis der beruflichen Tätigkeit in nicht geringem Maße auch der Bildungsgrad gehört, sei zugleich auf die Ausführungen von Roesner oben Bd. II, S. 170ff. hingewiesen.

3. Neben dem Beruf als solchem und seiner natürlichen Betätigung an sich kann es aber nicht gleichgültig sein, ob die Arbeit in dem Beruf glückt, ob der Schaffende Gelegenheit zu einträglicher und befriedigender Tätigkeit hat und vorwärts kommt oder ob er der Erwerbslosigkeit und Verarmung anheimfällt, so daß seine berufliche Betätigung imaginär wird. Die seelischen und wirtschaftlichen Faktoren von Arbeit und Arbeitslosigkeit in ihrer Beziehung zur Kriminogenität sind im HdK. Bd. I, S. 58 („Asozialität"), S. 120ff. („Beruf"), 331ff. („Erwerbslosigkeit") bereits erschöpfend behandelt worden.

4. Ein weiterer Kreis der Umweltlage wird dargestellt durch die sozialwirtschaftliche Lage schlechthin mit ihrer für den Einzelnen sich eventuell ergebenden Folge von Armut oder Reichtum und jedenfalls der Bildung von Schichten und „Klassen". Hierüber ist in diesem Handwörterbuch bereits in Bd. I, S. 58 u. 913, in Bd. II, S. 24/25 u. 151ff. gesprochen worden. Einige ergänzende Ausführungen unter dem Gesamtgesichtspunkt der sozialen Umwelt mögen aber hier noch am Platze sein.

Insbesondere darf da zunächst der „Geist der Zeit" ins Auge gefaßt werden, der es mit sich bringt, daß in normalen Zeiten des Glückes, des Aufstiegs und der ruhigen Ordnung eines Volkes das Verbrechen weit weniger Ursache und Anreiz findet als beispielsweise in Zeiten des Krieges, innerer Unruhen, wirtschaftlichen Niederganges mit Inflation und Not. Und nicht nur weniger Ursache und Anreiz findet es, sondern auch eine stärkere Gegenwehr durch den Staat, im allgemeinen auch eine sicherere Entdeckung und eine intensivere Verfolgungshilfe durch die Allgemeinheit, weil die Verhältnisse übersichtlicher und die Anschauungen strenger sind. Ähnliche Änderungen der sozialen Umwelt mag man bezüglich der Kriminalität auch — wie Niceforo (s. Schrifttum) es tat — in der „Verfeinerung" des primitiven Zustandes zur Zivilisation erblicken. Er vertritt (a. a.O., S. 364 ff.) den Standpunkt: „Jede spezielle Form der Zivilisation bringt spezielle Formen des Übels mit sich. So hat die Zivilisation ihre Ansteckungen und ihren Aussatz in der körperlichen Welt wie in der moralischen . . . Die barbarische Kriminalität geht in die moderne über . . . Die Leute, die früher gestohlen oder mit dem Dolch getötet haben würden, kommen heutzutage zu demselben Resultat auf den krummen Wegen der List . . .“ — und er weist dies nicht nur an dem Gegensatz zwischen Antike und Moderne, sondern auch an dem Gegensatz zwischen einzelnen Zonen der heutigen Staaten nach. Diese Beobachtung erscheint einleuchtend, ja in gewissem Grade selbstverständlich; die besondere Lehre, die aus ihr zu ziehen ist, ist die von der unterschiedlichen, ja relativen Bedeutung der sozialen Umwelt für die Form des Verbrechens, nicht nur für die Gelegenheit zum Verbrechen. Beides aber wird von der sozialen Umwelt beeinflußt, weil die sozialwirtschaftliche Ordnung Schichtungen der Bevölkerung nach Zufriedenheit und Unzufriedenheit, nach Wohlstand und Armut, nach Bildung und Unbildung, nach höherem und geringerem Stand der Zivilisation mit sich bringt und somit eine Verschiedenartigkeit der Gelegenheiten und eine Verschiedenartigkeit der Form der Auflehnung gegen diese Ordnung.

Niceforo spricht von Klassen-Kriminalität, wie ja sein Werk überhaupt die Anthropologie der nichtbesitzenden „Klassen“ behandelt. Dies mag auf marxistischer Grundanschauung aufgebaut sein und muß als ein gewichtiger Grund dafür ins Feld geführt werden, daß in Umkehrung der marxistischen Grundsätze eine Ausgleichung der Klassen und ihrer Gegensätze wohl auch eine Besserung der Kriminogenität in nicht einmal vereinzelter Richtung mit sich bringen müßte. Denn mit dem Wegfall des Klassenhasses und künstlich gesteigerter Gegensätze müßte eine gegenseitige Verstehensbereitschaft sich einstellen, die trotz immer bleibender sozialwirtschaftlicher Unterschiede Neid und Mißgunst zurückdrängt, gewaltsame Neidtaten unterdrückt und den zum Gegenstoß reizenden Dünkel beseitigt. Trotz Einseitigkeiten in mancher Hinsicht regt jedoch Niceforos Werk auf Grund seines umfangreich beigebrachten Tatsachenmaterials zur Klärung über Einflüsse der sozialen Lage an. Er spricht aber noch einen anderen Gedanken aus, welcher der von mir in meiner „Sozialbiologie“ (s. Schrifttum) näher dargelegten Einheit von biologischem und sozialem Werden nahe kommt und der die soziale Lage des Einzelnen zu einem nicht geringen Teil als eine Folge seiner psychisch-physischen Konstitution erklärt. In dieser Hinsicht sagt er u. a. (S. 369 ff.): „Ein großer Teil der Menschen, die zu den Armen gehören, befindet sich in einem Zustande von Irritabilität und Impulsivität, der durch die physiologische Armut, durch Vergiftung und Eigenvergiftung verursacht wird. Unter den letzteren sind besonders die ‚Eigenvergiftungen durch Überanstrengung‘ sehr wichtig . . . Zu diesen Eigenvergiftungen, die durch übermäßige Arbeit und Anstrengung entstanden sind, gesellen sich die äußeren Vergiftungen, die durch die enge Berührung und das Arbeiten mit giftigen gewerblichen Stoffen (Blei, Quecksilber usw.) oder durch das Leben in geschlossenen Räumen, die schlecht gelüftet und von verdorbener und ungesunder Luft voll sind, verursacht werden . . . Wir glauben, daß auch dieser Gedanke, der eine der Ursachen für die Kriminalität, besonders die der Gewaltvergehen, in der Tatsache der beruflichen Vergiftung aus Überanstrengung resp. Selbstvergiftung, und ebenso in der größeren Reizbarkeit und Impulsivität aus physiologischem Elend zeigt, dazu beitragen kann, uns die Höhe der Kriminalität und ähnliche Erscheinungen bei den Armen zu erklären . . . Die Armut bereitet ein Bett für die Kriminalität. Aber nur in dem Sinne, daß sie zuvor Schwächlinge und Degenerierte erzeugt“.

Eine solche Verschiebung des Sozialen auf das Physische, wie Niceforo sie hier umschreibt, scheint mir zu weit zu gehen; man darf das Seelisch-Geistige, dasjenige, das Sauer als „freien Willensentschluß“ (freilich auch nicht methodisch ganz zutreffend) neben Umwelt und Anlage setzt, nicht so sehr außer Acht lassen. Der Einfluß der Wirtschaftslage auf die Kriminalität läßt sich weder auf einen rein geistigen noch auf einen rein physischen Sozialnenner bringen; darüber sind die Ausführungen von Roesner im Art. Wirtschaftslage zu vergleichen. Wohl aber liegt in Niceforos Anregung der richtige Kern, daß die sozialwirtschaftliche Lage vielfach auf dem Umwege über die Konstitution, also durch eine infolge Krankheit und körperlicher Verelendung entstandene Armut den Einzelnen auf die schiefe Bahn bringt. Der Kreislauf muß erkannt werden: Die Konstitution ist das erste; sie veranlaßt vielfach die sozialwirtschaftliche Einordnung des Einzelnen, und diese übt dann ihrerseits wieder einen Einfluß auf die Konstitution aus, und es kann so die Kriminogenität aus zugleich konstitutioneller wie sozialwirtschaftlicher Ursache erwachsen. „In demselben Maße“, sagt der Biologe Oscar Hertwig, „als die Menschen nur in beschränkter

Richtung und für ganz bestimmte Zwecke einzelne Fähigkeiten ausbilden, andere dagegen unausgebildet und selbst verkümmern lassen, werden sie auch von einander sowohl in körperlicher und geistiger Beschaffenheit als auch in ihrer gesellschaftlichen Stellung von einander verschieden".

5. Aus Familienzugehörigkeit, Beruf, Arbeit und sozialwirtschaftlicher Lage des Einzelnen entspringen sein Verkehr und seine Kameradschaft. Dies sind dann die vorwiegend selbstgewählten Faktoren, die guten oder schlechten Einfluß haben und u. U. zur Kriminalität hinführen können. Ich verweise auf Ausführungen oben Bd. I, S. 283 („Entlassenenfürsorge"), Bd. II, S. 117 („Landstreicher"); das sind nur Beispiele für eine selbstverständliche Erscheinung. Im Verkehr und in der Kameradschaft kommt es zumeist darauf an, wie diejenige Persönlichkeit denkt und rät, die die Oberhand gewinnt. Beispiele von einer Art Hörigkeit sind da gar nicht selten. Oft genug tritt dies auch auf sexualem Grunde auf: weibliche Einflüsse — bewußte oder ungewollte — sind schon häufig an kriminellen Taten schuld gewesen (s. den Art. „Sexualsoziologie" oben S. 582ff.). Es genügt hier, auf diese möglichen Zusammenhänge, die auch bei der Aufklärung von Verbrechen, bei der Suche nach dem Täter oder nach seinen Beweggründen wichtig werden können, hinzuweisen.

6. Endlich sei nur noch die unterschiedliche Wirkung der Siedlungsweise, auf die schon oben zu I aufmerksam gemacht worden ist, erwähnt, d. h. auf die verschiedene Kriminogenität von „Stadt und Land" (s. d. Art.), auf die Einflüsse des Wohnungswesens, das teilweise unmittelbar namentlich auf sexuelle Verfehlungen hinführt oder Mordtaten erleichtert (Haarmann, Großmann), teilweise aber auf dem Umwege über die Erkrankung (Tuberkulose und andere Ansteckungen) ins Elend führt, das dann der Kriminalität gegebenenfalls zu nahe kommt. Wie beispielsweise die Großstadt die Hehlerei oder das Zuhältertum begünstigt, begünstigt die Kleinstadt etwa die Beleidigung und üble Nachrede, was auch hier wieder als ein Beweis dafür anzusehen ist, wie sowohl die Gelegenheit zur Straftat wie ihre besondere Form auf Umständen der sozialen Umwelt beruht.

Schrifttum:

Sauer, Kriminalsoziologie, Berlin 1933. — Niceforo, Anthropologie der nichtbesitzenden Klassen (übers. von Rob. Michels), Leipzig und Amsterdam 1910. — Elster, Sozialbiologie, Berlin und Leipzig 1923. — Ferner die im Text genannten Artikel dieses HdK., die ihrerseits zahlreiche Schrifttumsangaben enthalten. — von Hentig, Anlage und Umwelt. Monatsschrift für Kriminalpsychologie und Strafrechtsreform, 18. Jg., 1927, S. 539. — Fricke, Umwelt und Anlage als Kriminalitätsursachen. Monatsblätter des deutschen Reichszusammenschlusses für Gerichtshilfe. 8. Jg., 1933, S. 87. — Liebermann von Sonnenberg und O. Trettin, Kriminalfälle. Berlin 1934. (Einige der dort mitgeteilten 25 Fälle lassen tiefe Einblicke in die Wirksamkeit von Umwelteinflüssen und zugleich der charakterlichen Eigenart der Täter tun.) — Nagler, Anlage, Umwelt und Persönlichkeit des Verbrechers, Gerichtssaal (1933), Bd. 102, S. 409—485.

Alexander Elster.

Spionage und Landesverrat s. Volksverrat.

Spermaflecke s. Biologische Untersuchungsmethoden.

Sport.

1. Die Beziehungen zwischen Sport und Kriminologie sind nicht sehr bedeutend, aber doch auch nicht unbeachtlich. Sie sind sehr verschiedener Natur, ja ohne gemeinsamen Nenner. Daher scheiden sie sich auch in günstige und ungünstige, d. h. die sportliche Betätigung kann sowohl vor der Kriminalität bewahren — und zwar allgemein und im ganzen — wie auch — jedoch nur in vereinzelten Beziehungen — zu einer gewissen Kriminalität hinführen. Diese Zwiespältigkeit erklärt sich aus dem eigensten Wesen des Sports, hier in günstigem Sinne, und andererseits aus der Mißbrauchsmöglichkeit sportlich-wettbewerblicher Betätigung, und dann im ungünstigen Sinne.

Da man auf Grund der sozialbiologischen Forschung das Körperliche als die Voraussetzung der geistigen Kultur erkannt hat, so handelt es sich beim Sport um eine feste sittliche und willensmäßige Erziehung des Körpers zu einer für das Gemeinschaftsleben möglichst tauglichen Schöpfung, damit er den Anforderungen, die der geistige Wettbewerb stellt, gewachsen ist und damit nicht etwa am Körperlichen scheitert, was sonst an geistiger Dynamik vorhanden sein würde. Zugleich aber liegt in solcher willensmäßigen Ertüchtigung des Körpers durch den Geist eine charakterliche Erziehung, die für das soziale Verhalten, also auch für die Frage der Einordnung des Einzelnen in die Staatsnotwendigkeiten, nicht gleichgültig sein kann und somit als Abwehrmittel gegen kriminelle Versuchung tauglich sein muß. In den Anfängen der Kultur war die Gelegenheit zu seelisch-körperlicher Stählung immer gegeben. Kampf mit der Natur und mit den Mitmenschen, Jagd und Fehde, Krieg und Verkehr boten Gelegenheit zur körperlichen Ertüchtigung genug; dann, als Städtebildung, Technik und Kultur den Menschen von der Natur hinweggezogen, mußte er durch Maßnahmen ersetzen, was sich nicht von selbst ergab. Die Wehrpflicht war eine dieser Maßnahmen. Die Gefahr der Verweichlichung und Verstädterung wuchs aber, und da trat, neben den neuerdings gerade in Deutschland so erfolgreich eingeführten Kameradschaftsschulungen des Arbeitsdienstes und des SA.- und SS.-Dienstes, der Sport bewußt in den Kreis dieses Wettbewerbs durch körperliche Ertüchtigung.

Es ist nicht der Rekord an sich, der Ziel und Sinn des Sports — auch in wettbewerblicher Hinsicht — sein darf. Ob der Einzelne, etwa besonders Begabte oder Trainierte, Höchstleistungen im sportlichen Wettbewerb erbringt, ist soziologisch ziemlich gleichgültig und ethisch nicht sonderlich wichtig, die Kameradschaftsleistung ist wesentlich wertvoller.

Die guten seelischen und geistigen Folgen des Sports hat man schon seit langem erkannt und anerkannt. So äußerte einmal Generalfeldmarschall Colmar von der Goltz (beim 50. Stiftungsfest der Berliner Turnerschaft): „Das Turnen erzieht zu zwei wichtigen Eigenschaften, nämlich zur Entschlossenheit und Selbstüberwindung. Beide hängen innig zusammen. Die Entschlossenheit mehrt sich bei allen schwierigen Körperübungen dadurch, daß stets ein einziger Augenblick zum eigenen Handeln benutzt werden muß, die Selbstüberwindung durch den Zwang, den man der eigenen Bequemlichkeit und der Scheu vor Gefahr antun muß . . . Der Genuß, den uns eigene Leistungen bereiten, zu welchen uns anfänglich die Zuversicht gefehlt hat, fesselt den jungen Mann. Eine gerechte Genugtuung über das, was man fertiggebracht hat, ist eine reine Freude, stimmt milder und freundlicher Anderen gegenüber und fördert den Gemeinsinn.“ Was hier für das Turnen gesagt ist, gilt für die übrigen Sportarten und Leibesübungen ebenso, ja z. T. in noch höherem Maße; denn manche Sportarten, die als Gemeinschafts- und Kampfspiele geübt werden, fördern namentlich die kameradschaftliche Gesinnung und anständige Handlungsweise (fairness). Tritt das sozial, d. h. gemeinschaftsmäßig betonte Wettbewerbsmoment dabei besonders in die Erscheinung, dann ist auch die Freude und Genugtuung über das Erreichte noch intensiver, für die Unterliegenden aber ein noch stärkerer Ansporn. Der Sportsinn erlaubt kein verächtliches Triumphieren, sondern reicht dem „Zweit- und Drittbesten“ freundschaftlich die Hand. Auch andere Beobachter haben sich dahin ausgesprochen, daß wirkliche Sportleute meist weitherziger nach unten sind und mehr Rückgrat nach oben zeigen. Das macht in gewissem Sinne immun gegen das Verbrechen, erzielt im Gegenteil ein kavaliermäßiges, ein ritterliches Ergebnis des sportlichen Trainings. Es braucht nur als Beispiel auf den Bergsport hingewiesen zu werden, wo Ritterlichkeit und Kameradschaft als oberstes Gesetz gelten: Alle für Einen, Einer für Alle. Auch der Ruderer, wenn er nicht als Einer durch die Gewässer skullt, kennt als Anstandspflicht dieses „Einer für Alle“, und man schilt mit Recht über den Faulpelz, der nur markiert und nicht richtig durchzieht. Beim Hockey, Fußball u. dgl. spielt ebenfalls das kameradschaftliche Hand-in-Hand-Arbeiten die größte Rolle. Aber auch bei den Sportarten, bei denen der Einzelne auf sich selbst steht und so im Wettbewerb gegen Andere arbeitet, gilt Ritterlichkeit und Anstand als besondere, freilich nicht immer erfüllte Pflicht. Diese sozialbiologische Erscheinung eines günstigen Einflusses körperlicher Ertüchtigung auf geistig-sittliches Verhalten ist besonders wichtig für die Frage, ob und wie weit der Sport ein Gegengewicht gegen kriminalistische Anfechtung ist, und wir ersehen aus alledem, daß diese Frage generell bejaht werden muß. Einzelheiten — vgl. unten zu 2 — können dieser wesentlichen allgemeinen Tatsache keinen Abbruch tun, da bei fast jeder guten Sache auch Mißbräuche und Fehlleistungen vorkommen. Giese (s. Schrifttum) hat diese „kulturellen Fehlleistungen“ des Sportes getadelt und feinsinnig auf „Maskierung der Urtriebe“ zurückgeführt, was dann zum „Pseudosport“ wird. Da handelt es sich u. a. um die Pflege blutrünstiger Sensationslust und teilweise sexuell betonten Nervenkitzels, nicht nur im spanischen Stierkampf, sondern auch beim Boxkampf, sobald die brutale Kraft den Ausschlag gibt. Dahin gehört auch Beseitigung aller Schutzmaßnahmen im Kampfsport, Sieg der reinen Brachialgewalt, Quälen des Gegners oder des Tieres, Herauspressen der letzten, kaum mehr möglich erscheinenden Leistung, so daß für den feiner Empfindenden das Zuschauen zur Pein wird. Giese nennt die Sportformen, die einen ausgesprochenen Kraft- und weniger einen Geschicklichkeitscharakter besitzen, roh und primitiv und fordert als geistige Anpassung die Geschicklichkeit und Gewandtheit. Das wird ja im allgemeinen von den gröberen Kampfsportarten verlangt; aber es liegt doch ein Unterschied darin, daß zwar durch die Kampfregeln die Brutalität nach Möglichkeit ausgeschaltet werden soll, daß aber andererseits zum mindesten im Unterbewußtsein des Zuschauers, also des für den „Erfolg" maßgebenden Publikums, unkulturelle Regungen sehr stark mitspielen. Das reizt dann die Sportler, reißt sie in seelischer Übertragung mit, stört die Synthese, weil Wettbewerb und Ehrgeiz zu leicht die Grenze des Spiels und der Ästhetik verschieben und niedere Instinkte frei werden lassen.

Es ist vor allem das Beherrschungsmoment, das sich im Sport Geltung verschafft: die geistige Beherrschung des eigenen Körpers oder des Tieres oder des Werkzeugs, und zugleich die charaktervolle Selbstbeherrschung. Der Wettbewerb in diesem Sinne zeigt sich durchaus mit sozial günstigem Vorzeichen. Er stellt sich im einzelnen dar als a) Einzelleistung im Wettbewerb mit anderer Einzelleistung (Laufen, Turnen, Eislauf, Schilauf, Tennis, Radsport, Fliegen, Reiten, Pferderennen, Boxen, Ringen usw.); aus diesen kann man wieder als besondere Gruppe die in Kampfform von Mensch gegen Mensch vor sich gehenden Sportarten besonders herausheben, wie Ringen, Boxen, Tennis, Hockey und Eishockey (wobei freilich der Übergang vom Kampf gegen einander zum Kampf neben einander flüssig ist); b) Gemeinsamkeitsleistung gegen Gemeinsamkeitsleistung (Rudern (außer im Einer), Staffellauf, Hockey, Fußball, Polo, Golf und alle ähnlichen Spiele); c) Einzelleistung innerhalb der Gemeinsamkeitsleistung, also Wettbewerb innerhalb der Mannschaft zur Hebung der Gemeinsamkeitsleistung (in den Fällen wie zu b). Nirgends in diesen Gruppen zeigt sich wesensmäßig, also etwa sachnotwendig ein Anlaß zu kriminellem Verhalten, weit eher das Gegenteil. Und dennoch muß über die möglichen Anknüpfungspunkte der Kriminalität an den Sport doch Einiges gesagt werden.

2. a) Einer der Mißbräuche geschieht, wenn der Sport zur Tarnung anderer, und zwar unerlaubter Bestrebungen benutzt wird. Von den Ringvereinen, Unterwelt-Zusammenschlüssen kann man dies nur in begrenztem Maße behaupten. Hie und da dient der Name, etwa „Deutsche Kraft", als Aushängeschild, obwohl verbrecherische Zwecke das Wesen des Zusammenschlusses bilden, und es kommt auch vor, daß nach außen sportliche Betätigung geübt wird, der wahre Sinn der Vereinigung aber staatsfeindlicher Natur ist. Schließen wir die politisch-staatsfeindliche Bestrebung und Betätigung mit in die Kriminalität ein — was zutreffend ist, da wir sie als hochverräterisch anzusehen haben —, dann ist die Zahl der Fälle allerdings sehr erheblich. In der Liste der Vereinigungen, deren Vermögen als „volksfeindlich" auf Grund des G. vom 14. VII. 1933 (RGBl. I, 479) seit 1933 eingezogen worden sind, spielen die „Sportvereinigungen", „Radfahrbünde" u. dgl. eine sehr große Rolle.

In gewissem Sinne zur Tarnung des Verbrechens durch „Sport" gehört auch mancher „Jagdunfall" und das „amerikanische Duell".

b) Materielle Beziehungen ergeben sich in zweierlei Hinsicht: durch Verfälschung des Wettbewerbsgedankens oder durch Spiel- und Sport-Betrug.

α) In den Wettbewerbsgedanken kann der kriminelle Gedanke seiner Verfälschung gelegt werden; wir kennen diese Gefahr hinreichend aus dem sogenannten unlauteren Wettbewerb (s. d. Art.). Im Sport macht er sich in mancherlei Formen bemerkbar. Wenn beim Pferderennen infolge Abmachung unter den Jockeys nicht die ganze Leistung aus dem Pferd herausgeholt wird, wenn „Schiebungen" aller Art, etwa durch unzulässige Behinderung der Mitlaufenden versucht, das Championpferd, von einem auswärtigen, des Parcours nicht ganz sicheren Reiter geritten, in eine falsche Bahn gelockt wird; wenn Gewichtsausgleichungen unsauberer Art versucht, wenn Pferde gedopt und mit Medikamenten behandelt werden; wenn Eisen in die Boxhandschuhe getan wird, wenn der Ringer die große Kraftanstrengung nur vortäuscht, statt ehrlich zu kämpfen; wenn das Ruderboot das besser gesteuerte anzurempeln sucht, oder wenn der Fußballspieler den Gegner körperlich zu verletzen und dadurch im Wettkampf zu behindern trachtet — kurzum, wenn das, was ehrlicher Wettkampf sein soll, seine Zuflucht zu unfairen oder betrügerischen Mitteln nimmt, so ist das etwas, was zwar nicht im Wesen des Sports liegt, aber bei dem oft nicht nur mit dem Erfolg der Ehre, sondern auch mit nennenswertem Gelderfolg rechnenden Wettbewerb immerhin eine starke Versuchung bilden kann. Die Schliche, Kniffe und Schiebungen solcher Art sind bei den speziellen Fachleuten meist bekannt und pflegen schon von der Sportbehörde, von den Preis- und Schiedsrichtern und von den Sportkameraden selbst bekämpft zu werden.

In das Gebiet der Verfälschung des Wettbewerbs gehört auch in gewisser Weise die Grenzverwischung zwischen Amateur und Professional. Es liegt zweifellos eine Unsauberkeit darin, die leicht zum Tatbestand des Betruges führen kann, wenn das dem Amateur als Wettbewerber verbotene geldliche Interesse hinten herum, unter allerlei tarnenden Bezeichnungen, ihm verwirklicht wird, während er die wettbewerbliche Vorzugsstellung des Amateurs beibehält.

β) Zum eigentlichen Betrug in Sport und Spiel aber ist es zu rechnen, wenn — wie es immer wieder vorkommt — Pferde unter falschem Namen in ein Rennen geschickt werden, um die Mitbewerber sowohl wie namentlich das wettende Publikum zu täuschen und infolge der Täuschung Gewinne zu erzielen; man vermutet ein unbekanntes Pferd ohne bisherige Spitzenleistung, obwohl man in Wirklichkeit ein erstklassiges Siegerpferd vor sich hat, das irgendwie äußerlich ein wenig verändert wurde und alsbald nach dem Rennen dahin verschwand, woher es heimlich gekommen war. Gegen diesen „beliebten", wenn auch nicht leicht auszuführenden Trick hat man sich mit allen Mitteln zu wahren gesucht, läßt im Verdachtsfall Detektive den Transport und das Rennen überwachen. Auch beim Boxsport hat man, wenn man Schiebungen irgendwelcher Art vermutete, den Detektiv bis zum Ring mitgehen lassen. Und wie immer gegenüber dem betrügerischen Verbrecher fragt es sich, wer im entscheidenden letzten Augenblick den Trick landet oder den ihn verhindernden Fang macht.

Nahe verwandt mit solchen Vorgängen sind die eigentlichen Wett- und Spielbetrügereien bei Sportkämpfen. Sowohl der Totalisator wie der Umsatz beim Buchmacher wurde und wird auf hohe Summen geschätzt; die Spielleidenschaft heftet sich hier oftmals so sehr an den Sport, daß es nicht ausbleiben kann, daß neben echten sachkundigen Wetten, die mit ihren Beträgen ein wichtiges Geldmittel für die Pferdezucht sind, auch rein spielhafte Toto- und Buchmacher-Umsätze zur Erhöhung des Gesamtergebnisses beitragen. Da bildet es für betrügerisch veranlagte Teilnehmer wohl einen Reiz, diese Spielleidenschaft und diese Wettsummen durch corriger la fortune in die eigene Tasche zu leiten. „Geschobene Rennen" und „Stallgeheimnisse" bringen dabei Stallbesitzer, Reiter und Publikum um jede anscheinend wohlberechnete Chance, und „wilde" Buchmacherei arbeitet mit betrügerischen Tips oder der „Tipster" behauptet gute Beziehungen zum Stall zu haben, gibt sich gar als Futtermeister oder Trainer aus oder lockt verschiedene Personen zu einem Einsatz auf verschiedene Pferde, während er selbst den sicheren Nutzen zieht, ja mancher verschleppt gar die Rennbahnbesucher zu Glücksspielen anderer Art, alles unter Ausnutzung einer nun einmal bei dem beteiligten Publikum geweckten Spielleidenschaft. Da man mit wilden Buchmachern viel schlimme Erfahrungen gemacht hat, ist durch das Rennwett- und LotterieG. vom 8. IV. 1922 (RGBl. I, 335, mit vielen Ergänzungen) die Buchmacherei in geordnete Bahnen gelenkt und dadurch den schlimmsten Auswüchsen der Boden entzogen worden. Öffentliche Erlaubniserteilung, geordnete Abwickelung des Geschäfts mit Wettscheinen, örtliche Beschränkung u. dgl. hilft zur Ordnung dieser Spielgeschäfte. Wer ohne solche obrigkeitliche Erlaubnis gewerbsmäßig zu Wetten auffordert, sie vermittelt oder annimmt, wird bestraft, ebenso wer öffentlich oder durch Verbreitung von Schriften oder anderen Darstellungen, ohne zugelassener Buchmacher oder Buchmachergehilfe zu sein, zum Abschluß von Wetten außerhalb der Örtlichkeiten, die für die Betätigung des Wettgeschäfts zugelassen sind, zum Abschluß von Wetten anreizt, gewerbsmäßig Voraussagen über den Ausgang von Rennen verbreitet, abgesehen von redaktionellen Veröffentlichungen in periodisch erscheinenden Druckschriften, sofern diese nicht ausschließlich oder überwiegend der Verbreitung von Voraussagen dienen.

Eine seltenere, aber im Gelingensfalle sehr gefährliche Form der Wettanreizung ist die Verbindung mit bankmäßigem Betrieb, wie es in dem Straffall Klante in Erscheinung trat.

Nicht typisch für den Sport, aber bei großen Sportveranstaltungen, z. B. Boxkämpfen, vorkommend, ist der wilde Eintrittskartenhandel von gewerbsmäßigen Aufkäufern oder gar der Verkauf gefälschter Eintrittskarten.

Schrifttum:

Elster, Sport und Geistesleben, in „Geisteskultur", 41. Jahrg., S. 60ff. — Giese, Geist im Sport, München 1925. — Schönborn, Was ist Sport?, D. Allg. Ztg. vom 16. II. 1931.

Alexander Elster.

Spuren und Spurensicherung.

I. Begriffsbestimmung und Juristisches. Spuren sind Beweismittel, aber Beweismittel sind nicht immer Spuren. Folglich ist der Begriff „Beweismittel" der generelle, während „Spuren" eine gesonderte Untergruppe davon darstellen. Spuren im kriminologischen Sinne können nur Verbrechensspuren sein, und zwar entweder als Verbrechensmittel (instrumenta sceleris) oder als Verbrechenserzeugnisse (producta sceleris) oder als Folgewirkungen überhaupt, die unbeabsichtigt oder unbewußt am Tatort hinterlassen werden. Alle drei Gruppen sind aber kriminologisch als Beweismittel in gleicher Weise wichtig, die letzterwähnte Gruppe um so mehr, als sie der zufälligen oder absichtlichen Verwischung, also Unbrauchbarmachung entgangen sind. Man bezeichnet sie daher auch als „stumme Zeugen" des objektiven Tatbestandes.

Die Spuren sind entweder Beweismittel für die Tat selbst oder auch für die Person des Täters, also unterscheiden wir nach diesem Gesichtspunkte objektive und subjektive Beweismittel.

Daß jedes Verbrechen Spuren hinterläßt, ist eine längst erkannte unumstößliche Tatsache, die nicht nur die Organe der Strafverfolgung kennen, sondern auch der Täter selbst. Das eine führt dazu, daß am Tatort nach Verbrechensspuren gesucht wird, um Anhaltspunkte für die Tatausführung und den Täter zu gewinnen, das andere hat aber zur Folge, daß der Täter bestrebt ist, nicht nur die Verbrechensbeute in Sicherheit zu bringen, sondern auch die Spuren seiner Tat zu verwischen oder zu beseitigen. Selbstverständlich und erfahrungsgemäß geschieht dies nur dann und nur insoweit, als einmal die Spuren als solche richtig erkannt werden und Zeit genug vorhanden ist, sie zu verwischen oder auszulöschen. Soweit dies aber nicht geschehen ist, bietet sich den Organen der Verbrechensermittlung Gelegenheit, sie zu suchen, zu sichern und schließlich als wirkliche Beweismittel zu verwerten.

So lange schon Verbrechen einer strafrechtlichen Sühne unterliegen und eine berufliche Tätigkeit zur Aufklärung eines Verbrechens und Überführung des Täters besteht, so lange gibt es auch eine Spurenkunde und -verwertung. Auch der Gesetzgeber selbst hat sich damit befaßt, und aus dem Zeitalter der gesetzlichen Beweisregeln wissen wir, daß der Gesetzgeber ausdrückliche Hinweise auf die zu beachtenden Verbrechensspuren und deren Beweiswert gegeben hat. So geschah dies z. B. in der bayerischen Strafprozeßordnung aus dem Jahre 1813, wo im Art. 311 bereits auf einzelne wichtige Spuren hingewiesen wurde: „Gleichzeitige Indizien, soweit diese bei allen Verbrechen vorkommen können, sind 1. die erwiesene Gegenwart einer Person um die Zeit und an dem Orte des begangenen Verbrechens oder ein anderer erwiesener Umstand, aus welchem solche Anwesenheit geschlossen werden kann, als da sind: genau zusammentreffende Fußstapfen, das Finden einer dem Dritten gehörenden Sache, welche dieser wahrscheinlich an solchem Orte verloren hat, oder wenn jemand zu ungewöhnlicher Zeit ohne bekannt unschuldige Veranlassung oder sonst auf verdächtige Art von seinem Hause oder Wohnorte abwesend war, u. dgl.; 2. der Besitz der Werkzeuge und Mittel, womit die Tat gewiß oder wahrscheinlich begangen worden; 3. wenn sich an einer Person oder an der ihr zugehörigen Sache Spuren finden, welche nicht wohl anders als aus dem Verbrechen erklärt werden können; 4. wenn jemand, ohne sich gehörig über die Redlichkeit seines Besitzes auszuweisen, Sachen besitzt oder erweislich besessen hat, welche entweder Gegenstände des Verbrechens sind oder sich zur Zeit der begangenen Tat bei dem Beschädigten befunden haben."

Daneben wurde bei einzelnen Deliktsarten auf die besonderen Indizien hingewiesen, wie z. B. im Art. 318 beim Mord und Totschlag, im Art. 315 beim Diebstahl, im Art. 317 beim Hochverrat, im Art. 319 beim Kindesmord, bei Abtreibung und Kindesaussetzung. Beachtenswert ist hier noch, daß im Art. 313 auf gewisse beweislose Indizien oder Spuren aufmerksam gemacht und ausdrücklich hervorgehoben wurde, daß Veränderung der Gesichtsfarbe, Stottern, Zittern u. dgl. für sich allein keinen rechtlichen Verdacht begründen.

Was auf diesem Gebiete seit jener Zeit eingetreten ist, das ist einerseits die Ergänzung und Vervollkommnung der verwertbaren Spur selbst, man denke an die Finger- und Handspuren oder an die chemischen und biologischen Neuheiten, die eine entsprechende Erweiterung der Spurensicherung bedingten; andererseits aber auch an die systematisch ausgestaltete und lehrbare Spurenkunde, die jetzt einen wichtigen Teil der Kriminaltechnik darstellt. Da die Spuren als Beweismittel für die Durchführung eines Strafverfahrens wichtig und oft von unersetzlichem Wert sind, mußte auch der Gesetzgeber unserer Zeit einige entsprechende Bestimmungen festsetzen, die dem Zwecke der Beweissicherung dienen. Gegenstände, welche als Beweismittel für die Untersuchung von Bedeutung sein können oder der Einziehung unterliegen, sind in Verwahrung zu nehmen oder in anderer Weise sicherzustellen. Sie sind, falls sie sich im Gewahrsam einer Person befinden und nicht freiwillig herausgegeben werden, zu beschlagnahmen, unter Anwendung der im § 70 StPO. bestimmten Zwangsmittel, die aber gegen solche Personen, die zur Verweigerung des Zeugnisses berechtigt sind, nicht anzuwenden sind (§§ 94, 95 StPO.).

II. Sicherung der Spuren. Neben der juristischen Beweissicherung hat die kriminaltechnische Spurensicherung ihre besondere Bedeutung im Strafverfahren. Die Art der verschiedenen Spuren am Tatort und an der Person des Verdächtigten oder Beschuldigten und in dessen Umgebung erfordert insofern eine besondere technische Schulung, als entweder ihre Erkennung oder ihre schwierige Erfassung besondere Kenntnisse voraussetzt. Zum Teil sind es die Beamten des polizeilichen Erkennungsdienstes, zum Teil aber Spezialsachverständige, die sich mit der Spurensicherung und -auswertung berufsmäßig befassen. Die Sicherung der Tatortspuren setzt ihre planmäßige Aufsuchung voraus, die wiederum, um planmäßig sein zu können, die Kenntnis des rekonstruierbaren Tatvorganges zur Voraussetzung hat. Zur Spurensicherung gehört weiterhin aber auch die ordnungsmäßige und sachkundige Verwahrung und Weiterbeförderung zur Untersuchungsstätte. Darunter versteht man alle Maßnahmen, die einmal die Bezeichnung der genauesten Herkunft (Fundstelle) der Einzelspur und Ausschließung jeder Verwechslungsmöglichkeit gewährleisten, die sodann eine Inverwahrnahme und Verpackung der Einzelspur, zum Teil in besonderen Behältnissen, vorschreiben, die jeden Verlust, jede Veränderung, jede Verwischung oder Vernichtung ausschließt.

Die außerordentliche Wichtigkeit der Spurensicherung, die zum großen Teil in den Händen der beim „ersten Angriff" am Tatort tätigen Kriminalbeamten liegt, brachte es mit sich, daß für sie entsprechende Dienstanweisungen in kurzgefaßter Form ausgearbeitet und im Druck vervielfältigt wurden, die ihnen ausgehändigt und bei der Schulung als Lehrgegenstand verwendet wurden. Eine der ersten solcher Dienstanweisungen wurde am 3. VII. 1902 als „Anleitung für die Bearbeitung von Kapitalverbrechen" für die Beamten der **Berliner** Kriminalpolizei hergestellt und war für manche andere auswärtigen Kriminalbehörden vorbildlich. (Sie ist im Wortlaut in das von mir herausgegebene Werkchen „Kriminalistische Spurensicherung", mit Anmerkungen versehen, aufgenommen worden.) Für das **französische** Sprachgebiet erschien eine entsprechende Anweisung „Instructions pour la sauvegarde des preuves au début des enquêtes" (bearbeitet vom Untersuchungsrichter des Kantons Waadt, Lausanne 1906.) Für die **holländischen Beamten** verfaßte der Gerichtschemiker Dr. **Hesselink** ebenfalls eine solche Anweisung unter dem Titel „Eerste optreden op de plaats eens misdrijfs" (Arnhem 1920). Zweifellos sind auch in den anderen Sprachgebieten noch ähnliche Anweisungen für die Spurensicherung vorhanden, so daß es im allgemeinen an einer Durchdringung der Kriminalbeamten mit nützlichen Lehren auf diesem Gebiete nicht fehlt. Aber die theoretische Schulung allein genügt noch nicht, sie müssen auch das Handwerkmäßige der richtigen Spurensuche und -sicherung lernen, woran es manchmal noch fehlt. Es genügt nicht, ein brauchbares Rezept zu besitzen, man muß es selbst ausprobiert haben, um es am Tatort zuverlässig anwenden zu können. Zur Vermittlung solcher Handfertigkeiten sind die Polizeischulen und Ausbildungskurse da, wo ein ganz besonderes Augenmerk auf eine theoretisch wie praktisch zu lehrende Spurenkunde zu richten ist. So weit Blut-, Gift-, Brandstiftungs-, Fingerabdruck-, Schriftuntersuchungen in Frage kommen, sind bereits im H. d. K. unter „Biologische Untersuchungsmethoden", „Chemische Untersuchungsmethoden", „Daktyloskopie", „Kleideruntersuchungen", „Maschinenschrift", „Mord" (Abschn. G), „Schriftvergleichung" „Schußwaffenuntersuchung", „Sektion und Obduktion" „Tatort", vgl. auch Augenschein", „Ermittelung", entsprechende Ausführungen zu finden; im übrigen in den unten im „Schrifttum" angegebenen Werken.

III. Einteilung der Verbrechensspuren.

A. Am Tatort: 1. Schuh-, Fuß- und Kniespuren. 2. Finger- und Handabdrücke. 3. Weitere, vom Menschen unmittelbar herrührende Spuren: Blut, Sperma, Kot, Hautfetzen, Haare, Zähne, Fingernägel. 4. Verlorene und zurückgelassene Gegenstände, wie Werkzeuge, Schrift- und Kleidungsstücke, abgerissene Knöpfe und Tuchreste, Verpackungsmaterial, Tabak- und Aschereste, verdächtige Speise- und Getränkereste, Postsendungen. 5. Schartenspuren u. ä.: a) Von Einbruchs- und Tötungswerkzeugen, auch Schußwaffen herrührend. b) Von Werkzeugen beim Baumfrevel. c) Kratzwunden von Fingernägeln. d) Bißspuren. e) Spuren beschädigter Typen bei Schreibmaschinenschrift. 6. Spuren von Wagen, Fahrrädern, mitgeführten Tieren, von Beförderungsmitteln aller Art, von Körben, Stöcken, Schirmen u. dgl. 7. Schleifspuren, Bremsspuren, Kratzer von Schuhen, hinterlassen beim Ein- oder Aussteigen.

B. Spuren an der Person des Verdächtigten: 1. Kratz- und Bißwunden, andere Verletzungsspuren. 2. Blutspritzer. 3. Staubteilchen in Kleidungsstücken und im Nasenschleim. 4. Erdspuren an Schuhen und Kleidungsstücken. 5. Werkzeuge, die bei Ausführung der Tat benutzt wurden, gestohlene oder geraubte Gegenstände, gefälschte Wertobjekte u. dgl.

C. Verwundungen des Opfers und Leichenerscheinungen als Spuren für die gerichtsärztliche und chemische Untersuchung, z. B. Mageninhalt.

D. Einzigartige Spuren: Manchmal ergeben besondere Umstände ein Indiz ganz besonderer Art, das sich nicht gruppenmäßig einteilen läßt. Folgendes Beispiel soll dies verdeutlichen: Ein Meißel, der bei einem Einbruch verwendet wurde, lag vorher an einer stark verstaubten Stelle einer Wohnung. Durch seine Wegnahme entstand eine diesem Meißel entsprechende staublose Spur, so daß dadurch bewiesen war, daß der zum Einbruch verwendete Meißel erst kurze Zeit von seinem bisherigen Ruheort weggenommen und zum Einbruch verwendet worden war.

Schrifttum:

Lothar Philipp, Kriminalistische Spurenkunde, Leipzig o. J. — Merkblatt über Sicherung und Verwertung von Tatortspuren, Berlin 1928, herausgegeben vom Landeskriminalpolizeiamt. — Schneickert, Kriminalistische Spurensicherung, 2. Aufl., Berlin 1925. — Derselbe, Kriminaltaktik u. Kriminaltechnik, 4. Aufl., Lübeck 1933. — P. Rehfeldt, Gerichtsärztliche Tatbestandsfeststellungen, Berlin 1927. — Tenner, Kriminalistik in Merkblättern, München 1930. — H. Groß, Handbuch für Untersuchungsrichter, München 1922. — Locard-Petisné, Instructions pour les recherches techniques dans les enquêtes criminelles, Brüssel o. J. — Jellinek, Spurenkunde der Elektrizität, Leipzig u. Wien 1927.

Hans Schneickert.

Staatsanwaltschaft s. Kriminalpolizei.

Staatspolizei.

I. Allgemeines.

1. Begriffe. Zwischen Staat und Polizei bestehen wenigstens drei von einander verschiedene Beziehungen.

Die Polizei in Preußen und anderen Ländern ist Angelegenheit des Staates — PolVerwG. vom 1. VI. 1931 (GS. 77) § 1. — Dort, wo die Polizei, wie in Preußen, regelmäßig von Kommunalbehörden verwaltet wird, kann sie in einzelnen Bezirken an besondere staatliche Behörden übertragen werden — PolVerw.G § 6. — Das ist die Staatspolizei im Sinne W. Jellineks (Verwaltungsrecht 410 (1929), vgl. aber Nachtrag 1934, S. 23), während Gf. Hue de Grais in einer älteren Auflage die Staatspolizei mit der Landespolizei identifiziert. — Solche Beziehungen sind aber nicht gemeint, wenn von Staatspolizei im spezifischen Sinne gesprochen wird. Es handelt sich weder um die Quelle der Macht noch um die Verfassung der Behörden, sondern um die Aufgaben. Wenn die Polizei im allgemeinen Gefahren von der Allgemeinheit oder dem Einzelnen abzuwehren hat, so hat die Staatspolizei (politische Polizei, höhere Polizei, haute police) solche Gefahren abzuwehren, welche nur dem Staat als solchem, aber nicht dem einzelnen Bürger drohen. Staat ist nicht die juristische Person oder der Fiskus, sondern der Inbegriff der Rechtsmacht, deren Träger die Regierung ist.

2. Geheime Polizei. Die Staatspolizei heißt auch Geheime Polizei. Damit soll nicht gesagt sein, daß ihr Dasein vor der Volksvertretung und den Bürgern verborgen bleiben müßte, ihre Kosten gehen durch den Haushaltplan — vgl. DurchfVO. vom 8. III. 1934 (GS. 143, MinBliV. 471) § 2 — Erl. vom 14. III. 1934 (MinBliV. 471) Nr. 3. — Auch ist in dem Worte nicht gesagt, daß die Behörde sich im geheimen solcher Mittel bediente, welche sie öffentlich ableugnen müßte, andererseits wird die Bedeutung des Ausdrucks nicht damit erschöpft, daß die Beamten ihren Dienst in bürgerlicher Kleidung tun.

Es hat doch eine sachliche Bedeutung. Nicht nur in den Ländern, wo die Verfolgung gemeiner Verbrechen mit übergroßer Öffentlichkeit geschieht, sondern überall ist die Staatspolizei auf besonders strenge Wahrung des Amtsgeheimnisses angewiesen. Die persönlichen Pflichten der Beamten in bezug auf das Amtsgeheimnis sind überall dieselben, aber die sachlichen Vorschriften sind in jedem Verwaltungszweige verschieden, vom Einwohnermelde- und Personenstandswesen bis zur Kriminalpolizei und darüber hinaus. Schon die Kriminalpolizei hat sehr sorgfältig darauf zu achten, daß von ihren Untersuchungen nichts durchsickert, was die aufrichtige Ermittlung der Wahrheit hindern oder einen Beobachteten, Verdächtigen, aber noch nicht Überführten vorzeitig bloßstellen könnte. Und das gilt noch mehr von der Staatspolizei. Sie darf niemals bekannt werden lassen, daß eine bestimmte Person verdächtig sei oder auch nur beobachtet werde; auch nicht, daß sie einen bestimmten Vorgang (Aufstand, Anschlag) erwartet, es sei denn, daß sie durch Veröffentlichung ihrer Kenntnisse den Unternehmer der Tat und dessen Anhänger warnen und entmutigen will.

Unter den gemeinen Verbrechen gibt es solche, welche ihrer Art nach eigentlich nur von Personen begangen werden können, welche besonderes Vertrauen genießen (Vertrauenspersonen in diesem Sinne), dazu gehört die fortdauernde Kassenunterschlagung mit Bücherfälschung. Andere gibt es, bei welchen Vertrauenspersonen beteiligt sein können, und endlich andere, bei denen es nicht der Fall ist; bei einer Kirmesschlägerei wird sich ohne weiteres feststellen lassen, ob der Gemeindevorsteher oder der Gemeindediener sich daran beteiligt hat, und im übrigen gibt es dabei keine Geheimnisse. Wenn aber ein verräterischer Nachrichtendienst vermutet wird, bei welchem irgend ein mit der Angelegenheit vertrauter Beamter bewußt oder unbewußt mitgewirkt haben kann, so stehen zunächst einmal alle Beamte eines gewissen Geschäftszweiges unter Verdacht. Und gegen solchen Verdácht ist niemand geschützt. So war gerade Graf Pahlen, der Chef der Geheimen Polizei, an der Ermordung Kaiser Pauls I. (11./12. III. 1801) wesentlich beteiligt. Auch außerhalb des Beamtenkörpers haben hoch achtbare Personen, die nie ein gemeines, rach- oder gewinnsüchtiges Verbrechen begangen hätten, doch einen politischen Mord verübt, wie der Student Karl Sand (Kotzebue 23. III. 1819), Graf Arco-Valley (Ministerpräsident Kurt Eisner, 21. II. 1919). Daher ist es nötig, daß auch innerhalb derselben Behörde die einzelnen Dienstzweige, selbst die einzelnen Arbeitsstellen sich strenger von einander abschließen, nicht nur um die Gelegenheit zu Verrat oder Unvorsichtigkeit zu beschränken, sondern auch um den Kreis der möglicherweise Verdächtigen einzuschränken. Selbst die Kassenkontrolle darf nicht einer Stelle übertragen werden, welche außerhalb der Staatspolizei steht.

In diesem Sinne ist das Wort „geheim" zu verstehen, das auf den Unkundigen leicht den Eindruck des Unheimeligen, Femehaften, und damit des Unkontrollierbaren, Verantwortungslosen und Willkürlichen macht.

3. Zur Geschichte. Eine allgemeine Geschichte der Staatspolizei kann hier nicht gegeben werden. Aktenmäßige Darstellungen gibt es nicht. Bei der Staatsumwälzung vom 9. XI. 1918 sollen die politischen Polizeibehörden fast aller deutscher Länder ihre Akten verbrannt haben, wohl nicht, wie ihnen vorgeworfen worden ist, weil sie sich ihrer Methoden zu schämen hatten, sondern vermutlich aus denselben Gründen, aus denen auch eine anständig geleitete private Auskunftei ihr Material nicht in die Hände derer kommen läßt, auf die es sich bezieht. Erhalten ist der größte Teil der Akten der Pariser Bastille. Aus diesen Akten hat Funck-Brentano (légendes et archives de la Bastille, Paris, Hachette, 1898) die landläufigen Schauergeschichten und Vorstellungen über dieses „Staatsgefängnis von unheimlicher Bedeutung" — Brockhaus' Konservations-Lexikon, 2, 460 (1901) — widerlegt. Das Werk von Funck-Brentano kann einen Anhalt dafür geben, wie wenig von den landläufigen Vorstellungen über die Staatspolizei vergangener Zeiten zu halten ist.

Denn wo die Akten verloren oder nicht zugänglich sind, könnte mit Sicherheit nur ein gewisser äußerer Rahmen gegeben werden, der nicht ohne Kenntnis der ganzen inneren Verfassung des Landes verständlich wäre; für das innere Leben wäre der Geschichtsforscher angewiesen auf die Lebenserinnerungen mißvergnügter ehemaliger Polizeibeamter oder erbitterer ehemaliger Verfolgter; von beiden weiß man nicht, ob sie die Wahrheit aussagen wollen; aber noch gefährlicher als Aussage- und Erinnerungsfehler sind die Wahrnehmungsfehler. Der Umstürzer verleugnet das Gesetz, das er übertritt, und sieht selbst in der unbefangensten und menschlichsten Handhabung des Rechts durch Polizei, Gerichte und Vollstreckungsbehörden nichts als eine aus den niedrigsten Beweggründen gegen ihn selbst gerichtete Feindseligkeit. Und solche Befangenheit kann auch dem Beamten unterlaufen, der nicht die gewünschten inneren und äußeren Erfolge gefunden hat. Übertreibungen und Unwahrheiten lassen sich vielleicht durch Vergleichung ausgleichen, aber Beobachtungslücken können auf diese Weise nicht ergänzt werden.

4. Zur Kritik. Ebensowenig kann hier eine Geschichte der zumeist tadelnden Beurteilungen und planmäßige Widerlegung ihrer Irrtümer und Mißverständnisse gegeben werden. Was ihr zumeist vorgeworfen wird, läuft darauf hinaus, daß sie mit verwerflichen Mitteln gearbeitet, einem falschen Staatsideal gedient und wertvolle Werke, Kräfte und Personen unterdrückt habe.

Darauf ist zu erwidern:

Die Arbeitsmethoden der Staatspolizei werden zunächst durch ihre Aufgaben bestimmt, so gut wie auch der Jäger sich nach Wechsel und Schlichen des Raubwildes richten und jede Abwehr sich nach der Art der Gefahr richten muß. Die Polizei, auch die Staatspolizei muß alle Listen kennen, welchen sie entgegen zu treten hat, und ihre Gegner durch eine bessere Organisation zu überbieten suchen. Daraus folgt natürlich nicht, daß ihr alle Mittel der Gewalt und Hinterlist erlaubt seien, deren ihre Gegner sich schuldig oder verdächtig gemacht haben, zumal da die Staatspolizei im Stadium der Aufklärung mit Unschuldigen, Unbeteiligten, und in jedem Stadium nur mit Verdächtigen, aber nicht Überführten zu tun hat. Wenn die Staatspolizei in gewissen Ländern zu gewissen Zeiten über diese Schranken hinausgehend solche Mittel angewendet hat, welche uns heute als verwerflich erscheinen, so waren das Mißbräuche, die mit der Notwendigkeit — und damit auch der Rechtfertigung — des Instituts als solchen nichts zu tun haben, ebenso wie wenn behauptet wird, daß sie mit großem Kostenaufwand ihrem Auftraggeber, dem Staat, mehr geschadet als genützt haben sollte.

Manche Maßregeln ausländischer Polizeibehörden der Vergangenheit, die uns als unwürdige Ausspähung erscheinen, dienten dazu, um das fehlende Einwohnermeldewesen zu ersetzen. Die Polizei war auf Erkundigungen bei Dritten angewiesen, um das zu erfahren, was ihr bei uns offen entgegen gebracht wird.

Selbstverständlich kann die Staatspolizei nur das jeweilig geltende Recht anwenden, und soweit sie überhaupt mit Politik zu tun hat, im Einklang mit den Zielen der Staatsführung zu fördern. Diese können sich ändern, auch ohne gewaltsamen Umsturz und ohne Wechsel in der Person der leitenden Staatsmänner. Dann bekommen auch die Aufgaben der Staatspolizei einen anderen Inhalt, aber nur zum Teil. Denn Ideen kann die Polizei nicht bekämpfen, solange kein Versuch zur Verwirklichung durch die Tat gemacht wird; und verbrecherische Mittel bleiben verbrecherisch, einerlei, welchen Zielen sie dienen. Daher ist es auch nichts Unerhörtes, daß beim Wechsel der Staatsverfassung und Politik die Beamten der Staatspolizei, selbst die führenden, im Amte bleiben.

Die Staatspolizei muß allerdings, ebenso wie die Sittlichkeitspolizei blind sein gegen künstlerische und wissenschaftliche Werte. Sie darf das, was dem geltenden Recht widerspricht, nicht aus dem Grunde schonen, weil es in ein wertvolles Werk der dichtenden oder bildenden Kunst gekleidet ist, einem hohen sittlichen oder philosophischen Ideal entspricht oder von Männern erzeugt ist, die in privater und häuslicher, wissenschaftlicher oder künstlerischer Beziehung besonders wertvoll und selbst verehrungswürdig sind. Auch Männer wie Gottfried Kinkel, Fritz Reuter, Ferdinand Freiligrath, Richard Wagner, Otto von Corvin durften verfolgt und dem Strafgericht vorgeführt, und wenn sie für schuldig befunden wurden, auch verurteilt werden. Das Genie gibt keinen Freibrief gegen die geltenden Gesetze. Auch die schonenden Maßregeln des Scherbengerichts (Ostrakismos) und des Staatsgefängnisses (s. weiter unten) können nur angewandt werden, wo noch keine strafbare Handlung oder Unternehmung begangen ist, oder wo die Verfolgung von Straftaten nicht geboten ist (Legalität), sondern dem Ermessen unterliegt. Da nun Kunstwerke (soweit sie durchgerettet werden) oder die Erinnerung daran (soweit sie zerstört sind) länger im Gedächtnis der Menschheit haften als die Erinnerung an die bekämpften Gefahren, und da die letzteren der Öffentlichkeit vielfach nicht bekannt geworden sind, so ergibt sich die Regel, daß die Staatspolizei in der Vorstellung der Nachwelt immer unrecht hat.

5. Aufgaben. Die Staatspolizei hat solche Gefahren abzuwehren, welche nur dem Staate als solchem, aber nicht dem einzelnen Bürger drohen. Dabei ist zu unterscheiden zwischen den Zielen und den Mitteln. Zu den Zielen sind zu rechnen: Aufhebung der Selbständigkeit des Staates, Verringerung des Staatsgebietes, Änderung der Verfassung, Beseitigung leitender Staatsmänner und Parteiführer. Solche Ziele können in friedlicher, unblutiger und gesetzmäßiger Weise erreicht werden durch Gesetz oder Verwaltungsakt. Gegen solche friedliche Umwälzungen hat die Polizei nicht zu schützen. Ihre Aufgabe beginnt erst da, wo solche Ziele eigenmächtig und mit ungesetzlichen Mitteln geplant, betrieben, vorbereitet, unternommen oder durchgeführt werden. Zu solchen Mitteln gehören: Schwächung der diplomatischen und Wehrkraft, bis zum Kriege, nach außen, und im Innern Schwächung der Kraft der Behörden, Aufhebung der Ordnung, Ungehorsam, Verdächtigung und rohe Gewalt gegen Behörden, Gegenparteien, Bevölkerungsklassen und ihre Angehörigen. Eigenmächtige Handlungen gegen Parteien und Bevölkerungsklassen bilden auch dann eine Gefahr für den Staat, wenn damit die Aufrechterhaltung der geltenden Verfassung erstrebt wird. Diese Gefahren fallen in der Hauptsache mit Hoch- und Landesverrat zusammen, ohne daß es darauf ankommt, ob die der Staatspolizei durch ihre Verwaltungsordnung gestellten Aufgaben gerade mit bestimmten Abschnitten und Materien des Strafgesetzes zusammenfallen.

Im einzelnen handelt es sich dabei um politische Morde, politische Urkundenfälschungen, falsche Pässe und Zeugnisse zum Einschmuggeln, Verbergen oder Ausschmuggeln von Verrätern, gefälschte Beweisstücke und Texte zur Herbeiführung von Verwickelung mit dem Auslande oder zur Untergrabung des Ansehens der Regierung im Innern (so gab es einen erfundenen Sitzungsbericht des Kabinettsrats der Reichsregierung vom 24. III. 1922) oder zur Verdächtigung von Behörden, Politikern und gegnerischen Parteien; Diebstahl und Raub von echten politischen Aktenstücken, von Geld oder Waffen zur Förderung hoch- oder landesverräterischer Zwecke, Geldfälschung, Zerstörung oder Beschädigung von Sachen, nationalen Symbolen, Andenken an Gegner, bis auf die Beschimpfung von Grabmälern, auch um Verrätermorde innerhalb der Partei, wenn jemand mit Recht oder Unrecht in den Verdacht kommt, der Regierung Dienste geleistet zu haben.

Politische Straftaten (s. d.) unterscheiden sich von gemeinen Straftaten dadurch, daß sie nicht der eigenen Gewinn- oder Rachsucht des Täters dienen, sondern einem außerhalb der eigenen Interessen des Täters liegenden Zweck. Aber gerade dadurch ist der politische Verbrecher hemmungsloser, rücksichtsloser, vielleicht heldenhafter, vielleicht auch feiger und treuloser, aber immer gefährlicher als der gemeine. Politische Straftaten sind auch um so gefährlicher, je überraschender sie eine unvorbereitete Regierung treffen. Aus diesen und anderen nachher zu erwähnenden Gründen ist es nicht zulässig, daß die Polizei erst dann einsetzt, wenn eine strafbare Handlung begangen oder in strafbarer Weise versucht oder unternommen ist, sondern schon vorher. Zwischen dem gesetzmäßigen und erwünschten Verhalten der Bürger und dem Anfang der Ausführung einer strafbaren Handlung liegt ein breites Übergangsfeld, das mit Vorbereitung, Conat (Fritz Reuter vor dem Kammergericht 15. IX. 1834), nicht erschöpfend bezeichnet wird. Wenn nach der jeweils geltenden Gesetzgebung auch Erregung von Mißvergnügen und Kritik an der Regierung durch Zensur und andere Maßregeln zu bekämpfen ist, so ist auch dies eine Aufgabe der Staatspolizei.

Es wäre aber verfehlt, wenn man alles, was von der Staatspolizei abgewehrt werden soll, schon aus diesem Grunde als staatsfeindlich bezeichnete, wie es vielfach geschieht. Das wäre sprachlich eine Tautologie und würde sachlich zu Fehlern in der Kritik und sogar in der Handhabung führen. Wer lediglich eine Änderung der inneren Verfassung ohne Schwächung des Staates nach außen erstrebt, kann wegen seiner Zwecke und Mittel strafbar, selbst des Hochverrates schuldig sein, aber daraus, daß er Gegner der Regierung ist, folgt noch nicht, daß er Feind des Staates sei.

Hin zu weisen ist z. B. auf Julius Barthélemy-Saint-Hilaire, der 1852 Napoleon III. den Eid verweigerte und später 1880 Minister des Auswärtigen wurde. Er war sicher Gegner der napoleonischen Regierung, aber nicht Feind des französischen Staates. Auch sind aus Geschichte, Sage und Dichtung zahlreiche Königs- und Tyrannenmörder bekannt, welche nicht als Feinde des Staates bezeichnet werden dürften, von Harmodios und Aristogeiton bis Charlotte Corday und darüber hinaus.

6. Einteilung und Stellung im System. Die von der Staatspolizei zu bekämpfenden Gefahren gehören nie zu den Natur- oder Kulturgefahren, wie sie Gegenstand der Bau-, Feuer-, Wege-, Gesundheits-, Gewerbe- usw. Polizei sind, sondern beruhen auf dem bösen Willen von Menschen und der Mitwirkung ihrer bewußten oder unbewußten Helfer und Anhänger. Die Staatspolizei gehört also zur „Sicherheitspolizei" in einer der mehreren Bedeutungen des Wortes — Drews, Polizeirecht 1, 126 (1933) —. Die Staatspolizei umfaßt auch kriminalpolizeiliche Tätigkeit, geht aber nicht darin auf.

Wenn der Polizei, wie ich es vorgeschlagen habe, eine Dreiteilung zu Grunde gelegt wird, Polizei der Vergangenheit, der Gegenwart und der Zukunft, so hat auch die Staatspolizei alle drei Ziele, Verfolgung, Beobachtung und Vorbeugung. Es gibt also eine gemeine und eine politische Kriminalpolizei und ebenso eine gemeine und eine politische Beobachtungs- und Vorbeugungspolizei; dabei ist das Wort gemein in dem älteren Sinne zu nehmen, der keine sittliche Würdigung enthält, ebenso wie bei „gemeine Verbrechen".

Daß die Staatspolizei zur Verfolgung politischer Verbrecher berufen ist, ergibt sich nach dem Vorstehenden von selbst. Welche Taten der gemeinen und welche der politischen Kriminalpolizei zu überweisen sind, ist Sache der Organisation. Das Erkennungs-, Steckbrief-, Strafregisterwesen sind beiden gemeinsam. Wenn es streitig wird, ob ein begangenes Verbrechen ein gemeines oder ein politisches sei, so muß die gemeinsame vorgesetzte Behörde entscheiden. Dabei ist zu beachten, daß auch ein gemeines aus Gewinn- oder Rachsucht oder aus anderen persönlichen Beweggründen begangenes Verbrechen in der Verteidigung als politisches dargestellt werden könnte. Selbst wenn die Strafe dieselbe ist, so kann der Angeklagte, auch abgesehen von der Auslieferung, ein moralisches Interesse an dem Vorliegen politischer Beweggründe haben. Auch kann, solange der Täter unentdeckt ist, der Verdacht durch politische Verschleierung oder Maskierung abgelenkt werden. Die Entlarvung gehört zu den Aufgaben der politischen Beobachtungspolizei.

Die Beobachtung hat für die Staatspolizei eine größere und andersartige Bedeutung als für die übrige Polizei. Es handelt sich namentlich um die Frage der Isoliertheit und des Zusammenhanges der Taten und Anschläge. Es gibt gemeine Straftaten, welche ganz isoliert zu behandeln sind, z. B. Wirtshausschlägerei, Mord aus Eifersucht, Gelegenheitsdiebstahl. Solche Handlungen nehmen oft einen erfahrungsmäßigen, regelmäßigen Verlauf, so daß dem erfahrenen Polizeimann die Ermittlung des Geschehenen leichter wird als einem Anfänger. Aber die einzelnen Straftaten, mögen sie auch auf allgemeinen überall wiederkehrenden menschlichen Neigungen und Schwächen beruhen, stehen in keinem ursächlichen Zusammenhang mit einander, und ihre Beurteilung hängt nicht davon ab, was an ähnlichen Straftaten anderswo und zu anderen Zeiten geschehen ist. Andere gemeine Straftaten pflegen nicht für sich allein, sondern in einem Zusammenhang mit einander zu stehen: Bandenschmuggel, Wilddiebstahl, Hochstapelei, Heiratsschwindel, Kuppelei, Einbruchsdiebstahl, gewerbsmäßige Hehlerei und andere gefährliche Gewohnheitsverbrechen. Der einzelne Vorgang kann nur richtig verfolgt werden, wenn die allgemeinen Arbeitsmethoden und die Gewohnheiten des Einzelnen bekannt sind. In diesem Sinne sind die politischen Verbrechen nie als isolierte Vorgänge, sondern nur als Stücke eines großen Zusammenhanges zu beurteilen. Der rein hochverräterische Verbrecher, der mit seiner Tat keinen eigenen Vorteil erreichen, sondern nur seine politische Anschauung betätigen will, steht mit dieser Anschauung nicht allein da und erwartet vor und nach seiner Tat Beihilfe von Gesinnungsgenossen, deren Delegierter er vielleicht ist. Andererseits ist die landesverräterische Spionage für das Ausland auch dann nicht isoliert, wenn der Täter selbst keine Gehilfen hat; denn seine Auftraggeber werden sich nicht an einem Agenten genügen lassen. Politische Verbrechen und Anschläge sind gewöhnlich nur Ausstrahlungen einer geleiteten staatsfeindlichen oder regierungsgegnerischen Bewegung oder Gärung.

Eine Frage der Behördenverfassung ist es, ob der politische Nachrichtendienst für sich allein bestehen oder mit dem Verfolgungs- und Vorbeugungsdienst verbunden sein soll und ob der Nachrichtendienst der nicht politischen Polizeistellen auch auf politische Nachrichten ausgedehnt werden soll. Ein Preußischer MinErl. vom 6. I. 1921 hat der uniformierten Polizei alle politisch-polizeiliche Ermittlungstätigkeit ausdrücklich untersagt.

Zur Ergänzung des Nachrichten- und Ermittlungsdienstes gehört auch die gegenseitige Auskunft. Vom Ausland sind Auskünfte über landesverräterische Anschläge niemals und über hochverräterische nur unter besonderen Umständen zu erwarten, während die Behörden der gemeinen Kriminalpolizei in Verbindung mit einander stehen und gemeinsame Ämter haben können. Dafür müssen die inländischen Staatspolizeistellen in um so engerer Verbindung mit einander stehen, weil wenigstens die Vorbereitung politischer Anschläge nicht an den Ort gebunden ist.

Bei dieser Gelegenheit bedürfen die Empfehlungskarten der besonderen Erwähnung, die die auswärtigen Gesandten Frankreichs ausgezeichneten Reisenden für den Minister Graf von Varennes mitgaben, und über die vielleicht zuerst F. C. B. Avé-Lallemant (Das Deutsche Gaunertum, 4 Bde, 1858—1862) ausführlich berichtet hat. Neben einem nichtssagenden Text war durch die Farbe des Papiers, die zierliche und kunstvolle Umrandung und viele kleine unauffällige Zeichen eine eingehende Personalbeschreibung des Inhabers gegeben. Den Ausdruck der Entrüstung, mit dem Avé-Lallemant diese Karten bespricht, verdienen sie nicht, denn es waren, soviel ich sehe, keine heimtückischen perfiden Uriasbriefe, sondern scheinbar äußerst gekünstelte Spielereien, da sie nichts enthielten, was nicht auch offen auf der Karte hätte gesagt werden können. Aber sie schützten gegen Diebstahl besser als unsere Pässe mit Lichtbild und offener Beschreibung. Denn wenn ein Betrüger solche Karte vorlegte, konnte er keine Prüfung bestehen, sondern war sofort zu entlarven. Dies könnte der wahre Zweck der Geheimbeschreibung gewesen sein. Und deshalb kann die Wiedereinführung geheimer Merkmale (Codewörter) geradezu wieder in Frage kommen.

Die Vorbeugung als dritte Art der Tätigkeit geschieht nicht durch Androhung von Zwangsgeld und Zwangshaft, sondern durch Aufstellen von Wachen und Kommandos bei Herrscherreisen, Ansammlungen, Umzügen und ähnlichen Gelegenheiten. Bewaffnete Mannschaften werden auf Ersuchen der Staatspolizei von den Behörden der uniformierten Polizei unter deren eigener Verantwortlichkeit gestellt. In der Kaiserzeit konnte der Sicherheitsdienst unter dem Vorwande des Ehrendienstes stattfinden. Bei Reisen des Reichspräsidenten v. Hindenburg war der Schutzdienst auch ohne diesen Vorwand sehr umfassend.

Diese Sicherung kann trotz aller Vorsicht versagen. Am 1. IX. 1911 wurde im Kiewer Stadttheater der Ministerpräsident Stolypin in der Loge neben dem Kaiser erschossen, obgleich Eintrittskarten für die Vorstellung nur an bekannte Personen ausgegeben und das Theater außerdem von 15 Gendarmerieoffizieren und 92 Agenten gesichert war. Und so hat auch die Staatspolizei in Marseille bei der Ermordung des Königs Alexander von Südslawenland und des Ministers Barthou (9. X. 1934) im Erfolge versagt. Damit wird aber nichts darüber ausgesagt, ob die Polizei alle Maßnahmen, die ihr verständigermaßen zugemutet werden konnten, in diesem und in anderen Fällen richtig getroffen habe.

Ein eigenartiges Vorbeugungsmittel hatte die französische Königszeit in der Pariser Bastille, die neben anderen wechselnden Zwecken auch als Staatsgefängnis diente. In diesem Gebäude wurden gefährliche Personen bei guter Verpflegung und rücksichtsvoller Behandlung, aber strenger Abschließung gegen die Außenwelt auf längere oder kürzere Zeit untergebracht, um dann ohne Schaden für ihre Ehre und oft mit einer ansehnlichen Geldentschädigung entlassen zu werden. So erhielt Arouet (Voltaire) nach seiner ersten Verhaftung (vom 17. V. 1717—14. IV. 1718) eine Rente von 400 écus (1200 livres), die später auf 2000 livres erhöht wurde — Funck-Brentano, La Bastille 125—127 (1898) —. Selbst Bücher wurden nicht eingestampft, sondern in der Bastille verwahrt, und nach einigen Jahren dem Verkehr wieder übergeben, so die Encyclopédie (1751—1752) — Funck-Brentano, a. a. O. 41 —. Die lettres de cachet trugen die eigenhändige Unterschrift des Königs. Es waren aber nicht Haftbefehle, sondern Annahmebefehle an die Gefängnisverwaltung. Es wird wahr sein, daß solche Befehle in Blanco ohne den Namen des zu Verhaftenden den Polizeibehörden zur Verfügung gestellt waren, aber es ist nicht bewiesen und geradezu unmöglich, daß sie ohne Ausfüllung in den Verkehr gekommen seien derart, daß jemand ermächtigt wurde, eine beliebige, der Behörde nicht bekannte Person verhaften und einschließen zu lassen.

II. Geheime Staatspolizei in Preußen.

1. Zur Geschichte. Die Geheime Staatspolizei besteht in Preußen als selbständige Anstalt erst seit kurzer Zeit; und in dieser Zeit ist sie schon mehrmals umgestaltet worden.

Die Tätigkeit der politischen Polizei soll erst seit den Anschlägen auf Kaiser Wilhelm I. (1878) Gegenstand besonderer Aufmerksamkeit geworden sein. In den Gesetz- und Ministerialblättern findet sich darüber nichts.

Seit etwa 1919 bestand ein Staatskommissariat für die öffentliche Ordnung, dessen Zuständigkeit sich auf den Nachrichtendienst beschränkte. Dieses Kommissariat wurde dann allein dem MinInn. unterstellt — BekMinInn. vom 25. IV. 1922 (MinBliV. 448) — ErlMinInn. vom 14. XI. 1923 (MinBliV. 1142) — und mit dem 1. IV. 1924 wieder aufgelöst, wobei seine Geschäfte auf das Ministerium des Innern übergeführt wurden — ErlMinInn. vom 31. III. 1924 (MinBliV. 373) —.

Auf Grund des ReichskriminalG. vom 21. VII. 1922 (RGBl. I, 593) wurden errichtet: ein Landeskriminalpolizeiamt beim Polizeipräsidium Berlin mit Zuständigkeit, namentlich für den Erkennungs- und Nachrichtendienst, für ganz Preußen unter Zusammenfassung einzelner schon vorhandener Fachzentralstellen; und Landeskriminalpolizeistellen bei einem Teil der staatlichen Polizeibehörden, auch der in Berlin — ErlMinInn. vom 20. V. 1925 (JMinBl. 232; MinBliV. 569) — Baerecke: RuPrVBl. 1929, 315 —. Die örtliche Zuständigkeit der Stellen umfaßte also nicht ganz Preußen und hing davon ab, ob (aus allgemeinen Gründen) eine staatliche Polizeibehörde eingerichtet war.

Seit dem 1. II. 1929 wurde bei jeder staatlichen Polizeibehörde eine politische Abteilung mit bestimmtem Geschäftskreis eingerichtet — Erl. vom 12. XII. 1928 (MinBliV. 1189, 1198) — Baerecke, a. a. O. —.

Die nächste erforderliche Maßnahme war die Loslösung von der staatlichen Ortspolizei mit beschränkter örtlicher Zuständigkeit und die Angliederung an solche Behörden, welche das ganze Staatsgebiet erfaßten. Als solche Behörden kamen, da es eine Kreispolizei als besondere Instanz noch nicht gab, nur die Landespolizeibehörden in Betracht. Diese Reform wurde in mehreren Schritten vollzogen.

Das G. vom 26. IV. 1933 (GS. 122) schuf ein Geheimes Staatspolizeiamt als höhere Zentralbehörde für ganz Preußen, das G. vom 30. XI. 1933 (GS. 413) änderte die Verfassung der Zentralbehörde.

Der örtliche Unterbau blieb zunächst an die staatlichen Polizeibehörden angegliedert, so daß die Regierungsbezirke Allenstein, Köslin und Liegnitz von Königsberg, Stettin bzw. Breslau mit versorgt werden mußten und in Frankfurt a. O., Osnabrück und Trier eigene Staatspolizeistellen gebildet wurden —, ErlMinInn. vom 26. IV. 1933 (MinBliV I 503) — und erst ein Jahr später wurden Stellen den Regierungspräsidenten unterstellt — VO. vom 8. III. 1934 (GS. 143) —.

Danach ist die gegenwärtige Verfassung und Zuständigkeit folgende:

2. Verfassung. Das Institut der Geheimen Staatspolizei arbeitet in drei oder eigentlich fünf Instanzen.

(1). Der Ministerpräsident als Chef der Geheimen Staatspolizei — G. vom 30. XI. 1933, § 1 —.

Derselbe ist zugleich auch oberster Leiter der ordentlichen Polizei. Er wird vertreten durch den Staatssekretär im Staatsministerium. Die laufenden Geschäfte besorgt der Inspekteur, der zugleich Leiter des Geheimen Staatspolizeiamts ist und die Dienststrafgewalt eines Leiters einer Provinzialbehörde hat — BDStO. § 23, Fassung vom 18. VIII. 1934 (GS. 353) —.

(2) Das Geheime Staatspolizeiamt in Berlin mit Zuständigkeit für das ganze Staatsgebiet, geleitet von dem Inspekteur — G. vom 30. XI. 1933, § 1 — VO. vom 8. III. 1934, § 1 —. Das Amt tritt hinsichtlich des Aufgabengebiets der politischen Polizei an die Stelle des Ministeriums des Innern — G. vom 30. XI. 1933, § 3 (1) —.

(3) Staatspolizeistellen für die Landespolizeibezirke (Regierungsbezirke). Im Regierungsbezirk Sigmaringen werden die Geschäfte durch den Kommandeur der Gendarmerie wahrgenommen — Erl. vom 14. III. 1934 (MinBliV. 471, 2) —. Der Polizeipräsident Berlin ist Staatspolizeistelle — Erl.

v. 8. III. 1934 (MinBliV. 469) (6) —. Im übrigen unterstehen die Staatspolizeistellen den Regierungspräsidenten. Die leitenden Beamten werden vom Ministerpräsidenten bestimmt — DurchfVO. vom 8. III. 1934 (GS. 143), § 1 (3) —. Ihr Sitz ist in der Regel am Sitz der Landespolizeibehörde — ErlMinPräs. vom 8. III. 1934 (MinBliV. 469) unter (4) —. Im übrigen sind sie losgelöst vom organischen Zusammenhang mit der Bezirksregierung und der staatlichen Polizeiverwaltung — Erl. vom 14. III. 1934 (MinBliV. 471) unter 1 —.

(4) Außendienststellen der Staatspolizeistellen — VO. vom 8. III. 1934 (GS. 143) § 1, Abs. (4) —. Diese übernahmen die Geschäfte der politischen Abteilungen der staatlichen Polizeiverwaltung — Erl. vom 8. III. 1934 (MinBliV. 469) unter (7) —.

(5) Orts- und Kreispolizeibehörden an Orten, an welchen weder eine Staatspolizeistelle noch eine Außendienststelle ihren Sitz hat — DurchfVO. vom 8. III. 1934 (GS. 143) § 1 (6) — Erl. vom 14. III. 1934 (MinBliV. 471) unter 4 —.

3. Zuständigkeiten. Auch das Verhältnis der Geheimen Staatspolizeistellen zu einander und den Behörden der ordentlichen Polizei hat sich geändert. Während das G. vom 26. IV. 1933 (§ 2) vorschrieb, daß das Geheime Staatspolizeiamt im Rahmen seiner Zuständigkeit alle Polizeibehörden um polizeiliche Maßnahmen ersuchen könne, — wird jetzt bestimmt: „Die Landes-, Kreis- und Ortspolizeibehörden haben ... den Weisungen des Geheimen Staatspolizeiamts Folge zu leisten" — G. vom 30. XI. 1933, § 3 — vgl. PolVerwG. § 11 —.

Wegen der Zuständigkeit ist zu unterscheiden zwischen der Zuständigkeit des Instituts der Geheimen Staatspolizei (fachliche Zuständigkeit) und der der einzelnen Behörden im Verhältnis zu einander (sachliche Zuständigkeit). Dazu kommen noch einzelne Vorschriften zur Ausführung von Reichsgesetzen — VO. vom 2. III. 1933 (GS. 33); VO. vom 26. IV. 1933 (GS. 126); VO. vom 8. III. 1934 (GS. 143) §§ 4, 5 —.

Im übrigen soll die fachliche Zuständigkeit, das Aufgabengebiet durch den Ministerpräsidenten bestimmt werden — G. vom 30. XI. 1933 § 2 —.

Solche Bestimmungen sind nach dem 30. XI. 1933 meines Wissens nicht veröffentlicht worden. Es ist daher zurück zu greifen auf den Erlaß des Ministers des Innern vom 26. IV. 1933 (MinBliV. I, 503) Nr. VII Abs. 2, oder noch besser auf den Erlaß des Ministers des Innern vom 12. XII. 1928 (MinBliV. 1189), der für die damaligen staatlichen Polizeibehörden Folgendes als den Aufgabenkreis der politischen Polizei bestimmte:

8. Abteilung I — Politische Polizei — (I).

a) Einrichtung und Aufbau der politischen Polizei; Geheimschriftverkehr, Nachrichtenwesen.

b) Verfassungsangelegenheiten, Wahlen, Ausnahmezustand.

c) Pressewesen; Beobachtung der Presseerzeugnisse; Handhabung der pressepolizeilichen Bestimmungen; Schmutz- und Schundbekämpfung.

d) Vereins- und Versammlungswesen, insbesondere Handhabung der vereins- und versammlungspolizeilichen Bestimmungen.

e) Schutz des Staates. Beobachtung der staatspolitischen Bewegungen, insbesondere Überwachung der dem Bestand und der Sicherheit des Staates und seiner Einrichtungen feindlichen Bestrebungen von Einzelpersonen oder Personengemeinschaften. Republikschutzgesetz; Hochverrat.

f) Vorbeugende Maßnahmen gegen Unruhen und sonstige Störungen der öffentlichen Sicherheit; Reichswehrangelegenheiten, Technische Nothilfe, Bahnschutz.

g) Abwehr der Spionagetätigkeit ausländischer Staaten.

h) Beobachtung der für die staatspolitischen Bewegungen besonders bedeutsamen kultur- und wirtschaftspolitischen Bewegungen.

i) Waffen- und Schießsportwesen; Sprengstoffangelegenheiten.

Der Abt. I obliegt auch die Vorbereitung und Unterstützung der Strafverfolgung aller strafbaren Handlungen mit politischem Einschlag — Anlage zum ErlMinInn. vom 12. XII. 1928 (MinBliV. 1189, 1194) unter 8 —.

Der Schutz gegen Mißbrauch des Wandergewerbes ist den Gewerbepolizeibehörden verblieben — ErlRWirtschMin. und PreußMinfWirtschuArbeit vom 14. IX. 1934 (MinBliV. 1190) unter II —.

In sachlicher Beziehung als Instanz sind die Landespolizeistellen zuständig

a) für Angelegenheiten, die in ihren Auswirkungen auf den Landespolizeibezirk begrenzt sind,

b) für die ihnen vom Inspekteur der Geheimen Staatspolizei übertragenen Aufgaben ohne Rücksicht auf die Grenzen der Landespolizeibezirke,

c) für die orts- und kreispolizeilichen Angelegenheiten am Sitze der Staatspolizeistellen bzw. Außendienststellen — VO. vom 8. III. 1934 (GS. 143) § 1 Abs. (5) (6) —.

Über die Rechtsmittel war im G. vom 26. IV. 1933 (§ 1 Abs. 3) vorgeschrieben, daß gegen Verfügungen des Geheimen Staatspolizeiamts die Rechtsmittel des Polizeiverwaltungsgesetzes mit der Maßgabe Anwendung finden, daß für Klagen im Verwaltungsstreitverfahren stets der Bezirksausschuß (jetzt das Bezirksverwaltungsgericht) in Berlin zuständig sei. Im G. vom 30. XI. 1933 ist diese Vorschrift durch keine andere ausdrücklich ersetzt worden, auch gibt es keine Vorschrift über die Anfechtung von Verfügungen der Staatspolizeistellen und Außendienststellen.

4. Anwendbarkeit von Gesetzen. Es fragt sich weiter, ob die allgemeinen Gesetze auch auf die Staatspolizei Anwendung finden.

Die Frage ist zunächst unbedenklich zu bejahen, soweit es sich um die persönlichen Rechte und Pflichten der Beamten handelt. Dahin gehören: RVerf. 1919, Art. 128—131, soweit sie nicht durch spätere, für alle Beamten geltende, Gesetze geändert sind — BeamtendienststrafO. vom 27. I. 1932/16. VIII. 1934 (GS. 59) §§ 1, 2, 23 —. VO. vom 8. III. 1934 (GS. 143) § 3 Abs. (2). Vorgesetzter ist nicht der Regierungspräsident, sondern der Inspekteur.

Desgleichen gilt das Beamtenrecht des Strafgesetzbuches (§ 359). Die Beamten der Staatspolizei dürfen also auch keine Geständnisse erpressen, keine Verfolgung zu Unrecht einleiten oder unterlassen, unbeschadet der verbindlichen Anweisung, die die Zentralstelle den örtlichen Behörden gibt.

Daran schließt sich die Frage der Befangenheit. Wenn der amtliche Verdacht eines gemeinen oder politischen Verbrechens sich schon auf eine bestimmte Person verdichtet hat, so sind etwaige Beziehungen, welche zwischen dem Verdächtigten und dem Beamten bestehen (Verwandtschaft usw.), in der Regel einfach nachzuweisen und kein Geheimnis. Der Beamte kann sich also für befangen erklären und sich der Tätigkeit enthalten, ohne dadurch neue Verdachtgründe auf den Beschuldigten zu häufen. Wenn er sich zu einem früheren Zeitpunkt für befangen erklären wollte, mit der Begründung, daß er zu einer nicht genannten Person, auf die der Verdacht fallen könnte, persönliche Beziehungen habe, und vorausgesetzt, daß man dem Beamten glaubte, so würde damit ein mehr oder weniger kleiner Kreis von Personen abgegrenzt, unter denen eine sein müßte, der der Beamte mit Recht oder Unrecht die Tat zutraut. Eine Lage, in der der Beamte berechtigt wäre, seine Pflicht nur halb zu tun, gibt es nicht. Diese Gefahr des Gewissenswiderstreits ist mit jedem Amt verbunden, kann aber bei politischen Vergehen besonders peinlich werden.

Vgl. StGB. §§ 139, 346 in der Fassung vom 24. XI. 1933 (RGBl. I, 995) Art. 3 Nr. 19.

Unbedenklich können die Beamten der Staatspolizei auch zu den polizeilichen Vollstreckungsbeamten gehören — GerVerfG. § 34 Nr. 6, § 84; vgl. aber ErlPrJustMin. vom 13. XI. 1933 (Deutsche Justiz 673) und Löwe, StPO. 1254 (1934) —.

Jedenfalls gehören sie zu den Beamten des Polizei- und Sicherheitsdienstes im Sinne GerVerfG. § 152, StPO. §§ 98, 105, 127 II, 161, 163, 189, natürlich nur soweit die örtliche, sachliche und fachliche Zuständigkeit der Behörde reicht, bei der sie angestellt sind.

Der Erörterung bedarf die Frage, ob das PolizeiverwaltungsG. vom 1. VI. 1931 anzuwenden sei. Wenn die Frage bejaht würde, es gälten auch die negativen Vorschriften (Kontrollverbot §§ 31, 41 Abs. 3, persönliche Freiheit §§ 15—17); wenn sie verneint würde, gälten auch die positiven Vorschriften nicht, es sei denn, daß sie auf andere Vorschriften des Reichs- oder Landesrechts zu stützen seien. Dann würde nicht nur die Zwangsgewalt ausgeschaltet sein, sondern auch die Rechtsmittel, der Schadensersatz.

Aus dem Namen „Polizei" ist nichts zu folgern, denn es gibt auch Dienste, die Polizei heißen, ohne unter das Gesetz 1931 zu fallen, z. B. die Sitzungs-„Polizei" der Gerichte, die Anstalts-„Polizei" im Sinne von Otto Mayer.

Auch aus dem Gesetz von 1931 ist nichts zu entnehmen, denn § 14 sagt (vielleicht in unbewußter Abweichung von ALR. Teil II, Titel 17 § 10) nicht, daß die dort geschilderte Sorge nur durch Polizeibehörden wahrgenommen werden könnte, auch läßt § 8, wenn er sich auch nur auf die Organisation und besondere Zuständigkeit bezieht, doch den Weg zu ganz allmählichen Übergängen offen. So unterscheidet auch Drews zwischen Sonderpolizeibehörden und Behörden der Sonderpolizei (Polizeirecht 1933, S. 117).

Nach dem G. vom 26. IV. 1933 (GS. 122) bestand nun kein Zweifel daran, daß die Geheime Staatspolizei eine Sonderpolizeibehörde im Sinne des § 8 PolVerwG. sei, Drews, a. a. O. 117, Baerecke, RuPrVBl. 1929, 316; aber gerade die entscheidende Wendung des G. vom 26. IV. 1933 („neben den oder an Stelle der ordentlichen Polizeibehörden") ist im G. vom 30. XI. 1933 (GS. 413) ersetzt worden durch den Satz: „Die Geheime Staatspolizei bildet einen selbständigen Zweig der inneren Verwaltung." Dieser Satz wird im Schrifttum, soweit ich sehe, nur wiederholt, aber nicht erläutert. Die Worte des Gesetzes lassen offen, ob die Geheime Staatspolizei zur Polizei gehöre oder nicht, denn die „innere Verwaltung" ist nicht Gegensatz zur Polizei, sondern der höhere Gattungsbegriff. Was zur inneren Verwaltung gehört, kann Polizei oder etwas anderes sein. Sicher ist nur, daß die Geheime Staatspolizei von der Organisation und Zuständigkeit der Polizei ausgenommen ist, aber mehr läßt sich nicht mit Bestimmtheit aus dem Gesetz entnehmen. Unerheblich ist auch, daß § 12 PolVerwG. für anwendbar erklärt ist (ErlMinPräs. vom 8. III. 1934, MinBliV. 469 Nr. 7), denn es könnte auch an analoge Anwendung gedacht sein. Für die Anwendbarkeit spricht aber die Erwägung: Wenn das Institut der Geheimen Staatspolizei wieder aufgehoben würde, so würden ihre Aufgaben und Zuständigkeiten selbsttätig auf die ordentlichen Polizeibehörden zurückfallen, aber nicht wegfallen, denn einen Staat, in welchem solche Aufgaben nicht erfüllt werden dürften, kann es nicht geben. Das Verhältnis zwischen Geheimer Staatspolizei und ordentlicher Polizei ist also wie das Verhältnis zwischen besonderen und ordentlichen Gerichten, aber nicht wie das zwischen Verwaltung und Justiz. Unterstützend ist auch der Umstand, daß die Trennung in der Organisation keine vollständige ist, sondern die Orts- und Kreispolizeibehörden an Orten, die nicht Sitz einer Staatspolizeistelle oder Außendienststelle sind, als Hilfsorgane der Geheimen Staatspolizei zuständig bleiben — VO. vom 8. III. 1934 (GS. 143) § 1 Abs. (6) —.

Sonach ist die Geheime Staatspolizei nach wie vor als Sonderpolizeibehörde im Sinne § 8 PolVerwG. bestehen geblieben.

Karl Friedrichs.

Stadt und Land.

A. Kriminalsoziologie.

1. Fast jeder Mensch gebraucht heute in der Umgangssprache ohne lange Überlegung die beiden Ausdrücke „Stadt“ und „Land“, ohne dabei Gefahr laufen zu müssen, nicht verstanden oder mißverstanden zu werden. Das ließe vermuten, daß sich der Durchschnittsmensch grundsätzlich über diese Begriffe und ihre Inhalte im klaren sei. Doch bei näherem Zusehen stellt sich heraus, daß die Unterscheidung von Stadt und Land meist sehr oberflächlich ist. Wie Wenigen — um nur ein Beispiel anzuführen — kommt es zum Bewußtsein, daß gegenüber der Jahrtausende alten Besiedelung des flachen Landes die Stadt, insbesondere die moderne Großstadt, ein Gebilde der allerjüngsten Zeit ist. So lebten in Deutschland um das Jahr 1871 noch 64% der Bevölkerung auf dem Lande.

Für das Deutsche Reich gibt die Statistik des Deutschen Reiches Bd. 401, S. 520 und 1934 H. 12 der Sonderhefte zu „Wirtschaft und Statistik“ (S. 15) die Zahlen, die in der Tabelle S. 655 wiedergegeben sind.

Das Verhältnis von Stadt- und Landbevölkerung hat sich unter Zugrundelegung der amtlichen statistischen Scheidung von Stadt und Land im Zeitraum von rund sechzig Jahren ins genaue Gegenteil verkehrt.

Bei der Volkszählung am 16. VI. 1933 sind im Deutschen Reich ohne Saargebiet 50904 Gemeinden mit 65188626 Einwohnern festgestellt worden. Die Gliederung der Gemeinden nach der Größe ihrer Einwohnerzahl ergibt folgende Verteilung der Gesamtbevölkerung (Heft 12 der Sonderhefte zu „Wirtschaft u. Statistik“, Jahrg. 1934, S. 14):

Die Reichsbevölkerung nach Gemeindegrößenklassen.

Gemeinden mit ... Einwohnern	Gemeinden am 16. VI. 1933 Zahl	Gemeinden %	Wohnbevölkerung insgesamt Zahl	Wohnbevölkerung insgesamt %
weniger als 2000 (ländl. Bevölkerung) . . .	47 380	93,08	21 489 856	32,97
und zwar				
weniger als 100	3 879	7,62	255 737	0,39
100 bis unter 500	28 443	55,88	7 745 602	11,88
500 bis unter 1000	10 510	20,65	7 284 932	11,18
1000 bis unter 2000	4 548	8,93	6 203 585	9,52
2000 und mehr (städtische Bevölkerung) .	3 524	6,92	43 698 770	67,03
und zwar				
2000 bis unter 5000 (Landstädte) . .	2 299	4,52	6 940 564	10,65
5000 bis unter 20000 (Kleinstädte)	962	1,89	8 541 965	13,09
20000 bis unter 100000 (Mittelstädte).	212	0,41	8 537 411	13,10
100000 und mehr (Großstädte) . . .	51	0,10	19 678 830	30,19
darunter				
100000 bis unter 200000	24	0,05	3 327 121	5,10
200000 bis unter 500000	17	0,03	5 768 262	8,85
500000 und mehr (ohne Stadt Berlin)	9	0,02	6 347 031	9,74
Stadt Berlin	1	0,00	4 236 416	6,50
Insgesamt	50 904	100,00	65 188 626	100,00

Die Reichsbevölkerung nach Gemeindegrößenklassen seit 1871.
(Unter Zugrundelegung des jeweiligen Gebietsstandes der Gemeinden.)

Jahr	Sämtliche Gemeinden	davon entfallen auf Gemeinden mit . . . Einwohnern		Von den Gemeinden mit 2000 und mehr Einwohnern entfallen auf Gemeinden mit . . . Einwohnern			
		weniger als 2000 (ländl. Gemeinden)	2000 und mehr (städt. Gemeinden)	2000 bis unter 5000 (Landstädte)	5000 bis unter 20 000 (Kleinstädte)	20 000 bis unter 100 000 (Mittelstädte)	100 000 und mehr (Großstädte)
	a) Zahl der Gemeinden.						
Früheres Reichsgebiet							
1871	—	—	2 328	1 716	529	75	8
1875	—	—	2 528	1 837	591	88	12
1880	—	—	2 707	1 950	641	102	14
1885	—	—	2 771	1 951	683	116	21
1890	—	—	2 891	—	—	—	24
1895	—	—	3 095	2 111	806	150	28
1900	76 959	73 599	3 360	2 269	864	194	33
1905	76 391	72 811	3 580	2 386	945	208	41
1910	75 939	72 199	3 740	2 441	1 028	223	48
Jetziges Reichsgebiet (ohne Saargebiet)							
1910	64 862	61 566	3 296	2 163	883	206	44
1925	63 556	60 126	3 430	2 249	920	216	45
1933	50 904	47 380	3 524	2 299	962	212	51
	b) Zahl der Einwohner. Grundzahlen						
Früheres Reichsgebiet							
1871	41 010 150	26 219 352	14 790 798	5 086 625	4 588 364	3 147 272	1 968 537
1875	42 727 360	26 070 188	16 657 172	5 379 357	5 124 044	3 487 857	2 665 914
1880	45 234 061	26 513 531	18 720 530	5 748 976	5 671 325	4 027 085	3 273 144
1885	46 855 704	26 376 927	20 478 777	5 805 893	6 054 629	4 171 874	4 446 381
1890	49 428 470	26 185 241	23 243 229	5 935 012	6 481 473	4 829 202	5 997 542
1895	52 279 901	26 022 519	26 257 382	6 277 409	7 118 980	5 584 000	7 276 993
1900	56 367 178	25 734 103	30 633 075	6 815 853	7 585 495	7 111 447	9 120 280
1905	60 641 278	25 822 481	34 818 797	7 158 685	8 334 478	7 816 630	11 509 004
1910	64 925 993	25 954 587	38 971 406	7 297 770	9 172 333	8 677 955	13 823 348
Jetziges Reichsgebiet (ohne Saargebiet)							
1910	57 798 427	22 236 139	35 562 288	6 470 907	7 854 648	8 000 898	13 235 835
1925	62 410 619	22 219 031	40 191 588	6 752 995	8 195 820	8 531 464	16 711 309
1933	65 188 626	21 489 856	43 698 770	6 940 564	8 541 965	8 537 411	19 678 830
	% der Gesamtbevölkerung des Reichs.						
Früheres Reichsgebiet							
1871	100	63,9	36,1	12,4	11,2	7,7	4,8
1875	100	61,0	39,0	12,6	12,0	8,2	6,2
1880	100	58,6	41,4	12,7	12,6	8,9	7,2
1885	100	56,3	43,7	12,4	12,9	8,9	9,5
1890	100	53,0	47,0	12,0	13,1	9,8	12,1
1895	100	49,8	50,2	12,0	13,6	10,7	13,9
1900	100	45,6	54,4	12,1	13,5	12,6	16,2
1905	100	42,6	57,4	11,8	13,7	12,9	19,0
1910	100	40,0	60,0	11,2	14,1	13,4	21,3
Jetziges Reichsgebiet (ohne Saargebiet)							
1910	100	38,5	61,5	11,2	13,6	13,8	22,9
1925	100	35,6	64,4	10,8	13,1	13,7	26,8
1933	100	33,0	67,0	10,6	13,1	13,1	30,2

Die Tendenz zur Verstadtlichung im letzten halben Jahrhundert ist jedoch nicht nur in Deutschland anzutreffen, sondern findet sich, wenn auch in verschiedener Gradstärke, in den meisten Kulturländern. Dies bestätigen die nebenstehenden Zahlen:

Trotz dieser statistischen Daten fehlt uns bisher eine klare, das Wesen kennzeichnende Unterscheidung von Stadt und Land; ja die Reichsstatistik muß zugeben, daß in ihrer rein zahlenmäßigen Darstellung die rechtliche Seite ganz außer acht gelassen worden ist. So erscheint z. B. in der Bevölkerungsstatistik die „Stadt" Haunstein i. Baden unter den „ländlichen Gemeinden", weil sie nur 206 Einwohner zählt. Aber auch die rechtliche Unterscheidung von Stadt und Land ist für soziologische Einsichten ebenso wenig brauchbar wie die spezifischen Unterscheidungsmerkmale der übrigen hier interessierten Einzelwissenschaften. Fernerhin hat Sombart (Städtische Siedlung) darauf hingewiesen, daß gerade der Stadtbegriff von den jeweiligen Zeit - Raum - Verhältnissen abhängt. Dazu kommt noch die Verschiedenheit der Größe der Städte (Klein-, Mittel-, Groß- und Weltstadt), der die Statistik durch die Einteilung in Größenklassen gerecht zu werden sucht. Schließlich

Die Bevölkerung im Deutschen Reiche und in einigen ausländischen Staaten nach Gemeindegrößenklassen[1]).

Staaten	Zeitpunkt der Zählung	Grundzahlen: Bevölkerung in Gemeinden mit ... Einwohnern						Verhältniszahlen: Bevölkerung in Gemeinden mit ... Einwohnern					
		weniger als 10000	10000 bis unter 20000	20000 bis unter 50000	50000 bis unter 100000	100000 und mehr	Insgesamt	weniger als 10000	10000 bis unter 20000	20000 bis unter 50000	50000 bis unter 100000	100000 und mehr	Insgesamt
Deutsches Reich	1933	33072330	3900055	5022168	3515243	19678830	65188626	50,7	6,0	7,7	5,4	30,2	100
Österreich . . .	1923	4008567	193024	155922	56401	2120567	6534481	61,3	2,9	2,4	0,9	32,5	100
Dänemark. . . .	1930	2170351	298191	220756	138038	723320	3550656	61,1	8,4	6,2	3,9	20,4	100
Schweden	1931	4482388	281367	388101	118419	892171	6162446	72,7	4,6	6,3	1,9	14,5	100
Norwegen	1930	2160782	175254	72273	152761	253124	2814194	76,8	6,2	2,6	5,4	9,0	100
England u. Wales	1931	10256283	3342075	4767794	3524894	18056885	39947931	25,7	8,4	11,9	8,8	45,2	100
Niederlande . . .	1930	2891505	1178525	909519	794275	2161741	7935565	36,4	14,9	11,5	10,0	27,2	100
Belgien	1930	4380396	1080474	1230879	460738	939517	8092004	54,1	13,4	15,2	5,7	11,6	100
Frankreich . . .	1931	25801223	3132933	3510704	2804805	6585258	41834923	61,7	7,5	8,4	6,7	15,7	100
Italien	1931	20694955	6070545	5172349	2777954	6993778	41709581	49,6	14,5	12,4	6,7	16,8	100
Schweiz	1930	2829739	225152	186045	193952	632506	4067394	69,6	5,5	4,6	4,8	15,5	100
Polen	1931	25354728	1100526	1433403	688154	3350962	31927773	79,4	3,4	4,5	2,2	10,5	100
Tschechoslowakei	1930	11397880	889468	827513	136221	1475076	14726158	77,4	6,1	5,6	0,9	10,0	100
Ungarn	1930	4996670	872096	995984	565039	1258530	8688319	57,5	10,0	11,5	6,5	14,5	100
Jugoslawien . . .	1931	12056442	517059	563513	266723	527181	13930918	86,5	3,7	4,1	1,9	3,8	100
Bulgarien	1926	4531170	202787	212706	119850	189411	5255924	86,2	3,9	4,0	2,3	3,6	100
Rumänien. . . .	1930	14910836	708144	669920	673168	1063169	18025237	82,7	3,9	3,7	3,8	5,9	100
Rußland (UdSSR.)	1926	123371350	5586296	4113998	4109735	9526235	146707614	84,1	3,8	2,8	2,8	6,5	100
Ver. Staaten von Amerika . . .	1930	64458036	6925339	8574487	6491448	36325736	122775046	52,5	5,6	7,0	5,3	29,6	100

[1]) Sonderhefte zu „Wirtschaft und Statistik", Heft 12, 1934.

verschiebt sich der Stadtbegriff auch noch, wenn man die Stadttypen wie Arbeiter-, Industrie-, Handels-, Hafen-, Rentnerstadt usw. in Rechnung stellt. Ebenso wenig ist die ländliche Siedlungsweise einheitlich. In Deutschland bestehen neben dem häufigsten ländlichen Siedlungstypus Dorf z. B. der isolierte Hof und das Herrenhaus, während der amerikanisch wichtige Typus „Farm“ nicht anzutreffen ist.

Um das Bild der Wirklichkeit abzurunden, muß darauf hingewiesen werden, daß zwischen den bisher erwähnten städtischen und ländlichen Siedlungen noch eine Reihe von Übergangsgebilden besteht, so der Marktflecken, die Schrebergarten-Kolonie, die Erwerbslosenniederlassung, die Wochenendsiedlung, die ländliche Sommer- und Winterfrische, das Ferienlager.

2. Durch dieses Gewirr hat die Soziologie der Siedlungsgebilde ihren eigenen Weg zu suchen und zu gehen. Von vorn herein ist festzustellen, daß eine soziologische Betrachtung von Stadt und Land keine den Siedlungsraum betreffende (formale) Definition dieser Gebilde zu geben hat. Ihr kommt es nicht so sehr auf den Typus Stadt oder Land an; wichtig sind ihr vielmehr nur die auf einem bestimmten physikalischen Raum zusammen lebenden und wohnenden Menschen, also die Städter und die Landbewohner, und deren zwischenmenschliches Verhalten, besonders insofern, als die Siedlungsweise diesem eine besondere Färbung gibt. Hier meldet sich die Soziologie allerdings ernsthaft zu Wort. Denn erst aus der Gegenüberstellung und dem Vergleich der in Stadt und Land herrschenden Kontakte, Geschehnisse und Gebilde läßt sich der Menschen- und Persönlichkeitstypus Städter-Dörfler (Ländler) herausschälen.

Die Aufgabe einer Soziologie der Siedlungsgebilde hat v. Wiese (Ländliche Siedlungen, S. 523) so gekennzeichnet: „Das zwischenmenschliche Verhalten und die — positiven wie negativen — Vergesellschaftungen im Rahmen des Siedlungsgebildes, sowie den Niederschlag dieser sozialen Beziehungen und Gruppierungen in der Auffassung und in der Haltung der Menschen zu beobachten, zu systematisieren und zu vergleichen“. Dabei leuchtet sofort ein, daß eine auf das für Stadt und Land Allgemeine, Abstrakte und Typische abgestellte Untersuchung wie die unsrige keine Rücksicht auf Eigenarten und Besonderheiten nehmen kann, die für Einzelforschungen von größter Wichtigkeit sein mögen. Andernfalls würde sie Gefahr laufen, vor lauter Einzelheiten schließlich kein allgemeines Urteil abgeben zu können.

Auf Grund der Tatsache, daß in den USA. die Soziologie der Siedlungsgebilde (Urban and Rural Sociology) am weitesten vorgedrungen ist, scheint es uns angebracht zu sein, hier ihre wesentlichen, auch außersoziologischen Ergebnisse (vgl. Sorokin, Source Book, I, S. 239—241) mitzuteilen. Danach stellen sich folgende grundlegende Unterschiede heraus: Im Hinblick auf die räumliche Ausdehnung der Siedlung stehen Landwirtschaft und Größe der ländlichen Siedlungen in umgekehrt proportionalem Verhältnis zu einander; für die räumlich viel ausgedehnteren städtischen Siedlungen dagegen besteht ein positiv proportionales Verhältnis von Verstädterung und Stadtgröße.

Der engen Verbundenheit des flachen Landes mit der Natur (Jahreszeiten, Boden, Haustiere) steht die Stadt aus Stein und Eisen als viel naturferner gegenüber. Ihre künstlich geschaffene Umgebung ist in mancher Hinsicht geradezu darauf angelegt, das Naturhafte zu überkommen.

Im Großen und Ganzen läßt sich für die ländliche Bevölkerung eine größere Homogenität behaupten als für die Städter. Daraus mag sich die geringere soziale Verschiedenheit auf dem Lande gegenüber der städtischen Bevölkerung mit herleiten lassen. Der Umfang der sozialen, territorialen und beruflichen Wanderung ist auf dem Lande geringer als in der Stadt. Vom Lande zieht vorwiegend der Einzelmensch in die Stadt; nur in Zeiten sozialer und wirtschaftlicher Wirren und Unruhen läßt sich eine stärkere Landflucht nachweisen. (Man denke an die Entstehung der heute in Deutschland nicht seltenen Erwerbslosensiedlungen). Sieht man von dem verhältnismäßig geringen Vorhandensein der Angehörigen des Handwerks, des Handels, der freien Berufe, der Akademiker und Beamten sowie von Dörfern mit zahlreicheren Industriearbeitern ab, so findet die Landbevölkerung fast ausschließlich in der Landwirtschaft Beschäftigung, während die Gesamtheit der Stadtbevölkerung mit ihrer grundsätzlichen Verwendung in Handwerk, Industrie, Handel, Verkehr, Verwaltung usw. eine entschiedene Heterogenität in ihrer beruflichen Tätigkeit aufweist.

Eine eingehende soziologische, d. h. beziehungswissenschaftliche Analyse (deren theoretische Grundlage L. v. Wiese zu verdanken ist; siehe „System der Allgemeinen Soziologie als Lehre von den sozialen Prozessen und den sozialen Gebilden der Menschen [Beziehungslehre], 2. Aufl., München 1933) hätte nun solche Fragen wie die innere und äußere Haltung der Menschen und ihre Umgangsformen, Nachbarschaftsbeziehungen und soziale Distanz in Stadt und Dorf und zwischen solchen Gebilden, Familien- und Geschlechtsbeziehungen, Probleme der Person, Gruppen und Körperschaften zu untersuchen. Für das dörfliche Leben ist das unter Leitung von Prof. L. v. Wiese und Beteiligung des Verfassers bereits geschehen („Dorf als soziales Gebilde“). Hier kann darüber unter Anlehnung an Sorokin (l. c.), der sich bei diesem Teil seiner Untersuchungen der beziehungswissenschaftlichen Methode und Terminologie bedient, nur das Folgende mitgeteilt werden.

Auf dem Lande sind die zwischenmenschlichen Kontakte zahlenmäßig geringer als in der Stadt. Sie bestehen vorwiegend aus unmittelbaren Nahkontakten im Gegensatz zu den Fernkontakten, die über größere Entfernungen wirken. Der soziale Radius der aus ihnen hervorgehenden zwischenmenschlichen Prozesse ist, gemessen an der Stadt, kleiner; dagegen sind die Beziehungen auf dem Lande persönlicher und verhältnismäßig dauerhafter, einfacher, aber auch ernsthafter. Die Zahl der sozialen Gebilde im Landleben ist geringer als in der Stadt.

Aus dem Gesagten läßt sich für das städtische Sozialleben ohne weiteres das Bestehen zahlreicherer Kontakte, vorherrschend sekundärer Kontakte, zufälligerer, kurzlebigerer, unpersönlicherer Beziehungen mit größerem Radius ablesen. Als Charakteristikum zeigt das zwischenmenschliche Beziehungsnetz der Stadt eine größere Zusammengesetztheit, Mannigfaltigkeit, standardisierte Förmlichkeit und Anonymität.

Der Landbewohner als Persönlichkeit ist demnach im Hinblick auf die Zahl der zwischenmenschlichen Gruppierungen, denen er angehört, unabhängiger als der Städter mit seiner Zugehörigkeit zu weit mehr sozialen Kreisen. Auf der anderen Seite halten den Dörfler die wenigen Gebilde, wie Familie, Kirche, Berufsvereinigung, viel stärker in ihrem Bann. Der intensiven „social control“ dieser Gebilde über jedes Mitglied der ländlichen Siedlung hat die Stadt nur eine gewisse Extensität entgegenzustellen. So sind mit wenigen Ausnahmen die vielen Einrichtungen, die in jüngster Zeit zur Stütze, Unterstützung oder gar zum Ersatz der Familie in der Bewältigung ihrer erzieherischen und sozialen Aufgaben entstanden sind, Schöpfungen des Stadtlebens. Zudem wechselt, wie J. Plenge es einmal ausdrückte, der Städter während des Tages mehrfach seine soziale Persönlichkeit (nach Arbeitsschluß ist der Beruf abgelegt und Familie, Verein oder Vergnügungsstätte treten als neue selbständige Sphären auf), während der Beruf des Ländlers sein gesamtes Leben durchdringt und beeinflußt. Vgl. a. d. Art. Verstädterung.

3. Es unterliegt nach den obigen Darlegungen wohl kaum einem Zweifel, daß die Verschiedenartigkeit des Zusammenlebens der Menschen auf dem Lande und in der Stadt wesentlich das zwischenmenschliche Handeln und Verhalten beeinflußt. Auch das Verbrechen ist ein solches soziales Geschehnis. Von allen es verursachenden Faktoren (vgl. Gierlichs, Kriminalsoziologie) soll jetzt nur der Einfluß von Stadt und Land auf das Verbrechen oder die Möglichkeit dieser Beeinflussung gezeigt werden. Denn — wie Georg v. Mayr (III, 725) gesagt hat — „gerade für die Erkenntnis der Kriminalität, die ein bedeutungsvolles und zwar pathologisches soziales Reibungsprodukt darstellt, muß die Feststellung ihrer Stärke und Art nach dem Anhäufungsverhältnis der Bevölkerung von besonderer Bedeutung sein“.

Der statistischen Erfassung des städtischen und ländlichen Verbrechertums stehen gewisse Schwierigkeiten entgegen, die später aufgezeigt werden sollen. Am ehesten geben uns noch die Statistiken der nordischen Länder Aufschluß, deren Ergebnisse, wenigstens teil- und auszugsweise, hier folgen. So zeigt die finnische Kriminalstatistik (Statistisk Årsbok for Finland 1931, Helsingfors 1931, S. 217) für solche Personen, die in den Jahren 1927—1929 in erster Instanz gerichtlich verurteilt wurden, das folgende Bild, dem wir zum Zwecke des besseren Vergleichs die Angaben der finnischen Bevölkerungsstatistik beifügen. (Tabelle s. S. 659 oben.)

Ähnlich, wenn auch bei weitem nicht so kraß, liegen die Verhältnisse in Schweden (Statistisk Årsbok för Sverige, 19. Jahrg. 1932, Stockholm 1932). Auch hier stellen wir die Bevölkerung den in erster Instanz gerichtlich verurteilten Kriminellen (beide Angaben in absoluten Zahlen) gegenüber.

Jahr	Bevölkerung		Verurteilte	
	Stadt	Land	Stadt	Land
1927	1 906 694	4 171 452	52 324	26 821
1928	1 931 143	4 165 414	50 694	30 379
1929	1 956 142	4 156 493	53 225	31 541
1930	1 983 309	4 147 517	58 496	31 344

Aus der norwegischen Kriminalstatistik erwähnen wir nur, daß von den für das Jahr 1929 angegebenen 1613 verwahrlosten Kindern 1072 aus Städten und 541 vom Lande stammen.

Einen positiven Zusammenhang zwischen Urbanität und Kriminalität weist auch die polnische Statistik auf, aus der wir die Kriminalität in den Städten und auf dem Lande

	Jahr	Wohnbevölkerung		Verurteilte auf 100000 Einwohner über 15 Jahre	
		männlich	weiblich	männlich	weiblich
Städtische Gemeinden .	1927	282 793	337 678	29 701	1327
	1928	290 892	346 504	29 777	1258
	1929	297 847	353 800	30 267	1340
Ländliche Gemeinden . .	1927	1 487 369	1 474 566	4 690	159
	1928	1 494 206	1 480 189	4 722	172
	1929	1 498 475	1 483 925	4 779	195
		Städtische Gemeinden	Ländliche Gemeinden	Städtische Gemeinden	Ländliche Gemeinden
Insgesamt	1927	620 471	2 961 935	8 984	402
	1928	637 396	2 974 395	9 109	402
	1929	651 647	2 982 400	9 282	439

des ehemaligen Russisch-Polen für 1923 (nach L. Hersch) wiedergeben.

Ort des Verbrechens	Bevölkerung	Verurteilte	
		absol. Zahlen	auf 100000 Einw.
Stadt Warschau	936 713	5 383	57,5
Übrige Städte .	3 193 670	17 693	55,4
Dörfer	11 220 799	27 278	24,3

Zur Erweiterung der Vergleichsbasis können zudem die Verbrecherquoten der Berufsstatistiken (s. d. Art. Beruf) angezogen werden, allerdings mit der Einschränkung, daß sie für unsere Zwecke nur mittelbaren Wert besitzen, da die landwirtschaftliche Bevölkerung nur selten ganz mit der ländlichen identisch ist. Jedenfalls zeigt sich aber hier, daß diese Berufsgruppe im allgemeinen eine geringere Kriminalität ausweist als die übrigen, mit Ausnahme der freien Berufe.

Aus unserem Material darf mit Vorsicht gefolgert werden, daß die Zahl der Verbrechen und Vergehen in der Stadt größer ist als auf dem Lande. Diese Feststellung trifft z. B. auch für die deutsche Kriminalstatistik zu, so lange sie städtisches und ländliches Verbrechertum getrennt auswies, und zwar sowohl im Hinblick auf die Gesamtkriminalität als für Gewalt und Drohungen gegen Beamte usw., für einfache und schwere Diebstähle, und schließlich für Betrug. Eine Ausnahme bildete lediglich das häufigere Vorkommen der gefährlichen Körperverletzungen in den überwiegend ländlichen Bezirken.

Zudem hat Sorokin (Source Book II, 266f.), soweit es das spärliche und wenig zuverlässige Material zuließ, festgestellt, daß sowohl mit Bezug auf den Wohnort als auf den Geburtsort und auch im Hinblick auf die Rückfälligkeit der städtische Verbrecher in der Überzahl ist. Als die auf dem Lande häufigeren Verfehlungen gibt Sorokin solche gegen die Person (besonders auch Kindestötung) an. In der Stadt überwiegen die Eigentumsverfehlungen, so Diebstahl, Betrug, Fälschung, Unterschlagung, mit Ausnahme von Brandstiftuug und Viehdiebstahl, sodann sexuelle Ausschreitungen, auch Trunksucht und schließlich Abtreibung. In einer Untersuchung über die Beziehungen der preußischen Landjägerei zur Bevölkerung haben wir bezüglich des ländlichen Verbrechertums in Preußen jedoch gesagt: „Waren vor dem Kriege in der Hauptsache Diebstahl und Einbruch die für die ländliche Kriminalität wesentlichen Erscheinungen, so haben der Krieg und seine Folgen, die unsicheren wirtschaftlichen und politischen Verhältnisse, eine Lockerung der gesetzlichen Ordnung und ein starkes Anwachsen der Kriminalität zur Folge gehabt." Eine Bestätigung dessen findet sich in Oberlandjägermeister Eigenbrodts Ausführungen über „Die Landjägerei und ihre kriminalpolizeilichen Aufgaben": „Auch nach diesem allgemeinen Anwachsen der Kriminalität bilden Diebstahl und Einbruch zwar immer noch den Höchstbestandteil aller ländlichen Kriminalfälle, aber neben diesen Eigentumsvergehen und -verbrechen sind nunmehr auf dem Lande auch die Roheitsdelikte in einem sehr erheblichen Maße vorhanden." Diese Feststellungen eines Praktikers geben uns einmal mehr Veranlassung, über das Wesen des städtischen und ländlichen Verbrechertums nachzudenken, den wirklichen Ursachen und den hier bestehenden Schwierigkeiten auf den Grund zu gehen.

Abgesehen davon, daß gewisse Verfehlungen begreiflicherweise nur auf dem flachen Lande, andere nur in der Stadt begangen werden können, ist unsere kriminalsoziologische Fragestellung darauf abgestellt, ob sich die aller Wahrscheinlichkeit nach größere städtische Kriminalität als Folge spezifisch städtischer Bedingungen des menschlichen Zusammenlebens nachweisen läßt. Mit anderen Worten: Bilden etwa die früher angeführte größere Heterogenität und Wanderung der Stadtbevölkerung, die größere, dafür weniger kontrollierbare Zahl von sozialen Kontakten (hier vielleicht als Beginn von Verführungen) typische, das Verbrechen fördernde Umstände und Bedingungen? Und umgekehrt ist zu fragen, ob das Landleben mit der stärkeren Bindung an Familie und Nachbarschaftsgruppen, mit der intensiveren Beeinflussung der Lebensordnung seiner Menschen und damit der öffentlichen Meinung eine stärkere soziale Überwachung des Individuums und der Gruppe ausübt als die räumlich und sozial weitere Erlebnis- und Erfahrungsbasis der Stadt. Gefühlsmäßig sind wir, häufig sogar vorschnell, geneigt, diese Fragen zu bejahen. Aber so lange wir keine exakten Belege beibringen können, ist eine wissenschaftlich einwandfreie Antwort nicht möglich.

4. Wesentliche Hilfe könnte die statistische Forschung leisten, wenn sie nicht Schwierigkeiten zu begegnen hätte, die in erster Linie nicht bei ihr zu suchen sind. Schon Georg v. Mayr beklagt, daß die statistische Erfassung des städtischen und ländlichen Verbrechertums in den verschiedenen Ländern, soweit sie überhaupt erfolge, so ungleich und wenig zuverlässig sei. Er knüpft daran die Behauptung, nicht auf den Geburtsort des Täters, sondern auf den Tatort komme es an. Dieser müsse von der Statistik nach Stadt und Land geschieden erfaßt werden. Doch ist damit unseren Zwecken nicht ausreichend gedient. Denn mit Recht weist Aschaffenburg (S. 56) darauf hin, daß der Landbewohner, der als Bauer zum städtischen Markt oder als Arbeiter in die Stadt kommt und sich dort einer strafbaren Handlung schuldig macht, die großen Städte über Gebühr belastet. Wir haben dem nur die Kehrseite hinzuzufügen, daß z. B. mit der Zunahme der Kraftwagen und Krafträder auch die Belastung des flachen Landes durch städtische Verbrecher ins Auge gefaßt werden muß, wie das starke Anwachsen des reisenden Verbrechertums überhaupt die Bedeutung des Tatortes problematisch macht. Aschaffenburg fordert neben der Tatortserfassung die des Wohnortes und will beide von einander getrennt aufgeführt wissen.

Geburtsort, Wohnort oder Tatort, welche dieser Angaben ist für die Kriminalsoziologie wichtig? Bevor wir darauf antworten, muß auf eine grundsätzliche und wesentliche Unterscheidung des beziehungswissenschaftlichen Verfahrens hingewiesen werden. Ihm ist jeder soziale Prozeß das Ergebnis aus einer persönlichen Haltung, die sich aus der angeborenen Eigenart und den früheren Erfahrungen ergibt, und einer (bestimmten) Situation, zu der außer den auftretenden Menschen auch die sachlichen Gegebenheiten gehören. Nun spielt der Raum sowohl als Basis für frühere Erfahrungen als auch als Bestandteil der Situation eine bestimmte Rolle. Für unsere Frage bedeutet das, daß der Ort, an dem ein Verbrechen geschieht, zu den Situationsfaktoren gehört und daß wir deshalb auf ihn nicht verzichten können. Damit kommt also dem Tatort eine gewisse Wichtigkeit zu, die um so mehr einleuchtet, je größeren Nachdruck man auf die Frage legt, wie weit Stadt oder Land den Verbrecher anziehe und das Verbrechen auslöse. Folgen wir den Beobachtungen Aschaffenburgs (S. 56), so finden die Verbrecher in der Stadt „reichlichere Gelegenheit für ihre lichtscheue Wirksamkeit, leichter Anschluß an gleichgesinnte Genossen und können sich und ihre Beute der Verfolgung besser entziehen (diese auch wohl besser absetzen). Auch die Vergnügungen der Großstadt verlocken, in die Stadt zu ziehen." Daß sich der Mensch schwerer der städtischen Situation anpaßt, also leichter den Versuchungen der Stadt erliegt, dürfte nach der oben geschilderten einfach strengen, nicht so anonymen Situation des flachen Landes auf der Hand liegen. Vielleicht würden die in USA. angestellten Untersuchungen über Verbrechen von Immigranten, bei denen man bisher hauptsächlich die kulturellen Unterschiede des Aus- und Einwandererlandes ins Auge gefaßt hat, bei Ausdehnung auf die Verbrechen auslösende Wirkung der Stadt wertvolle Aufschlüsse geben können, da ein beträchtlicher Prozentsatz der Einwanderer in die amerikanischen Großstädte aus ländlichen Gegenden Europas kommt.

Neben der Bedeutung als Faktor der gegenwärtigen Situation eines Verbrechens können Stadt und Land auch noch als räumliche Basis vergangener Erlebnisse und Erfahrungen im Leben der Verbrecherpersönlichkeit wesentlich und — positiv wie negativ — wirksam gewesen sein. Die Frage, welche Ortsbestimmung die Kriminalstatistik für diesen Teil der Untersuchung beizubringen habe, liegt dann einfach, wenn Geburts- und Wohnort zusammenfallen und der Verbrecher dort die meiste Zeit seines Lebens verbracht hat. Im anderen Falle liegt die Entscheidung auf der räumlich-siedlerischen Umgebung, die in ihrer sozialen Prägekraft den „entscheidenden, wesensbestimmenden, formenden Einfluß" (Rumpf) auf den wachsenden und werdenden Menschen ausgeübt hat. Mit Fug und Recht kann hier die Statistik verlangen, daß die an der Persönlichkeitsforschung beteiligten Wissenschaften ihr die Normen für eine derartige Erfassung zu liefern haben. Davon sind wir freilich heute noch weit entfernt; als Idealforderung, über deren Verwirklichungsmöglichkeit hier nichts ausgesagt werden soll, müssen wir sie im Interesse der Kausalforschung des Verbrechens und der Persönlichkeitsforschung des Verbrechers erheben.

5. Doch nicht nur an dem Unterschied von Stadt und Land haben wir dieses zweiseitige Interesse. Auch innerhalb der Stadt sowie innerhalb von ländlichen Bezirken können besonders geartete Raum- und Wohnverhältnisse die kriminalsoziologische Aufmerksamkeit beanspruchen. Gerade das rapide Anwachsen der Groß- und Weltstädte gibt hier andere, wenn auch ähnlich gelagerte Probleme auf. Man mag solchen Untersuchungen wie denen über die Verbrecherviertel von Chikago zustimmen oder nicht, jedenfalls kann man an ihren Resultaten nicht ohne Stellungnahme vorbeigehen. So forschte Clifford R. Shaw dem Einfluß von Familie, Spiel- und anderen Gruppen (gangs) und von „community" auf das verbrecherische Verhalten von Jugendlichen in Chikago nach und kam zu einer Reihe auch uns in diesem Zusammenhang interessierender Ergebnisse (Social factors, S. 383ff.): Jugendliche Verfehler sind nicht gleichmäßig über Chikago verteilt; sie suchen sich in solchen Vierteln anzusammeln, die an die innere Stadt (city) und an die Industrieviertel grenzen. Die Verbrecherrate hat trotz großer Schwankungen die Tendenz, mit der Entfernung vom Stadtinnern zu fallen. In Vierteln mit hoher Verbrecherrate hält sie sich zudem für eine größere Zeitdauer. Auch wird in solchen Gegenden ein höherer Prozentsatz von Jugendlichen rückfällig als in Vierteln mit niedriger Quote. Die Lage der Verbrecherviertel steht in engem Zusammenhang mit dem Wachstum Chikagos. Wichtige Kennzeichen dieser Stadtteile sind Verschlechterung der gesundheitlichen und Wohnbedingungen, Bevölkerungsverminderung, starke Abhängigkeitsverhältnisse, hoher Prozentsatz von Fremden, Negern und erwachsenen Verbrechern. Die stärkste Ansammlung von Verbrechern weisen Gegenden auf, die sich in ausgesprochener sozialer Auflösung befinden.

Neuerdings hat sich auch der Chikagoer Kriminologe und Soziologe Sutherland der Frage der räumlichen Verteilung von Verbrechen zugewandt. Ihm verdanken wir die bisher unveröffentlichte Übersicht über die Einbrüche und Raubüberfälle auf die Filialen eines Riesenkonzerns einer amerikanischen Großstadt während der Jahre 1930/31.

Zone	Anzahl der Niederlassungen	Prozentsatz der angegriffenen Niederlassungen	Zahl der Angriffe per Niederlassung
I. Innerhalb der Stadtgrenze:			
1 (1— 3 Meilen) .	67	74,6	2,10
2 (4— 5 „) .	132	63,6	2,41
3 (6— 7 „) .	193	61,1	1,48
4 (8— 9 „) .	153	54,2	1,21
5 (10—11 „) .	61	50,8	1,14
6 (12 u. m. „) .	36	47,2	0,97
II. Außerhalb der Stadtgrenze:			
7 (0— 24,9 Meilen)	181	29,8	0,47
8 (25— 49,9 „)	90	25,5	0,30
9 (50— 74,9 „)	33	18,1	0,18
10 (75— 99,9 „)	93	11,8	0,54
11 (100—124,9 „)	32	6,2	0,15
12 (125—149,9 „)	38	18,4	0,29
13 (150—174,9 „)	6	16,5	0,16
Insgesamt innerhalb der Stadtgrenze .	642	59,6	1,64
Insgesamt außerhalb der Stadtgrenze .	473	26,4	0,38

Deutlich zeigt diese Statistik die Tendenz zur Abnahme der Überfälle mit der Entfernung vom Stadtzentrum. Die Unregelmäßigkeit in Zone 10 ist daraus zu erklären, daß aus der Gesamtzahl der 47 Überfälle 32 auf einen kleineren Ort entfallen.

Löst man die erste Zone außerhalb der Stadtgrenze in kleinere auf, so ergibt sich dieses Bild:

Zone	Anzahl der Niederlassungen	Prozentsatz der angegriffenen Niederlassungen	Zahl der Angriffe per Niederlassung
7a (0—10 Meilen)	35	40,0	0,45
7b (10—14,9 „)	56	26,8	0,37
7c (15—19,9 „)	52	48,1	0,80
7d (20—25 „)	36	22,2	0,28

Auch hier findet sich die gleiche Tendenz, allerdings mit der bedeutsamen Ausnahme der Zone 7c. Sie umfaßt hauptsächlich industrielle Kleinstädte, während die übrigen als ausgesprochene Wohnniederlassungen (residential towns) gelten.

Ob diese Resultate nur für die beobachteten amerikanischen Verhältnisse zutreffen, kann mit Sicherheit nicht gesagt werden. Doch läßt das Vorhandensein von sogenannten Verbrechervierteln in den meisten Großstädten der Länder auf ähnlich geartete Verhältnisse schließen. Die Studien der Chikagoer Forschergruppe könnten für spätere Untersuchungen als Wegweiser dienen.

Auch auf dem Lande lassen sich besondere räumlich-siedlerische, kriminologisch wichtige Menschengruppierungen nachweisen. Die Tatsache, daß das preußische Innenministerium, teilweise in Zusammenarbeit mit den Polizeiabteilungen anderer Landesregierungen für bestimmte Fremden- und Wanderverkehrsgebiete (Harz, Thüringer Wald usw.) einen besonderen polizeilichen Fremden- und Heimatschutz während der Sommermonate eingerichtet hat (vgl. Gierlichs, Landjägerei), zeigt, daß die Behörden seit längerem schon den eigenartigen Zusammenhang von Verbrechen und gesellschaftlich wichtigem Raum erkannt und entsprechende Maßnahmen getroffen haben. Die kriminalpolitische Bedeutung der Landesgrenze soll nicht unerwähnt bleiben.

6. Der kriminalsoziologischen Ansicht, daß es soziale Situationen und Bedingungen gebe, die der sittlich-sozialen Gesundheit günstig seien und keine oder nur geringe Neigungen zum Verbrechen aufkommen lassen, und andererseits solche, in denen das soziale Milieu unter gewissen Umständen den Menschen zum Verbrechen dränge, werden Forschungen über ländliche und städtische Kriminalität wichtiges Material liefern und vielleicht auch wertvolle Aufschlüsse geben können. Wenn wir heute schon in der Lage wären, sämtliche Vorgänge des zwischenmenschlichen Lebens bis in ihre Einzelheiten zu durchschauen und in ihren mannigfachen Einwirkungen auf die Einzelmenschen abzuschätzen, würde der notwendig bestehende Zusammenhang zwischen der jeweiligen Situation und dem sich aus ihr ergebenden Verbrechen mit Genauigkeit nachgewiesen werden können. Kein Verbrechen wäre denkbar, ohne daß es sich als das zwingende Ergebnis aus der Ichheit des Verbrechers und der jeweiligen Situation ablesen ließe.

Diesem Ziele uns näher zu bringen, scheint uns eine wichtige Aufgabe einer Kriminalsoziologie der Siedlungsgebilde zu sein. Die andere aber ist die, daß sie auch neues Licht in die immer noch verhältnismäßig im Dunkeln liegende Persönlichkeitsforschung bringen wird; dies zum wenigsten insofern, als es sich um die soziale Prägekraft typischer „stadt- oder landgebundener“ Erlebnisse und Erfahrungen handelt, die als Nachwirkungen der persönlich-sozialen Vergangenheit oft ganz wesentlich das Handeln des Verbrechers beeinflussen können.

Schrifttum:

Gustav Aschaffenburg, Das Verbrechen und seine Bekämpfung, 3. verb. Aufl., Heidelberg 1923. — Heinrich Eigenbrodt, Die Landjägerei und ihre kriminalpolizeilichen Aufgaben, in Der Gendarm, 23. Jahrg. — Willy Gierlichs, Probleme der Kriminalsoziologie, in Kölner Vierteljahrshefte für Soziologie, X. Jahrg., S. 464—478. — Derselbe, Landjägerei und Bevölkerung. Eine beziehungswissenschaftliche Analyse in Kölner Vierteljahrshefte für Soziologie, XII. Jahrg., S. 238—289. — Michael Heinisch, Die Landflucht, ihr Wesen und ihre Bekämpfung im Rahmen einer Agrarreform, Jena 1924. — L. Hersch, Die Kriminalität der jüdischen und nichtjüdischen Bevölkerung der Republik Polen, in Schriften zur jüdischen Wirtschaftskunde, II, 174—202 (in jiddischer Sprache), Wilna 1932. — Georg v. Mayr, Statistik und Gesellschaftslehre, Bd. I—III, Tübingen 1917. — Robert R. Park, Ernest W. Burgess und Roderick D. Makenzie, The City, Chicago 1925 (mit einer ausführlichen Bibliographie von Louis Wirth). — Th. Petermann (Herausgeber), Die Großstadt, Vorträge und Aufsätze von K. Bücher, F. Ratzel, G. v. Mayr, H. Waentig, G. Simmel, Th. Petermann und D. Schäfer, Dresden 1903. — Max Rumpf, Die Großstadt als Lebensform und in ihrer sozialen Prägekraft, in Kölner Vierteljahrshefte für Soziologie, X. Jahrg., S. 200—219. — Clifford R. Shaw, Delinquency Areas. A study of the geographical distribution of school truants, juvenile delinquents, and adult offenders in Chicago, Chikago 1929. — Derselbe und Henry D. McKay, Social factors in juvenile delinquency. A study of the community, the family and the gang in relation to delinquent behavior, Bd. II des Report on the causes of crime, Washington 1931. — Werner Sombart, Städtische Siedlung, Stadt, in Handwörterbuch der Soziologie, S. 527—533, Stuttgart 1931. — Pifirim Sorokin und Carle C. Zimmerman, Principles of rural-urban sociology, New York 1929. — Dieselben und Charles J. Galpin, A systematic source book in rural sociology, Bd. I—III, Minneapolis 1930—1932 (mit ausführlichen Literaturangaben). — Edwin H. Sutherland, Criminology, Philadelphia/London 1924. — Leopold v. Wiese, Ländliche Siedlungen, in Handwörterbuch der Soziologie, S. 522—526. — Derselbe (Herausgeber), Das Dorf als soziales Gebilde, 1. Ergänzungsheft zu den Kölner Vierteljahrsheften für Soziologie, München 1928 (mit einer ausführlichen Bibliographie von H. Meuter). — Das Reichsmuseum für Gesellschafts- und Wirtschaftskunde e. V., Düsseldorf, bietet wertvolles Anschauungsmaterial zu den hier behandelten Fragen.

Willi Gierlichs.

B. Tatorts-Kriminalität.

Schwierigkeiten ergeben sich bei der Feststellung der Stadt- und Landkriminalität hinsichtlich der Grundlage, nach welcher die Zugehörigkeit der Bevölkerung zu einer der beiden Siedlungsformen festgestellt werden soll. Sowohl Tatort als auch Wohnort oder Geburtsort der Verbrecher findet man bei den einzelnen Länderstatistiken als Ausgangspunkt für die besagten Feststellungen. Die Reichskriminalstatistik stellte ihre Berechnungen z. B. auf den Tatort ab, die französische Statistik auf den Wohnort und die dänische auf den Geburtsort. Gerade der letztere dürfte die am wenigsten zuverlässigen Ergebnisse liefern, wenn die Unterschiede von städtischer und ländlicher Kriminalität geprüft werden sollen. Denn er läßt die Bevölkerungsbewegung innerhalb der Landesgrenzen, die, wie wir oben gesehen haben, wohl überwiegend in der Zuwanderung zur Stadt besteht, gänzlich außer Ansatz, so daß kriminelle Stadtbewohner, geboren in ländlichen Bezirken, zu Lasten der ländlichen Bevölkerung gezählt werden. Der Wohnort als Berechnungsgrundlage berücksichtigt nicht, daß Beschäftigungsort und Wohnort nicht selten aus einander fallen, ein beachtlicher Umstand, wenn man bedenkt, daß in normalen Wirtschaftszeiten ein nicht unbeträchtlicher Teil der Landbevölkerung in der Stadt Beschäftigung findet. Zwischen Beruf und Verbrechen bestehen aber unzweifelhaft gewisse Wechselbeziehungen (vgl. eingehend Hagemann Art. Beruf). Die Stadt würde hier kriminell über Gebühr belastet werden. Ähnliche Ungenauigkeiten entstehen, wenn man den Tatort als Ausgangspunkt wählt. Doch dürften bei seiner Zugrundelegung die Unterschiede zwischen Stadt und Land sich am ehesten zeigen. Wenn man nämlich von dem Standpunkt ausgeht, daß die jeweilige Umwelt einen gewissen Einfluß auf die Entschließungen des Menschen ausübt, so wird man sich der Einsicht nicht verschließen können, daß die Einflüsse des Tatorts im Zeitpunkt vor und während der Tat infolge ihrer unmittelbaren Nähe direkter und stärker auf den Täter einzuwirken imstande sind als die irgend eines anderen sonstigen Aufenthaltsortes, die möglicherweise in dem Augenblick zurückgedrängt sind und nur sekundär zum Ausdruck kommen. Die Feststellung des Tatortes ist regelmäßig leicht zu treffen und diese wird auch von rechtlichen Erwägungen kaum beeinflußt. Es ist auch sehr wichtig zu wissen, wo die Verurteilten ihre verbrecherische Tätigkeit ausgeübt haben, weil dadurch die mehr oder minder große Rechtsunsicherheit, die in einem bestimmten Gebiet herrscht, beleuchtet wird. Vorhandene Unterschiede in der Kriminalität der Städte und des Landes würde am besten eine Kriminalstatistik aufdecken, die, wie Aschaffenburg mit Recht vorgeschlagen hat, Stadt und Land sowohl nach dem Wohnort als auch nach dem Tatort unterscheidet, denn beim Vergleich der damit auf beiden Seiten gewonnenen Resultate ließen sich die durch die oben erwähnten örtlichen Verschiedenheiten bedingten Fehlerquellen am ehesten beseitigen.

Unterschiede, die eine internationale Vergleichung nicht unwesentlich erschweren, bestehen bei den Kriminalstatistiken der einzelnen Länder bei der zahlenmäßigen Festsetzung, was als Stadt und was als Land aufzufassen ist. Die deutsche Statistik z. B. bezeichnet Gemeinden unter 2000 Einwohner als Land, alles andere als Stadt. Die Kriminalstatistik der Niederlande unterscheidet nach Größenklassen: 1. Die vier größten Gemeinden (Amsterdam, Rotterdam, 's-Gravenhage, Utrecht), 2. Gemeinden mit 20000—100000 Einwohnern, 3. Gemeinden mit 5000 bis 20000 Einwohnern und 4. Gemeinden unter 5000 Einwohner. Daß eine solche Einteilung den kriminellen Eigenarten der einzelnen Größenklassen, mithin auch denen von Stadt und Land, besser gerecht wird als die deutsche, leuchtet ein.

Von diesen Verschiedenheiten indessen abgesehen, sind die in den einzelnen Ländern gewonnenen Verhältniszahlen bezüglich der städtischen und ländlichen Kriminalität in großen Zügen international vergleichbar, denn die größte Schwierigkeit für eine derartige internationale Vergleichbarkeit — die verschiedenen materiellen und formellen Strafgesetze — tritt hier gar nicht oder höchst nebensächlich in Erscheinung.

Leider hat die Reichskriminalstatistik in den letzten beiden Jahrzehnten keine Angaben über Stadt und Land veröffentlicht. Wir sind daher für deutsche Verhältnisse auf die Jahre 1883—1892 und 1908—1912 und auf Privatforschungen, kleinere Gebiete betreffend, angewiesen.

Bei der Tabelle 2 sind aus der Reichskriminalstatistik für 1912 Bd. 267 Übersicht VII, S. 46ff. diejenigen Städte herausgezogen worden, denen daselbst ein gleichnamiger Landkreis gegenübergestellt ist. Die Durchschnittszahlen für die Summe

Tabelle 1. Die Verurteilten im Deutschen Reich im Durchschnitt des Jahrzehnts 1883—92 (auf 10000 der strafmündigen Zivilpersonen berechnet)[1].

Ort der Tat[2])		Verbrechen und Vergehen gegen Reichsgesetze überhaupt	Gewalt u. Drohungen gegen Beamte usw.	Gefährliche Körperverletzung	Einfacher und schwerer Diebstahl, auch im wiederholten Rückfalle	Betrug auch im wiederholten Rückfalle
Reg.-Bez. Königsberg	Stadtkr. Königsberg	203,6	9,4	16,7	50,7	8,5
	Uebriges Gebiet (Land)	148,3	4,4	21,6	48,2	2,6
Reg.-Bez. Danzig	Stadtkr. Danzig	188,1	12,8	21,0	61,2	5,9
	„ Elbing	174,1	12,4	26,9	41,1	7,3
	Uebriges Gebiet (Land)	141,2	5,4	25,7	50,1	2,5
Stadt Berlin		124,0	5,5	9,1	34,0	6,5
Reg.-Bez. Stettin	Stadtkr. Stettin	131,8	6,7	14,5	33,9	4,9
	Uebriges Gebiet (Land)	103,5	4,0	17,9	23,9	2,6
Reg.-Bez. Stralsund	Stadtkr. Stralsund	86,7	3,4	8,3	26,0	4,4
	Uebriges Gebiet (Land)	67,0	1,9	9,3	17,7	1,9
Reg.-Bez. Posen	Stradtkr. Posen	218,8	11,8	25,8	68,3	6,0
	Uebriges Gebiet (Land)	143,2	3,4	24,0	50,9	3,2
Reg.-Bez. Bromberg	Stadtkr. Bromberg	231,7	8,0	28,9	73,7	6,5
	Uebriges Gebiet (Land)	186,3	4,5	31,9	69,9	3,6
Reg.-Bez. Breslau	Stadtkr. Breslau	204,8	15,5	19,8	47,4	9,4
	Uebriges Gebiet (Land)	107,1	3,3	14,2	32,4	3,9
Reg.-Bez. Liegnitz	Stadtkr. Liegnitz	115,9	4,3	8,1	35,6	6,2
	„ Görlitz	128,1	9,1	9,1	38,0	9,8
	Uebriges Gebiet (Land)	76,9	2,1	7,0	25,6	3,4
Reg.-Bez. Magdeburg	Stadtkr. Magdeburg	162,7	8,2	17,0	38,6	9,3
	Uebriges Gebiet (Land)	83,5	2,9	13,7	20,5	2,8
Reg.-Bez. Merseburg	Stadtkr. Halle	145,7	6,8	14,5	41,0	10,0
	Uebriges Gebiet (Land)	89,7	2,5	11,4	25,8	3,9
Reg.-Bez. Erfurt	Stadtkr. Nordhausen	129,6	4,1	9,8	32,5	10,8
	„ Erfurt	152,4	6,7	8,0	46,0	12,4
	Uebriges Gebiet (Land)	71,1	2,7	11,1	16,1	2,4
Reg.-Bez. Schleswig	Stadtkr. Altona	139,0	19,9	9,8	36,0	5,5
	„ Kiel	163,3	11,0	9,7	53,3	12,2
	Uebriges Gebiet (Land)	53,7	3,0	7,0	14,3	2,7
Reg.-Bez. Münster	Stadtkr. Münster	92,1	6,4	12,8	23,8	5,8
	Uebriges Gebiet (Land)	45,8	1,9	10,0	8,8	1,6
Reg.-Bez. Minden	Stadtkr. Bielefeld	81,9	2,7	16,0	23,4	4,3
	Uebriges Gebiet (Land)	41,7	1,6	8,0	8,9	1,7
Reg.-Bez. Trier	Stadtkr. Trier	78,8	3,2	10,2	20,7	4,9
	Uebriges Gebiet (Land)	60,5	2,4	15,4	11,9	1,8
Reg.-Bez. Aachen	Stadtkr. Aachen	79,4	5,9	8,1	22,8	3,4
	Uebriges Gebiet (Land)	61,5	2,2	13,6	11,1	2,0
Reg.-Bez. Oberbayern	Stadt München	134,2	3,7	19,2	40,4	11,2
	Uebriges Gebiet (Land)	141,7	3,4	38,3	30,3	8,9
Reg.-Bez. Oberpfalz	Stadt Regensburg	154,0	3,9	16,8	48,6	15,7
	Uebriges Gebiet (Land)	112,4	2,4	27,3	28,0	4,6
Reg.-Bez. Oberfranken	Stadt Bayreuth	98,6	2,4	15,3	34,3	7,3
	„ Bamberg	115,8	4,1	19,0	28,8	7,0
	„ Hof	116,4	4,8	18,8	30,0	6,0
	Uebriges Gebiet (Land)	107,1	2,9	25,6	25,6	4,0
Reg.-Bez. Mittelfranken	Stadt Nürnberg	150,0	4,5	21,8	42,9	11,8
	„ Fürth	175,0	5,9	37,6	47,4	12,2
	Uebriges Gebiet (Land)	111,0	2,4	26,3	26,8	6,4
Reg.-Bez. Unterfranken	Stadt Würzburg	110,5	6,3	13,5	29,1	6,8
	Uebriges Gebiet (Land)	105,6	2,7	23,3	22,7	5,4
Reg.-Bez. Schwaben	Stadt Augsburg	126,5	5,2	13,9	39,7	13,5
	Uebriges Gebiet (Land)	101,6	1,8	20,3	23,5	7,6

Fortsetzung der Tabelle 1.

Ort der Tat[2])		Verbrechen und Vergehen gegen Reichsgesetze überhaupt	Gewalt u. Drohungen gegen Beamte usw.	Gefährliche Körperverletzung	Einfacher und schwerer Diebstahl, auch im wiederholten Rückfalle	Betrug auch im wiederholten Rückfalle
Kreishauptmannschaft Dresden	Stadt Dresden	106,3	7,4	4,0	33,9	9,4
	Uebriges Gebiet (Land)	81,4	5,0	6,1	29,3	5,5
Kreishauptmannschaft Leipzig	Stadt Leipzig	129,5	9,7	5,5	42,3	9,8
	Uebriges Gebiet (Land)	84,7	3,9	7,3	33,0	4,9
Kreishauptmannschaft Zwickau	Stadt Chemnitz	148,9	14,2	8,1	44,5	11,5
	Uebriges Gebiet (Land)	87,9	5,5	10,3	25,2	4,7
Neckarkreis	Stadt Stuttgart	99,4	4,3	7,2	33,3	8,1
	Uebriges Gebiet (Land)	87,2	4,5	14,5	20,2	5,4
Mecklenburg-Schwerin	Stadt Schwerin	78,9	7,0	5,7	24,7	6,6
	„ Rostock	112,4	5,6	13,4	30,8	5,9
	Uebriges Gebiet (Land)	66,6	1,8	11,8	19,2	3,4
Staat Lübeck	Stadt Lübeck	90,0	5,6	7,7	27,7	6,3
	Landgebiet	75,0	1,1	12,3	28,0	3,3
Staat Bremen	Stadt Bremen	142,3	4,9	15,5	38,5	11,0
	Landgebiet	187,6	6,5	24,5	53,2	9,6
Staat Hamburg	Hamburg, Stadt, Vorstädte	130,5	8,6	10,2	39,3	8,4
	Uebriges Gebiet (Land)	70,6	5,8	11,4	16,9	1,9
Bezirk Unterelsaß	Stadt Straßburg	93,9	2,9	18,7	26,0	5,9
	Uebriges Gebiet (Land)	73,5	1,8	22,2	12,6	1,8
Bezirk Lothringen	Stadt Metz	106,1	6,7	10,6	27,9	7,3
	Uebriges Gebiet (Land)	61,8	1,5	14,1	11,8	2,3
Summe vorstehender 33 Bezirke		105,6	4,2	15,6	29,8	4,9
Summe der aufgeführten Stadtkreise und Städte (Stadt)		134,2	7,4	12,3	37,8	8,1
Uebrige Städte und Land (Land)		96,6	3,2	16,7	27,3	3,8

[1]) Auszug aus der Reichskriminalstatistik für das Jahr 1893. N. F. Bd. 77, II, S. 74—76.
[2]) Nur diejenigen Regierungs- oder größeren Verwaltungsbezirke sind berücksichtigt, in denen die selbständigen Städte von 20000 Einwohnern und mehr ausgeschieden werden konnten.

dieser ausgewählten Kreise wurden durch geeignete Berechnungen ermittelt. Bei den preußischen Städten ist Berlin weggelassen worden.

Tabelle 2. Die Verurteilten in einzelnen deutschen Ländern im Durchschnitt des Jahrfünfts 1908—12 (auf 10000 strafmündige Personen der Zivilbevölkerung) nach Stadt und Land unterschieden.

Ort der Tat	Verbrechen und Vergehen gegen Reichsgesetze überhaupt		Gewalt und Drohungen gegen Beamte usw.		Gefährliche Körperverletzung		Einfacher und schwerer Diebstahl		Betrug	
	Stadt	Land	Stadt	Land	Stadt	Land	Stadt	Land	Stadt	Land
Preußen	153,93	111,32	7,14	3,02	19,00	24,92	36,26	22,83	8,85	3,62
Bayern	134,42	120,74	4,74	1,52	23,45	36,80	27,97	19,43	15,13	9,22
Sachsen	140,20	73 27	7,12	3,27	8,50	7,03	33,24	18,33	12,50	4,43
Stuttgart . . .	166,1	143,8	10,5	6,4	13,3	30,3	33,7	14,6	13,3	5,9
Oldenburg . . .	105,6	65,2	2,4	0,81	6,2	11,1	33,6	15,2	10,9	4,7
Bremen	178,7	327,7	7,7	21,1	20,8	31,1	41,9	68,2	12,1	24,9
Lübeck	107,3	115,6	2,8	1,1	5,6	15,7	30,7	21,5	9,2	3,1
Hamburg . . .	149,0	52,1	10,7	1,9	6,1	6,4	35,2	14,8	7,5	1,9

Schließlich sei noch die bekannte Tabelle von Mayrs (Moralstatistik S. 727) aufgeführt, die die Kriminalität der Städte nach deren einzelnen Größenklassen anzeigt.

Tabelle 3. Die Kriminalität in den deutschen Städten (nach Größenklassen) im Jahresdurchschnitt 1883—97.

Auf je 100000 strafmündige Zivilbewohner ergaben sich Verurteilte:

wegen	Im Deutschen Reich überhaupt	Im Deutschen Reich ausschließlich der 55 Städte	In den Städten mit			
			über 50000 Einwohnern überhaupt	50000 bis 100000 Einwohnern	100000 bis 150000 Einwohnern	über 150000 Einwohnern
Verbrechen und Vergehen überhaupt	1075	1016	1,332	1,206	1,285	1,417
Gewalt und Drohung gegen Beamte	40	33	72	60	76	76
Gefährlicher Körperverletzung	188	198	145	171	161	125
Diebstahls	269	253	341	318	329	357
Betruges	51	44	81	74	75	86

Die angeführten Zahlen zeigen zunächst, daß hinsichtlich der Gesamtkriminalität die Städte fast ausnahmslos krimineller sind als die Landbezirke. Zum Teil bestehen ganz außerordentliche Unterschiede.

Ein ausgesprochenes Stadtdelikt dürften Gewalt und Drohungen gegen Beamte sein, kommen sie doch auf dem Lande nur halb so oft und vielfach noch weniger vor als in der Stadt. Umgekehrt liegen die Verhältnisse bei der Begehung von gefährlichen Körperverletzungen. Fast durchweg übertrifft hier das Land die Stadt. In der Diebstahlskriminalität nehmen die Städte wieder ihre alte Vorrangstellung ein.

Die außerordentlich hohe Diebstahlskriminalität der ländlichen Gebiete Ostpreußens, die weit über dem Durchschnitt der meisten deutschen Städte liegt — Johannisburg hat die höchsten Diebstahlsziffern von ganz Deutschland —, widerlegen das Gesagte nicht; hier spricht vielmehr die äußerst schlechte wirtschaftliche Lage und wohl auch der slawische Einschlag maßgeblich mit (vgl. d. Art. Rasse; ferner bezüglich der Polenkriminalität Blau, Frauenstädt, Stöwesand, Galle u. a.).

Wiederum ein typisches Stadtdelikt ist der Betrug. Fast durchweg wird er in der Stadt doppelt so häufig begangen als auf dem Lande. Weit den Reichsdurchschnitt überragen die Betrugsziffern sowohl der Städte als auch des Landes in Bayern. Seuffert versucht diese Merkwürdigkeit mit der fluktuierenden Bevölkerung Bayerns (österreichische Wanderburschen) zu erklären. Doch wird diese Deutung wohl kaum den tatsächlichen Verhältnissen völlig gerecht. Man wird vielmehr der Auffassung Aschaffenburgs dahingehend folgen dürfen, daß die Neigung zum Betruge in gewisser Beziehung charakteristisch bedingt ist, wenngleich damit kein Werturteil gefällt werden soll.

Daß sich das kriminelle Übergewicht der Städte auch bei diesbezüglichen Untersuchungen einzelner deutscher Länder oder Gebietsteile zeigt, erhellt sich nach dem Gesagten von selbst. Es sei hier nur auf die Untersuchungen von Rettich, Blau, Prinzing, Stöwesand, Galle, Beßler, v. Friesen und Banck, Tönnies u. a. aufmerksam gemacht.

Auf eine Erklärung dieser Kriminalitätsunterschiede muß hier verzichtet werden. Es sei lediglich auf den vorhergehenden Artikel von Gierlichs und ferner auf die Untersuchung von Burchardt „Kriminalität in Stadt und Land" verwiesen (vgl. Literaturverzeichnis). Diese für das Deutsche Reich gefundenen Unterschiede zwischen der Kriminalität der Städte und der des Landes kehren in den wesentlichen Zügen in fast allen Ländern wieder, die statistisch für beide besondere Berechnungen anstellen.

In Frankreich, dessen Landbevölkerung 54% der Gesamtbevölkerung im Jahre 1921 betrug, ist die absolute Zahl aller Verurteilten nach ihren Wohnsitzen festgestellt:

Tabelle 4. Gesamtkriminalität in Frankreich[1]) während der Jahre 1921—29.

Wohnort	1921	1922	1923	1924	1925	1926	1927	1928	1929
Stadt	1,327	1,172	842	716	741	646	590	578	554
Land	711	521	454	458	427	485	462	461	506
ohne festen Wohnsitz .	234	187	171	139	165	138	174	160	127

Tabelle 5. Kriminalität nach den Deliktsgruppen in Frankreich[1]) während der Jahre 1924—29.

Wohnort	1924			1925			1926		
	Verbrechen gegen die Person	Verbrechen gegen die öffentl. Ordnung	Verbrechen gegen das Eigentum	Verbrechen gegen die Person	Verbrechen gegen die öffentl. Ordnung	Verbrechen gegen das Eigentum	Verbrechen gegen die Person	Verbrechen gegen die öffentl. Ordnung	Verbrechen gegen das Eigentum
Stadt	430	32	254	438	49	254	408	46	192
Land	257	6	195	260	10	157	330	12	143
ohne festen Wohnsitz .	108	—	31	127	—	38	83	—	55

Wohnort	1927			1928			1929		
	Verbrechen gegen die Person	Verbrechen gegen die öffentl. Ordnung	Verbrechen gegen das Eigentum	Verbrechen gegen die Person	Verbrechen gegen die öffentl. Ordnung	Verbrechen gegen das Eigentum	Verbrechen gegen die Person	Verbrechen gegen die öffentl. Ordnung	Verbrechen gegen das Eigentum
Stadt	356	26	208	378	44	156	399	34	121
Land	283	12	167	287	10	164	357	10	139
ohne festen Wohnsitz .	131	—	43	107	1	52	82	—	45

[1]) Vgl. Compte général de l'administration de la justice criminelle für die Jahre 1924—1929.

Ein Unterschied von den deutschen Verhältnissen ist nur feststellbar hinsichtlich der Verbrechen gegen die Person. Dieser kann durchaus durch die von Deutschland verschiedene Zugrundelegung des Wohnortes als Ausgangspunkt der Feststellungen und durch die abweichende materielle und formelle Strafgesetzgebung bedingt sein. Möglicherweise — das soll durchaus nicht abgelehnt werden — beruht die Verschiedenheit aber auch auf der verschiedenartigen Volksmentalität.

In den Niederlanden wird die Kriminalität der Gemeinden nach ihren Größenklassen erfaßt. Unter die vier größten Gemeinden fallen Amsterdam, Rotterdam, 's-Gravenhage und Utrecht.

Tabelle 6. Kriminalität der Niederlande im Durchschnitt der Jahre 1928—32 (nach Gemeindegrößenklassen)[1].

Gemeinden	Verurteilte auf 100000 im Durchschnitt der Jahre 1923—1927 wegen							
	Straftaten überhaupt	Diebstahls	Qualifizierten Diebstahls	Hehlerei	Unterschlagung	Betruges	Widerspenstigkeit	Mißhandlung, tätlicher Beleidigung
Die 4 größten Gemeinden	173,1	32,1	13,9	5,9	19,3	5,1	9,0	23,6
Gemeinden von 20000—100000 Einw.	202,0	39,3	13,5	4,9	15,1	4,4	10,8	42,3
Gemeinden von 5000—20000 Einw.	202,8	30,9	10,6	2,9	8,1	3,6	8,5	60,8
Gemeinden unter 5000 Einw.	186,4	25,2	11,5	2,2	5,3	2,4	6,7	57,5
Landesdurchschnitt .	192,8	32,0	11,9	4,0	12,0	3,9	8,8	46,7

[1]) Statistiek van Nederland. Crimineele Statistiek 1927, S. 17—18 und 1932, S. 16—18.

Auffällig hoch ist die Kriminalität der großen Gemeinden bei der Unterschlagung, Hehlerei und auch beim Betrug, ferner beim qualifizierten Diebstahl. Die kleinen und kleinsten Gemeinden überwiegen bei der Mißhandlung. Die vier größten Gemeinden zeigen fast überall eine günstigere Kriminalität, als zu erwarten wäre. Dies erklärt de Roos (La criminalité des grandes villes, S. 283) einleuchtend damit, daß, obwohl in diesen Städten ebenso viel und vielleicht noch mehr als in den anderen Gemeinden Gesetzesübertretungen vorkommen, die Polizei hier sich in Holland mehr den schwierigeren Kriminalfällen zu widmen habe, die hohen Kriminalitätsziffern der kleineren Gemeinden aber besonders durch relativ harmlosere Straftaten verursacht würden. Für diese Ansicht sprechen die hohen Verurteiltenzahlen beim qualifizierten Diebstahl in den vier größten Gemeinden. Ähnliche Ergebnisse für die Jahre 1911 und 1912 bei v. Mayr (Moralstatistik, S. 731).

Zahlen, deren Unterschiede hinsichtlich der zu den verschiedenen Strafen jeweils in Stadt- oder Landbezirken Verurteilten geradezu phantastisch anmuten, liefert Schweden.

Tabelle 7. Die zu Todesstrafe und Zuchthaus, Gefängnis oder Geldstrafe Verurteilten in Schweden[1]) während der Jahre 1881—1932.

Jahr	Auf 100000 Einwohner kommen Verurteilte zu					
	Todesstrafe und Zuchthaus		Gefängnis		Geldstrafe	
	Land	Städte	Land	Städte	Land	Städte
Im Durchschnitt von 1881—1885	19,6	126,0	8,5	52,1	424,8	4701,9
1886—1890	18,2	97,0	8,6	42,7	368,6	4353,5
1891—1895	18,8	100,4	11,4	47,5	407,0	4232,6
1896—1900	19,0	99,3	14,7	50,7	459,8	5056,8
1901—1905	17,9	101,7	15,9	57,2	464,5	4910,5
1906—1910	17,4	99,7	14,0	51,2	498,0	5011,5
1911—1915	18,0	96,0	15,5	44,8	604,1	4708,8
1916—1920	37,5	167,2	12,1	42,8	632,1	3455,1
1921—1925	17,3	64,9	10,4	32,9	563,2	3404,0
1926—1930	20,1	69,0	15,1	40,5	762,7	2866,2
1929	20,7	77,9	16,2	53,3	798,8	3031,6
1930	21,3	76,0	16,6	54,5	795,7	3321,7
1931	20,5	75,2	18,5	54,6	901,8	3506,3
1932	25,0	86,2	18,3	50,9	986,1	3425,7

[1]) Statistisk Årsbok för Sverige 1934, S. 250—251.

Zu ähnlichen überraschenden Resultaten kommt v. Mayr (Moralstatistik, S. 730), der für die Jahre 1879—1912 die Zahl der auf Stadt und Land wegen Verbrechen, Vergehen und Übertretungen Verurteilten in Schweden berechnet hat. Interessant bei der obigen Tabelle ist, daß die Anzahl der zu den einzelnen Strafen verurteilten Landbewohner fast ununterbrochen zugenommen hat. Ob dies eine Folge langsam zunehmender Verstädterung mit ihren Folgeerscheinungen ist, soll jedoch dahingestellt bleiben.

Auch für Estland zeigt sich der cnarakteristische Unterschied zwischen städtischer und ländlicher Kriminalität, allerdings überwiegen die Delikte gegen die Person in den Landbezirken nicht.

Tabelle 8. Anzahl der Verurteilten in Estland[1]) während der Jahre 1924—28, berechnet auf 10000 Einwohner wegen der einzelnen Hauptdeliktsgruppen.

Deliktsgruppen	1924		1925		1926		1927		1928	
	Städte	Landbezirke	Städte	Landbezirke	Städte	Landbezirke	Städte	Landbezirke	Städte	Landbezirke
Verbrechen gegen den Staat . . .	67,3	43,9	59,9	42,6	56,4	48,6	63,8	45,8	73,7	42,0
Verbrechen gegen d. öffentl. Sicherheit u. Ordnung	749,6	133,0	748,7	152,0	724,3	160,4	673,8	157,3	635,9	156,5
Verbrechen gegen die Person. . .	61,8	44,7	58,4	51,3	62,4	51,8	57,2	53,9	59,1	54,4
Verbrechen gegen das Eigentum .	310,0	132,4	290,6	132,8	268,7	135,2	247,6	135,8	260,8	151,5
Insgesamt .	1188,7	354,0	1157,6	378,7	1111,8	396,0	1042,4	392,8	1029,5	404,4

[1]) Eesti Statistika 1928, S. 26.

Im Rußland der Vorkriegszeit kamen im Jahre 1912 auf 100000 Einwohner Verurteilte (nach Woytinsky, S. 358):

Auf dem flachen Lande.	74
In den Städten bis zu 100000 Einw.	276
In den Städten über 100000 Einw.	307

Wenn allerdings auch zu berücksichtigen ist, daß ein Teil der kleineren Verfehlungen auf dem flachen Lande in Rußland kriminalstatistisch nicht erfaßt wurde, so ist wohl kaum anzunehmen, daß bei Wegfall dieses Ungenauigkeitsmomentes die Kriminalitätsziffern des Landes die der Stadt erreichen würden.

Jacquart hat die Kriminalität Belgiens, unterschieden nach der Größe der Gemeinden, berechnet.

Tabelle 9. Kriminalität in Belgien im Durchschnitt des Jahrfünfts 1905—09.

Gemeinden oder Siedlungen mit	Prozentsatz der Gesamtbevölkerung	Prozentsatz der Straftaten	Straftaten auf 10000 Einw.
über 100000 Einw.	18,68	25,10	125
25000 bis 100000 Einw.	8,07	10,43	124
10000 bis 25000 Einw.	14,50	17,92	118
weniger als 10000 Einw.	50,75	46,55	76

Auch in den außereuropäischen Kulturländern treten die gleichen Erscheinungen auf. Die neuesten nordamerikanischen Kriminalstatistiken zeigen, daß Morde in den Städten viel häufiger sind als auf dem Lande. Den auf 100000 Einwohner entfallenden Prozentsatz der Morde für die städtischen und ländlichen Bezirke der Staaten im Registrationsgebiet der Vereinigten Staaten von Amerika hat Brearley (s. Literaturverzeichnis) ermittelt.

Tabelle 10. Morde in den Vereinigten Staaten von Amerika während der Periode 1918—27.

Gebiet	1918	1919	1920	1921	1922	1923	1924	1925	1926	1927
Stadt	8,2	8,8	8,2	9,1	9,1	9,6	10,1	10,5	10,3	10,3
Land	4,8	5,7	5,4	7,2	7,0	6,4	6,5	6,4	6,8	6,8

Aus einer weiteren a. a. O. von Brearley für die Jahre 1919 und 1925 gegebenen Übersicht geht hervor, daß von 40 nordamerikanischen Staaten nur fünf eine höhere Mordkriminalität des Landes aufweisen.

Soweit die Kriminalstatistiken die Straffälligkeit von Männern und Frauen für Stadt und Land getrennt darstellen, erhellt sich daraus, daß sowohl die Männer- als auch die Frauenkriminalität in den Städten eine bedeutend höhere ist.

Tabelle 11. Kriminalität der Geschlechter in Frankreich[1]) während der Jahre 1921—29 (absolute Zahlen).

Wohnort	1921		1922		1923		1924		1925		1926		1927		1928		1929	
	M.	F.	M.	F.	M.	F.	M.	F.	M.	F.	M.	F.	M.	F.	M.	F.	M.	F.
Stadt	1137	190	1008	164	762	80	654	62	686	55	583	63	527	63	511	67	477	77
Land	571	140	415	106	393	61	407	51	382	45	432	53	404	58	407	54	442	64
ohne festen Wohnsitz .	225	9	181	6	168	3	137	2	162	3	135	3	171	3	157	3	125	2

[1]) Compte général de l'administration de la justice criminelle für die Jahre 1921—29.

Eine überraschend hohe Frauenkriminalität weisen die finnischen Städte auf. Für die Jahre 1927—29 betrug diese (Statistik Arsbok for Finland 1931 S. 217):

Tabelle 12. Kriminalität der Männer und Frauen in Finnland.

Art der Gemeinden	Jahr	Wohnbevölkerung		Verurteilte auf 100000 Einwohner über 15 Jahre	
		männlich	weiblich	männlich	weiblich
Städtische Gemeinden	1927	282 793	333 678	29 701	1 327
	1928	290 892	346 504	29 777	1 258
	1929	297 847	353 800	30 267	1 340
Ländliche Gemeinden	1927	1 487 369	1 474 566	4 690	159
	1928	1 494 206	1 480 189	4 722	172
	1929	1 498 475	1 483 925	4 779	195

Für Deutschland liegen Zählungen, die die Frauenkriminalität in Stadt und Land zum Gegenstand haben, so gut wie gar nicht vor. Soweit sie aber für kleinere Gebiete vorhanden sind (vgl. Galle, S. 82, 83 für Schlesien; ferner für das Deutsche Reich während der Jahre 1898—1902 siehe Statistisches Jahrbuch Deutscher Städte, 14. Jahrg. 1907, S. 343), zeigen sie das gewohnte Bild.

Auch bezüglich des traurigsten Kapitels der Moralstatistik — der Jugendlichenkriminalität — sind die Beziehungen zwischen Stadt und Land keine anderen.

Die Tabelle 13 zeigt das gewohnte Bild teilweise in noch stärkerer Form. Die Körperverletzungszahlen sind auch hier in der Stadt niedriger als auf dem Lande. Untersuchungen, die im wesentlichen zu denselben Ergebnissen kommen, sind für Westpreußen von Beßler und für Schlesien von Galle angestellt worden.

Nach dem bisher Gesagten kann als feststehend angesehen werden, daß die kriminelle Neigung der Stadtbevölkerung eine bedeutend größere ist mit Ausnahme der gefährlichen Körperverletzung als die der Landbewohner. So intuitiv die Ziffern der Ge-

Tabelle 13. Verurteilte Jugendliche in Deutschland im Durchschnitt der Jahre 1898—1902 (berechnet auf 100 000 Jugendliche der Zivilbevölkerung)[1].

wegen	in den größeren deutschen Städten	im übrigen Reichsgebiet
Gewalt u. Drohungen gegen Beamte. . . .	12	4
Gefährlicher Körperverletzung	94	115
Diebstahls	602	297
Betruges	50	25
Sonstiger Verbrechen u. Vergehen	329	209
Im ganzen	1087	650

[1]) v. Mayr, S. 775.

samtkriminalität und der Hauptdeliktsgruppen erscheinen mögen, so gehen doch durch die Zusammenfassung Feinheiten verloren, die für die Beurteilung der psychischen Eigenarten der Bevölkerung in Stadt und Land von ausschlaggebender Bedeutung sind. In einigen Fällen, etwa beim Mord und anderen wenig vorkommenden Verbrechen, sind die statistischen Ergebnisse für unsere Zwecke nur wenig zu gebrauchen, weil durch die Kleinheit der Zahlen sich häufig Zufälligkeitsfaktoren einschleichen können, die das Bild dann wesentlich, aber nicht gerade zum Vorteil seiner Richtigkeit beeinflussen.

Als einzelnes Delikt, das auf dem Lande bedeutend häufiger begangen wird als in der Stadt, ist die vorsätzliche Brandstiftung zu nennen. Objektiv gesehen bestehen auf dem Lande viel mehr Gelegenheiten, etwas vorsätzlich oder fahrlässig in Brand zu stecken, als in den Städten. Die überall lagernden leicht brennbaren Stoffe wie Stroh, Heu, Holz, die teilweise geringere Benutzung von Steinen bei Bauten, die durch die Verhältnisse bedingte mangelnde Aufsicht des Einzelnen über sein Eigentum, die größere Erfolgsaussicht des Verbrechens, all dies sind Momente, die es dem rachsüchtigen Nachbarn, dem wirtschaftlich ruinierten Bauern, dem entlassenen Arbeiter förmlich nahelegen, zur Brandstiftung zu greifen. Bei niedrigen Preisen, bei Absatzschwierigkeiten erhält der Landwirt, sofern er versichert ist, durch einen zweckentsprechenden Brand schnell und ohne größere Mühe sein Geld; Roesner (Einfluß von Wirtschaftslage, S. 33ff.) spricht im Zusammenhang mit derartigen Bränden direkt von „Konjunkturbränden“. Daß der Landmann sehr gut diese verschiedenen „Vorteile“ kennt und danach zu handeln weiß, zeigen die folgenden Tabellen.

Für Deutschland besteht hinsichtlich der Brände in Stadt und Land für das Jahr 1914 im Bereich von 35 öffentlichen Brandkassen eine sehr aufschlußreiche Übersicht von Weck (S. 23, 24).

Tabelle 14. Immobiliarbrände (Mobiliarbrände) in Deutschland (im Bereich von 35 öffentlichen Brandkassen) während des Jahres 1914.

(e = ermittelt; m = mutmaßlich.)

Brandursachen			Zahl der Brände: insgesamt		Städte		Land	
Vorsätzliche Brandstiftung	zwecks Brandversicherungsbetrugs	e	29	(3)	6	(—)	23	(3)
		m	263	(34)	47	(9)	216	(25)
	ohne betrügerische Absicht	e	202	(31)	64	(3)	138	(28)
		m	1 399	(292)	265	(49)	1 134	(243)
Fahrlässige Brandstiftung	des Versicherten	e	376	(1131)	153	(525)	223	(606)
		m	265	(602)	109	(265)	156	(337)
	anderer Strafmündiger	e	2 464	(2172)	1 823	(1315)	641	(857)
		m	1 965	(1362)	1 088	(537)	877	(825)
	Strafunmündiger	e	947	(365)	455	(150)	492	(215)
		m	456	(219)	152	(59)	304	(160)
Summe			8 366	(6211)	4 162	(2912)	4 204	(3299)
Summe der Fälle mit anderen Ursachen als Brandstiftung			8 598	(2729)	4 776	(1249)	3 622	(1480)
Summe der gänzlich unermittelten Fälle			5 202	(916)	1 468	(315)	3 734	(601)
Gesamtsumme aller gezählten Fälle			22 166	(9856)	10 406	(4476)	11 760	(5380)

Auch in Frankreich ist die Brandstiftung in der Stadt bedeutend häufiger als auf dem Lande.

Tabelle 15. Die Brandstiftungen in Frankreich[1]) während der Jahre 1921—29 (absolute Zahl der Verurteilten).

Jahr	Inbrandsetzung von Wohngebäuden			Inbrandsetzung von anderen Gebäuden		
	Wohnsitz der Verurteilten			Wohnsitz der Verurteilten		
	Städte	Land	ohne festen Wohnsitz	Städte	Land	ohne festen Wohnsitz
1921	3	20	—	2	30	4
1922	9	7	1	12	27	8
1923	3	13	3	12	5	5
1924	5	40	4	4	21	6
1925	8	14	2	5	21	3
1926	4	21	8	2	14	6
1927	4	13	3	2	16	3
1928	12	23	6	9	16	5
1929	7	15	6	4	31	9

[1]) Compte général de l'administration de la justice criminelle 1921—29.

1921 betrug der Anteil der Landbevölkerung an der Gesamtbevölkerung 54%.

Auch in Estland haben wir dieselben Erscheinungen. Die fahrlässige Brandstiftung überwiegt in den Städten, während auf dem Lande die vorsätzliche Brandstiftung und auch jene Fälle, in denen vermutlich vorsätzliche Brandstiftung vorliegt, die Vorrangstellung einnehmen.

Tabelle 16. Estlands[1]) Brandstiftungskriminalität während der Jahre 1925—27.

Ursache der Brände	Landkreise			Stadtgemeinden		
	1927	1926	1925	1927	1926	1925
Unvorsichtigkeit	34,3	37,1	34,3	47,7	52,3	40,7
vorsätzliche Brandstiftung . .	15,0	11,6	12,5	8,3	4,1	6,9
vermutete Brandstiftung . . .	5,1	6,0	4,8	1,5	0,5	3,9

[1]) Eesti Statistika 1928, S. 195.

Die widersprechendsten Ansichten bestehen über die Sittlichkeit auf dem Lande. Die Stadt als „sittenverderbter Moloch" und ihr gegenüber das sittenreine Land gehören beide der Vergangenheit an. Der Stand der Sittlichkeit kann nicht aus der Anzahl der Kindesmorde oder der unehelichen Geburten geschlossen werden (vgl. über die Gründe eingehend Michels, a. a. O.). Zur Feststellung der Sittlichkeit mögen allenfalls die Sexualverbrechen herangezogen werden. Ihre statistische Erfaßbarkeit stößt aber auf große Hindernisse. „Die Statistik der Sittlichkeit hat ihre Grenze, die auf dem Gebiete der Diskretion hinsichtlich des Privatlebens liegt", sagt Michels (S. 10), und er sagt damit alles.

Die Reichskriminalstatistik bringt keine Darstellung der Sittlichkeitsdelikte nach Stadt und Land unterschieden. Private Untersuchungen dieser Fragen sind auch überwiegend auf Schätzungen und Vermutungen angewiesen. Die deutschen Verhältnisse müssen daher hier unberücksichtigt bleiben.

Die französische Statistik (Compte général de l'administration de la justice criminelle für die Jahre 1921—1929) zeigt für die Angriffe auf die Geschlechtsehre der Erwachsenen und der Kinder in den Jahren 1921 bis 1929 in absoluten Zahlen folgendes Bild (Tab. S. 673).

Für Frankreich und die Niederlande kann somit — immer unter der Betonung, daß damit kein abschließendes Ergebnis gewonnen ist — gesagt werden, daß die Sittlichkeitskriminalität der Städte und des flachen Landes sich etwa gleicht, eher noch ein wenig günstiger für das Land ist. In

Tabelle 17. Anzahl der wegen Sittlichkeitsverbrechen Verurteilten in Frankreich.

Jahr	Angriffe auf die Geschlechtsehre der Erwachsenen			Angriffe auf die Geschlechtsehre der Kinder		
	Städte	Land	ohne festen Wohnsitz	Städte	Land	ohne festen Wohnsitz
1921	26	31	—	86	106	—
1922	40	30	6	109	86	6
1923	2	24	—	129	76	30
1924	25	19	2	108	88	11
1925	27	16	3	130	100	15
1926	36	26	4	105	140	7
1927	15	15	5	85	111	31
1928	18	14	3	112	123	16
1929	20	18	8	102	142	12

Tabelle 18. Kriminalität der Sittlichkeitsdelikte in den Niederlanden[1]).

Gruppen von Gemeinden	Verurteilte auf 100000 Einwohner im Durchschnitt der Jahre 1928—1932 wegen	
	Angriffe auf die sexuelle Ehre	anderer sexuellen Straftaten (Artt. 242—249 W. v. S.)
Die vier größten Gemeinden	9,2	7,5
Gemeinden von 20000—100000 Einw. .	7,9	7,0
Gemeinden von 5000—20000 Einw. . .	4,7	6,9
Gemeinden unter 5000 Einw.	3,7	5,8
Landesdurchschnitt	6,4	6,8

[1]) Statistiek van Nederland. Crimineele Statistiek 1927, S. 17—18, 1932, S. 16—18.

dieser Hinsicht müssen aber noch eingehende statistische Untersuchungen gemacht werden, um vollständige Klarheit zu erhalten.

Abschließend kann gesagt werden, daß die Behauptung von der kriminelleren Stadt — selbstverständlich mit den hervorgehobenen Ausnahmen — auch, soweit neuere Ergebnisse vorliegen, zu Recht besteht.

Schrifttum:

G. Aschaffenburg, Das Verbrechen und seine Bekämpfung, 3. Aufl., 1923. — Derselbe, Kriminalanthropologie und Kriminalbiologie, Handwörterbuch der Kriminologie. — H. Berg, Getreidepreise und Kriminalität in Deutschland, Berlin 1902. — K. Beßler, Die Kriminalität Westpreußens, Strafrechtl. Abhandl., H. 188. — Beurle, Einige Ergebnisse der österreichischen Kriminalstatistik. Zeitschr. f. d. ges. Strafrechtswiss. 8, 325ff. — Blau: Kriminalstatistische Untersuchung der Kreise Marienwerder und Thorn. Abh. d. kriminalist. Seminars an d. Univ. Berlin, N. F. Bd. 2, H. 2. — F. S. Bodenheimer, Bemerkungen eines Biologen über den Begriff der Verstädterung, Zeitschr. f. Geopolitik, 1933, S. 173. — Derselbe, Der Staat als Überindividuum, Zeitschr. f. Geopolitik, 1932, S. 561. — Böhmert, Zeitschr. d. K. Sächsisch. Statist. Bureaus, XXXV. Jahrg., 1889, S. 133ff. — G. Bohne, Kriminalpolitik und Eugenik, Dtsch. Juristenztg. 1934, S. 17. — W. A. Bonger, Criminalité et conditions économiques, Amsterdam 1905. — Derselbe, De criminaliteit van Nederland, Mensch en Maatschappij, 1930, S. 230. — Brearley, Morde in der Stadt und auf dem Land, Arch. f. Kriminol. 94, 157. — H. H. Burchardt, Kriminalität in Stadt und Land (erscheint voraussichtlich Anfang 1935). — F. Burgdörfer, Volk ohne Jugend, Berlin 1932. — Damme, Die Kriminalität und ihre Zusammenhänge in der Provinz Schleswig-Holstein, Zeitschr. f. d. ges. Strafrechtswiss. 12, 657. — Dochow, Die Kriminalität im Amtsbezirk Heidelberg, Abh. d. Kriminalist. Seminars an d. Univ. Berlin, N. F. Bd. 5, H. 1. — F. Eßlinger, Zusammenhänge zwischen Teuerung und Kriminalität, München 1927. — F. Exner, Krieg und Kriminalität in Österreich, Wien 1927. — K. Finkelnburg, Die Bestraften in Deutschland, Berlin 1912. — B. Földes, Einige Ergebnisse der neueren Kriminalstatistik, Zeitschr. f. d. ges. Strafrechtswiss. 11, 515/629. — Frauenstädt, Kriminalistische Heimatkunde, Zeitschr. f. Sozialwiss. 6, 174. — Derselbe, Die preußischen Ostprovinzen in kriminalgeographischer

Beleuchtung. Zeitschr. f. Sozialwiss., 1906, S. 570. — H. v. Friesen u. R. Banck, Sächsische Kriminalstatistik für die Jahre 1882—1903, Zeitschr. d. K. Sächs. Statistischen Landesamtes, 1906, S. 160. — Galle, Untersuchungen über die Kriminalität in der Provinz Schlesien, Gerichtssaal 71, 321; 72, 42. — R. Graßberger, Die Brandlegungskriminalität, Kriminalist. Abh. — M. Hagemann, Der Berufsverbrecher und seine Bekämpfung, Berlin u. Leipzig 1931. — Derselbe, Verbrechen und Gesellschaft, Heimatdienst, Jahrg. VI, Nr. 22, S. 341. — Derselbe, Art. Beruf, Handwörterbuch d. Kriminol. — R. Heindl, Der Berufsverbrecher, 2. Aufl., Berlin 1926. — H. v. Hentig, Der kriminelle Aspekt von Stadt und Land, Monatsschr. f. Kriminalpsych. u. Strafrechtsreform, 1932, S. 435. — Derselbe, Die Kriminalität einer Großstadt, Augsburg 1916—1926, Monatsschr. f. Kriminalpsych. und Strafrechtsreform, 1927, S. 231. — Herz, Die Kriminalität in den einzelnen österreichischen Kronländern und ihr Zusammenhang mit wirtschaftlichen und sozialen Verhältnissen, Monatsschr. f. Kriminalpsych. u. Strafrechtsreform, 1904/05, S. 541. — Derselbe, Verbrechen und Verbrechertum in Österreich, Tübingen 1908. — H. Hoegel, Kritik und Reform der Kriminalstatistik, Sonderabdruck aus d. Arch. f. Kriminalanthropol. u. Kriminalist., Bd. 58, H. 1, Leipzig 1914. — Derselbe, Die Grenzen der Kriminalstatistik, Sonderabdruck aus Statist. Monatsschr., N. F., XII. Jahrg., 1907. — H. Hoffmann, Zur Geographie der Kriminalität in Deutschland, Diss. Würzburg 1921. — E. Höpler, Wirtschaftskrisen und Kriminalität, Arch. f. Kriminol. 87, 15, 129, 193. — Derselbe, Wirtschaftslage — Bildung — Kriminalität, Arch. f. Kriminol. 76, 81. — M. Horlacher, Alkoholstatistik und Alkoholkriminalität mit besonderer Berücksichtigung Bayerns, Allg. Statist. Arch. 1917/18, S. 140. — B. Horváth, Rechtssoziologie, Berlin-Grunewald 1934. — E. Hurwicz, Kriminalität und Prostitution der weiblichen Dienstboten, Arch. f. Kriminalanthropol. u. Kriminalist. 65, 185. — K. Th. v. Inama-Sternegg, Zur Kritik der Moralstatistik, Jahrb. f. Nationalök. u. Statist., N. F., 7 (1883), 505. — C. Jacquart, Essais de Statistique morale, La criminalité belge 1909, S. 168, 1912, S. 281ff. — H. Joly, La Belgique Criminelle, Paris 1907. — van Kan, Les causes économiques de la criminalité, Paris, Lyon 1903. — E. Kohlrausch, Die Einwirkung des Krieges auf die Kriminalität, Zeitschr. f. d. ges. Strafrechtswiss. 41, 175. — S. v. Koppenfels, Die Kriminalität der Frau im Kriege, Kriminalist. Abh., Leipzig 1926. — E. Kürz, Zur Prophylaxe der Roheitsdelikte, Monatsschr. f. Kriminalpsych. u. Strafrechtsreform 1905/06, S. 24. — A. Lacassagne, Marche de la criminalité en France de 1825 à 1880, La revue scientifique, 1881, S. 674. — J. Lange, Verbrechen als Schicksal, Leipzig 1929. — F. Leyden, Berlin als Beispiel einer wurzellosen Großstadt, Zeitschr. f. Geopolitik, 1933, S. 175. — H. Lindenau, Beruf und Verbrechen, Zeitschr. f. d. ges. Strafrechtswiss., 24, 381. — F. v. Liszt, Die gesellschaftlichen Faktoren der Kriminalität, Zeitschr. f. d. ges. Strafrechtswiss., 23, 203. — Derselbe, Zur Vorbereitung des Strafgesetzentwurfs, Festschrift f. d. 26. Deutschen Juristentag. — Derselbe, Kriminalpolitische Aufgaben, Zeitschr. f. d. ges. Strafrechtswiss., 9, 452. — Derselbe, Die Aufgaben und die Methode der Strafrechtswissenschaft, Zeitschr. f. d. ges. Strafrechtswiss., 20, 161. — Derselbe, Das Verbrechen als sozialpathologische Erscheinung, Strafrechtl. Aufsätze u. Vorträge, 2, 230, Berlin 1905. — K. Litten, Welches sind die soziologischen Ursachen für die Kriminalität in der Rheinpfalz? Diss. Frankfurt a. M. 1932. — G. v. Mayr, Moralstatistik mit Einschluß der Kriminalstatistik, Statistik u. Gesellschaftslehre, Bd. 3, Tübingen 1917. — Derselbe, Kriminalstatistik und Kriminalätiologie, Monatsschr. f. Kriminalpsych. u. Strafrechtsreform 1911/12, S. 333. — Derselbe, Statistik der gerichtlichen Polizei im Königreiche Bayern und in einigen anderen Ländern, H. XVI der Beitr. z. Statist. d. Königreichs Bayern, 1867. — Derselbe, Statistik der Bettler und Vaganten im Königreiche Bayern, Diss. München 1865. — Derselbe, Die Nutzbarmachung der Kriminalstatistik, Monatsschr. f. Kriminalpsych. u. Strafrechtsreform 1904/05, S. 42. — Derselbe, Wesen und Ziele der Kriminalstatistik, Jahrb. f. Kriminalpolitik u. innere Mission, N. F., 1 (1895), 257. — A. Meyer, Die Verbrechen in ihrem Zusammenhang mit den wirtschaftlichen und sozialen Verhältnissen im Kanton Zürich, Jena 1895. — E. Mezger, Kriminalpolitik auf kriminologischer Grundlage, 1934. — R. Michels, Sittlichkeit in Ziffern? München u. Leipzig 1928. — Mittermaier, Praktische Ergebnisse der Kriminalstatistik zur Aufhellung wichtiger Fragen des Strafrechts und Strafverfahrens, Gerichtssaal 13, 23. — J. Nagler, Anlage, Umwelt und Persönlichkeit des Verbrechers, Stuttgart 1933, Sonderabdruck aus Gerichtssaal, Bd. 103. — M. Neefe, Verbrechen und Vergehen gegen Reichsgesetze in den Jahren 1898 bis 1902, Statist. Jahrb. Deutscher Städte, 14. Jahrg., 1907, S. 340. — E. Noltenius, Die Kriminalität im Gebiet der freien Hansastadt Bremen, Diss. Leipzig 1926. — v. Oettingen, Die Moralstatistik in ihrer Bedeutung für eine Sozialethik, 3. Aufl., Erlangen 1882. — R. Passow, Die Notwendigkeit kriminologischer Einzelbeobachtungen, Arch. f. Kriminalanthropol. u. Kriminalistik, 15, 151. — Petersilie, Untersuchungen über die Kriminalität in der Provinz Sachsen, Gerichtssaal, Beilage zu Bd. 64. — E. Pfeil, Über den Zusammenhang von Verstädterung und Geburtenrückgang, Zeitschr. f. Geopolitik, 1933, S. 168. — Prinzing, Soziale Faktoren der Kriminalität, Zeitschr. f. d. ges. Strafrechtswiss., 22, 551. — Quetelet, Physique sociale, Brüssel 1869. — Rettich, Die württembergische Kriminalität, Jahrb. f. Statist. u. Landeskunde, Jahrg. 1894, H. 1, I, S. 332. — Riesebell, Konjunktur und Feuerschäden, Versicherung u. Geldwirtschaft, 60. Gesamtjahrg. 1928, S. 297. — E. Ristow, Die Kriminalität der Roheitsdelikte, Strafrechtl. Abh., H. 31. — E. Roesner, Der Einfluß von Wirtschaftslage, Alkohol und Jahreszeit auf die Kriminalität, Vortrag, gehalten am 1. XII. 1930 in Berlin. — Derselbe, Kriminalstatistik, in Handwb. d. Rechtswiss., Berlin u. Leipzig 1928. — Derselbe, Die Ursachen der Kriminalität und ihre statistische Erforschung, Allg. Statist. Arch., 23, 19. — Derselbe, Kriminalstatistik, in Handwb. d. Kriminol., Berlin u. Leipzig 1933. — Derselbe, Moralstatistik, in Handwb. d. Kriminol. — Derselbe, Polizeistatistik, in Handwb. d. Kriminol. — Derselbe, Die Brandstiftungen im Deutschen Reich, Kriminalist. Monatsh., 1928, S. 281. — J. R. B. de Roos, La criminalité des grandes villes et l'influence du principe d'opportunité sur la géographie de la criminalité, Bulletin de l'Institut international de Statistique, Tome XIX, 1. livr. — J. R. B. de Ross u. G. L. Suermondt, Die Kriminalität in den Niederlanden während und nach dem Kriege. Monatsschr. f. Kriminalpsych. u. Strafrechtsreform 1923, S. 113. — Rotering, Ansiedlungsform und Kriminalität, Arch. f. Rechts- u. Wirtschaftsphilosophie, VIII, 127. — A. Sauer, Frauenkriminalität im Amtsbezirk Mannheim, Strafrechtl. Abh., H. 140. — W. Sauer, Kriminalsoziologie, Berlin u. Leipzig 1933. — H. v. Scheel, Kriminalstatistik, Handwb. f. Staatswiss., 3. Aufl., Jena 1910. — R. Seeberg, Der Geburtenrückgang in Deutschland, Leipzig 1913. — H. Seuffert, Untersuchungen über die örtliche Verteilung der Verbrechen im Deutschen Reiche, Strafrechtl. Abh., H. 75. — G. Stark, Kriminalität und Alkohol. wissenschaftliche Veröffentlichungen zur Alkolfrage. Heft 10. Berlin-Dahlem 1934. — W. Starke, Verbrechen und Verbrecher in Preußen 1854—1878, Berlin 1884. — Stöwesand, Die Kriminalität in der Provinz Posen und ihre Ursachen, Gerichtssaal, Beilageheft zu Bd. 77. — G. Tarde, La criminalité comparée, 4. Aufl., Paris 1898. — Derselbe, La philosophie pénale, Lyon, Paris 1900. — M. Thienemann, Untersuchungen über die Kriminalität in der Provinz Ostpreußen, Diss. Halle 1912. — F. Tönnies, Soziologische Studien und Kritiken, Zweite Sammlung, Jena 1926; Dritte Sammlung, Jena 1929. — Derselbe, Das Verbrechen als soziale Erscheinung, Arch. f. soziale Gesetzgebung u. Statistik, 8, 329. — Derselbe, Verbrechertum in Schleswig-Holstein, Arch. f. Sozialwiss. u. Sozialpolitik, 52, 761. — v. Valentini, Das Verbrechertum im preußischen Staate, Leipzig 1869. — W. Volz, Industrie in den Osten! Zeitschr. f. Geopolitik, 1933, S. 367. — A. Wadler, Die Verbrechensbewegung im östlichen Europa, München 1908. — Derselbe, Moralstatistik, Die Statistik in Deutschland nach ihrem heutigen Stand, München u. Leipzig 1911. — R. Wassermann, Begriff und Grenzen der Kriminalstatistik, Kritische Beiträge zur Strafrechtsreform, H. 8, Leipzig 1909. — M. Weber, Wirtschaftsgeschichte, 2. Aufl., München u. Leipzig 1924. — H. Weck, Brandstiftung und Brandversicherungsbetrug, Wirtschaft und Recht der Versicherung, 1926, Nr. 3. — Weidemann, Die Ursachen der Kriminalität im Herzogtum Sachsen-Meiningen, Abh. d. Kriminalist. Seminars an d. Univ. Berlin, N. F., Bd. 2, H. 1. — A. Wilden, Die Kriminalität der Sittlichkeitsdelikte seit 1910, Diss. Königsberg 1929. — Wl. Woytinsky, Die Welt in Zahlen, Buch: Staatliches und kulturelles Leben, Berlin 1928. — Derselbe, Kriminalität und Lebensmittelpreise, Zeitschr. f. d. ges. Strafrechtswiss., 49, 647. — Derselbe, Lebensmittelpreise, Beschäftigungsgrad und Kriminalität, Arch. f. Sozialwiss. u. Sozialpolitik, 61, 21. — E. Wulffen, Psychologie des Verbrechers, 1908. — E. Würzburger, Über die Vergleichbarkeit kriminalstatistischer Daten. Jahrb. f. Nationalök. u. Statist., N. F., 14 (1887), 505. — E. Yvernès, La statistique de la récidive, Revue pénitentiaire, 1895, S. 784. — Derselbe, Rapport fait au nom du Comité de la statistique criminelle sur les moyens de rendre uniforme les statistiques criminelles, Bulletin de l'Institut international de Statistique, Tome IV, 2. livr., Rom 1890, S. 162. — F. Zahn, Kriminalstatistik und Moralstatistik, Zeitschr. f. d. ges. Strafrechtswiss, 49, 328. — H. Zeiß, Entwurzelung und Wurzellosigkeit, Zeitschrift f. Geopolitik, 1933, S. 310. — F. Zizek, Soziologie und Statistik, München u. Leipzig 1912. — Weiteres Schrifttum siehe insbesondere bei den Artikeln Kriminalstatistik und Beruf.

Hans Hermann Burchardt.

Steckbrief.

Der Steckbrief ist nach deutschem Recht (vgl. insbesondere §§ 131, 457 StPO.) ein Ersuchen an alle dafür in Betracht kommenden Behörden und Beamten, insbesondere die des Polizei- und Sicherheitsdienstes, sich der Person eines Beschuldigten oder Verurteilten, der sich dem Strafverfahren oder der Strafvollstreckung entzieht, zu bemächtigen und ihn zur Haft zu bringen. Grundsätzlich ist die Erlassung eines Steckbriefs nur zur Vollstreckung richterlicher Entscheidungen (Haftbefehl, Unterbringungsbefehl oder Strafurteil, zugelassen. Ausnahmsweise kann ein Steckbrief auch ohne richterliche Entscheidung, insbesondere ohne richterlichen Haftbefehl oder Unterbringungsbefehl, erlassen werden, wenn ein Festgenommener aus dem Gefängnis entweicht oder sich sonst der Bewachung entzieht, ehe es zum Erlaß eines richterlichen Haft- oder Unterbringungsbefehls gekommen ist.

Zuständig für den Erlaß des Steckbriefs ist grundsätzlich das jeweils mit der Sache befaßte und deshalb für die Haftentscheidungen zuständige Gericht (§ 124 StPO.), im vorbereitenden Verfahren neben dem Amtsrichter die Staatsanwaltschaft (§ 125 StPO.). Da aber der Steckbrief eine Maßnahme der Vollstreckung des Haft- oder Unterbringungsbefehls ist, gilt § 36 StPO. Das hat zur Folge, daß sich die Kollegialgerichte (Landgericht, Schwurgericht, Oberlandesgericht, Volksgerichtshof) auf den Erlaß des Haft- oder Unterbringungsbefehls selbst zu beschränken und diesen der Staatsanwaltschaft zur Vollstreckung (die den Erlaß des Steckbriefs einschließt) zu übergeben haben. Der Amtsrichter (im Vorverfahren und nach Erhebung der öffentlichen Klage bei dem Amtsgericht oder bei dem Schöffengericht) sowie der Untersuchungsrichter können statt dessen auch selbst den Steckbrief erlassen und diesen entweder selbst ausschreiben oder der Staatsanwaltschaft zur Ausschreibung übergeben.

Wenn ein Festgenommener entweicht oder sich sonst der Bewachung entzieht, hat die Behörde den Steckbrief zu erlassen, deren Bewachung sich der Festgenommene entzogen hat; in diesem Ausnahmefall darf auch die Polizeibehörde einen Steckbrief erlassen, wenn sie selbst (nicht die Staatsanwaltschaft) die Festnahme veranlaßt hatte und der Festgenommene ihrer Bewachung entkommen ist.

Zum Zwecke der Strafvollstreckung kann nach § 457 StPO. nur die Staatsanwaltschaft, und wenn die Strafvollstreckung nach § 451 StPO. dem Amtsrichter zustand, nur dieser einen Steckbrief erlassen (niemals die Polizeibehörde, auch nicht, wenn ihr der Verurteilte entkommen ist).

Der Inhalt des Steckbriefs ist in § 131 StPO. bestimmt. Er muß die genaue Bezeichnung (gemäß § 114 Abs. 2 StPO.) und soll eine Beschreibung des Verfolgten enthalten. Auch wird die Gefangenenanstalt zu bezeichnen sein, in die der Festgenommene abzuliefern ist. Der Haftgrund braucht nicht angegeben zu werden, ebensowenig die Verdachtsgründe. Vorgeschrieben ist jetzt aber eine Angabe der Tat, wegen deren der Beschuldigte verfolgt wird, sowie des Ortes und der Zeit ihrer Begehung; das wird entsprechend jetzt auch für den Haftbefehl zur Strafvollstreckung gelten müssen.

Über die Bekanntmachung des Steckbriefs habe ich alles Erforderliche schon bei dem Art. Fahndungswesen gesagt. Es kann hier auf das dort Ausgeführte verwiesen werden.

Ergreifung. Wird der Verfolgte ergriffen, so gilt, wenn der Steckbrief auf Grund eines Haft- oder Unterbringungsbefehls zur Strafverfolgung erlassen war, dasselbe, wie wenn der Verfolgte lediglich auf Grund eines Haft- oder Unterbringungsbefehls ergriffen worden wäre (vgl. §§ 114, 114c StPO.). Ist der Steckbrief ohne Haftbefehl erlassen, so ist der Festgenommene nicht etwa der Behörde zuzuführen, aus deren Gewahrsam er entwichen ist, sondern unmittelbar dem Richter, der zur Zeit der Ergreifung mit der Strafsache befaßt ist.

Wegen der Zurücknahme des Steckbriefs ist gleichfalls alles Erforderliche schon bei dem Art. Fahndungswesen gesagt.

Näheres zur Lehre vom Steckbrief siehe in meinen Anmerkungen zu § 131 StPO. in dem Kommentar zur StPO. von Löwe-Rosenberg, 19. Auflage.

Für das militärgerichtliche Verfahren gilt jetzt § 104 MStGO. vom 4. XI. 1933 (RGBl. I, 922, 924, 937).

Wegen des sogenannten „Steuersteckbriefs" bei der Reichsfluchtsteuer vgl. die VO. des Reichspräsidenten vom 8. XII. 1931 (RGBl. I, 699, 731) siebenter Teil Kap. III erster Abschnitt § 9 mit VO. vom 23. XII. 1932 vierter Teil (RGBl. I, 572), G. vom 18. V. 1934 (RGBl. I, 392) und SteueranpassungsG. vom 16. X. 1934 (RGBl. I, 925) Abschnitt VI § 43.

Fritz Hartung.

Sterilisation.

1. Das Gesetz zur Verhütung des erbkranken Nachwuchses vom 14. VII. 1933 (RGBl. I, 529) dient in erster Linie, wie es schon seine Benennung erkennen läßt, der Rassenpflege. Dadurch, daß es im Laufe der kommenden Geschlechter systematisch Erbkranke von der Fortpflanzung ausschließt, verringert es aber zugleich auch den Kreis jener körperlich oder geistig Minderwertigen, aus denen sich erfahrungsgemäß die meisten Gewohnheitsverbrecher rekrutieren. Hinzu kommt, daß das Sterilisationsgesetz gerade hinsichtlich der kriminellen seelisch Abnormen in wirksamer Weise durch die Maß-

regeln der Sicherung und Besserung vom 24. XI. 1933 (RGBl. I, 995) ergänzt wird. Die Unterbringung unzurechnungsfähiger oder vermindert zurechnungsfähiger Geisteskranker bzw. Geistesschwacher, die Strafschärfung und Sicherungsverwahrung für gefährliche Gewohnheitsverbrecher und die Entmannung gefährlicher Sittlichkeitsverbrecher verhindert praktisch die bevölkerungspolitisch höchst unerwünschte Vermehrung solcher erblich belasteter Elemente, die nicht vom Erbgesundheitsgesetz erfaßt werden. Auch alle anderen eugenischen Maßnahmen des neuen Staates kommen mittelbar oder unmittelbar der Kriminalbiologie zu gute, indem sie zielbewußt die Fortpflanzung sozial hochwertiger Volksgenossen begünstigen, dagegen die Erzeugung des lebensunwerten Lebens erschweren oder verhindern (Ehestandsdarlehen, Siedlungspolitik, Erbhofgesetz, Rassenämter bei den Gliederungen der Partei, insbesondere der SS., Ehrenpatenschaften usw.).

Man muß daher das Gesetz zur Verhütung des erbkranken Nachwuchses im Rahmen der gesamten bevölkerungspolitischen Bestrebungen als eine einzelne, auch kriminalpolitisch höchst bedeutsame Maßnahme betrachten, wenn es auch absichtlich vermieden wurde, die mit verbrecherischen Neigungen belasteten Menschen unter die Erbkranken im Sinne des Sterilisationsgesetzes zu rechnen.

Nach § 1 (Abs. 1) dieses Gesetzes kann durch chirurgischen Eingriff unfruchtbar gemacht werden, „wer erbkrank ist, wenn nach den Erfahrungen der ärztlichen Wissenschaft mit großer Wahrscheinlichkeit zu erwarten ist, daß seine Nachkommen an schweren körperlichen oder geistigen Erbschäden leiden". Der Zweck dieses Gesetzes ist ein doppelter, einmal soll durch die angeordneten Maßnahmen die Geburt erbkranker Menschen verhindert werden; 2. sollen den Familien, in denen Erbkrankheiten vorkommen, viel Leid und viele materielle Opfer erspart bleiben (Gütt). Erbkrank ist, wer an einer der im Gesetz angegebenen Krankheiten leidet, das Charakteristische dieser Krankheiten liegt in der Vererbbarkeit.

An erster Stelle zählt das Gesetz den angeborenen Schwachsinn zu den Erbkrankheiten. Der Gesetzgeber hat es ausdrücklich vermieden, von ererbtem Schwachsinn zu sprechen, er will vielmehr auch diejenigen Fälle mit einbegriffen sehen, welche durch intrauterine oder in den ersten Lebenstagen oder Wochen erfolgte Schädigungen bedingt sind. Der rein endogene Schwachsinn wird von neueren Forschern wie Schwab u. a. auf etwa 40% der Fälle abgeschätzt.

Schwachsinnszustände, die erst in der späteren Kindheit entstehen, gehören nicht zu denjenigen, die der Gesetzgeber gemeint hat.

Diagnostische Schwierigkeiten bereiten die leichteren Fälle. Ausschlaggebend ist dabei nicht so sehr ein kleiner Ausfall an positivem Wissen oder leichtere Urteilsdefekte, sondern das soziale Verhalten. Das Letztere ist deshalb so bedeutungsvoll, weil die Unfähigkeit, sich durchs Leben zu bringen, bei den Grenzfällen im Wesentlichen auf diesen durch psychopathische Beimengungen bedingten Abweichungen beruht.

Mit Rücksicht auf eigene praktische Erfahrungen möchte ich besonders betonen, daß der Schwachsinn auf rein traumatischer Basis nicht sehr häufig ist, daß es dagegen kaum einen Menschen gibt, der nicht in der Kindheit eine ganze Reihe von leichten und mitunter auch mittelschweren Kopfverletzungen erlitten hat, ohne davon seelische Mängel zurückzubehalten.

Zu den unter dieses Gesetz fallenden Schwachsinnszuständen gehören wohl auch die kongenital-luetischen; denn die Gefahr, daß hier die Nachkommenschaft minderwertig sein könnte, ist nicht zu unterschätzen.

2. Da die Schwachsinnigen als lebensuntüchtige Menschen leicht den bequemen und kurzen Weg des Verbrechens einschlagen, um sich das zu verschaffen, was sie durch positive soziale Leistung nicht zu erreichen vermögen, ist ihre Unfruchtbarmachung auch kriminalpolitisch geboten. Das gilt vor allem für den vorwiegend moralisch Verkümmerten, den gemütskalten Antisozialen, den moral insanity-Typ, als eine für das Gemeinschaftsleben besonders bedenkliche Sonderform des Schwachsinns. Auch die eretisch Imbezillen, d. h. die übermäßig betriebsamen, erregbaren und schwer zu beeinflussenden Schwachsinnigen bilden eine soziale Gefahr und neigen stark zum Verbrechen.

Bei der Schizophrenie (Spaltungsirresein) kommt es auf zwei Gesichtspunkte an, nämlich einmal darauf, einwandfrei nachzuweisen, daß wirklich ein schizophrener Schub vorhanden war und nicht etwa nur eine schizoide Persönlichkeit vorliegt. Zur Entscheidung bedarf es einer genauen Anamnese, die auch die Tatsache berücksichtigt, daß in der Pubertät schizoide Persönlichkeiten bisweilen eine Veränderung erfahren, die deshalb noch nicht als schizophrener Schub anzusehen sind.

Differentialdiagnostisch sind ferner manche Geisteskrankheiten bei Allgemeininfektionen oder im Wochenbett (Infektionspsychosen und postpuerperale Psychosen), die später ausheilen und nicht wiederkehren, in Betracht zu ziehen. Alle diese Zustände würden selbstverständlich nicht unter den Begriff der Schizophrenie fallen, sie sind auch nicht erblich.

Die allmähliche Ausmerzung bzw. Verringerung der mit dem Spaltungsirresein zusammenhängenden Erbschäden ist kriminalbiologisch bedeutsam, weil sich gezeigt hat, daß sich unter den Insassen der Fürsorgeerziehungsanstalten, Arbeitshäuser, Gefängnisse und Zuchthäuser auffallend viel solche geistig Minderwertige finden, deren psychische Konstitution erbbiologisch der Schizophrenie nahesteht. Vielfach scheinen die anlagemäßige antisoziale oder asoziale Haltung und das Spaltungsirresein die gleichen Wurzeln zu haben, wie die Erbforschung und die Psychiatrie und Kriminalbiologie zeigt.

Unter den zirkulären Zuständen sollen nur die schweren Fälle Berücksichtigung finden. Als solche möchte ich einstweilen 3 Gruppen erwähnen, nämlich 1. diejenigen, welche schon sehr früh, d. h. in der Pubertät oder kurz danach schwere manische oder depressive Phasen bekommen, 2. jene Fälle, in denen während der freien Zeiten deutliche asoziale Eigenschaften sich entwickeln, und 3. die Gruppen, in der die freien Zeiten nur kurz dauern, die einzelnen manischen oder depressiven Phasen sehr lang. Hier handelt es sich nicht ganz selten um Menschen, die dauernder Anstaltspflege bedürftig sind, aber innerhalb der Anstalt eine gewisse Bewegungsfreiheit erhalten können und deshalb gegen Fortpflanzung nicht immer genügend gesichert sind.

Bezüglich der leichteren Formen sei noch hinzugefügt, daß ihre Nachkommenschaft keineswegs immer sozial brauchbar ist. Ich werde darauf an anderer Stelle noch zurückkommen. Begründet ist das zum Teil dadurch, daß, wie Kretschmer und Verfasser schon betont haben, die Zirkulären entweder gleichfalls zirkulär oder Angehörige des schizophrenen Erbkreises ehelichen.

Bei der erblichen Fallsucht ist es nicht immer leicht, den Nachweis der endogenen Entstehung zu erbringen. Die Tatsache jedenfalls, daß eine Kopfverletzung dem Ausbruch der Epilepsie vorausgegangen ist, reicht nicht aus, die exogene Entstehung des Leidens zu beweisen.

Wo nur einige wenige Anfälle zur Beobachtung gelangt sind und eine gröbere Änderung der Persönlichkeit fehlt, soll man sich im allgemeinen nicht dazu entschließen, die Sterilisierung aufzuschieben oder abzulehnen, denn der größte Teil dieser Fälle entwickelt sich, manchmal sogar sehr rasch, dann doch im Sinne der Epilepsie, so daß seine Nachkommenschaft gleichfalls gefährdet ist. Da Fallsüchtige und die ihnen erbbiologisch nahestehenden seelisch Abnormen zu Gewalthandlungen und Sittlichkeitsverbrechen neigen, ist die Ausmerzung des entsprechenden Erbschadens auch kriminalpolitisch erwünscht.

Bezüglich der Huntingtonschen Chorea (erblicher Veitstanz) kommt es nicht allein auf die choreatischen Zuckungen an, sondern auch auf die psychischen Veränderungen. Ich habe Fälle gesehen, wo die Zuckungen eine nur ganz untergeordnete Rolle spielten, statt dessen aber eine Charakterveränderung allmählich deutlicher wurde, wie wir sie bei alten Huntington-Fällen später regelmäßig sahen. Es ist eine einstweilen noch nicht präzise zu beantwortende Frage, ob diese Fälle sterilisationsreif sind. Meiner Ansicht nach fallen sie unter das Gesetz.

Differentialdiagnostisch kommt bei der Huntingtonschen Chorea noch zweierlei in Betracht, nämlich einmal Psychopathen mit mehr oder minder generalisierten Tics. Hier kann manchmal auch in der Aszendenz das gleiche Leiden vorhanden sein. Diagnostische Schwierigkeiten haben mir ferner einige Fälle mit psychogen bedingten Zuckungen gemacht. Die Kranken hatten die Zuckungen nicht dauernd, es bestand aber eine ausgeprägte Reaktionsbereitschaft, die bewirkte, daß gerade im ärztlichen Sprechzimmer ein Zustandsbild zur Beobachtung kam, dessen Bedeutung nur durch genaueste Erhebung der Anamnese und Erblichkeit möglich war.

Von den übrigen Erbkrankheiten, die das Gesetz aufzählt, haben die erbliche Blindheit, die erbliche Taubheit und die schwere erbliche körperliche Mißbildung nur mittelbares und geringes kriminologisches Interesse. Die Sterilisierung dieser Unglücklichen ist ein Segen für die Kranken selbst und für die Allgemeinheit. Gelegentlich können solche Gebrechen durch Not Anlaß zu Eigentumsdelikten oder durch mangelnde Gelegenheit zur geschlechtlichen Befriedigung den Beweggrund zu Sittlichkeitsverbrechen abgeben.

Bei den hinlänglich bekannten nahen Beziehungen zwischen Alkohol und Verbrechen ist die Unfruchtbarmachung hochgradig Trunksüchtiger nach Abs. 3 § 1 kriminalpolitisch sehr begrüßenswert. Die Einbeziehung des schweren Alkoholismus in das Sterilisationsgesetz ist auch deshalb berechtigt, weil dieser fast ausschließlich ein Symptom allgemeiner und zumeist ererbter geistiger Minderwertigkeit ist und weil die Nachkommenschaft aus Trinkerfamilien schwere Erbschäden aufzuweisen pflegt. Zudem ist das ganze häusliche Milieu bei Trunksucht eines der Eltern in erziehlicher Hinsicht denkbar ungünstig.

Es ist deshalb nicht erstaunlich, daß sich unter den Vorfahren von Verbrechern, Fürsorgezöglingen, Landstreichern, Prostituierten und sonstigen sozial Entgleisten auffällig viel Alkoholiker finden.

Zu dem Sterilisationsgesetz sind am 5. XII. 1933 Ausführungsbestimmungen erlassen worden. Nach Artikel 1 derselben muß die Krankheit durch einen in Deutschland approbierten Arzt einwandfrei festgestellt sein. Sie braucht nicht dauernd zu bestehen, es genügt, wenn sie nur vorübergehend aus einer verborgenen Anlage heraus sichtbar geworden ist. Gedacht hat man bezüglich des letzten Punktes wohl in erster Linie an schubförmig verlaufende Schizophrenieen mit erscheinungsfreien Zwischenräumen und an die zirkulären Krankheitsbilder.

3. Der Antrag auf Unfruchtbarmachung soll nicht gestellt werden, wenn der Erbkranke „infolge hohen Alters“ oder „aus anderen Gründen“ nicht fortpflanzungsfähig ist. Zu diesem Punkte hat man sich bei Männern bezüglich der Altersgrenze auf das 70. Jahr geeinigt. Es gibt aber eine viel objektivere Art der Feststellung, nämlich die der Spermatozoenuntersuchung. Wenn bei einem jüngeren Mann Azoospermie nachgewiesen ist, dann kommt selbstverständlich auch bei ihm die Sterilisation nicht mehr in Betracht.

Wo Zweifel darüber bestehen, ob die in Betracht kommende Frau noch fortpflanzungsfähig ist, können unter Umständen mit Nutzen die neueren endokrinen Untersuchungsmethoden herangezogen werden.

Die Unfruchtbarmachung soll nicht vor Vollendung des 10. Lebensjahres vorgenommen werden. Besondere Aufmerksamkeit verdienen nach dieser Richtung hin die weiblichen Jugendlichen. Man wird da mit der Sterilisierung nicht länger warten können als bis zum Auftreten der ersten Periode.

Unter den Gründen, welche die Ausführungsbestimmungen erwähnen, kommt vor allen Dingen die dauernde Anstaltspflegebedürftigkeit in Betracht, namentlich dann, wenn der Zustand des Patienten besonders sorgfältige Verwahrung notwendig macht und dem Kranken innerhalb der Anstalt freie Bewegung oder gar freier Ausgang nicht gewährt werden kann.

Das Gesetz spricht noch von anderen Gründen, die den Antrag überflüssig machen. Hierher gehört die Zeugungsunfähigkeit infolge gonorrhoischer oder syphilitischer Hodenentzündung.

Vorsicht ist geboten, wenn es sich um einen unter den § 1 Ziff. 2 gehörigen leichteren psychischen Fall handelt, mit dem eine körperliche Krankheit wie z. B. die Lungentuberkulose vergesellschaftet ist. Ich habe Fälle gesehen, bei denen wenige Tage vor dem an Lungenschwindsucht erfolgten Exitus noch Geschlechtsverkehr geübt worden ist und sogar eine Schwangerschaft zu stande gekommen sein sollte.

Ein Problem, das an dieser Stelle auch besprochen werden muß, ist das folgende: Es gibt Homosexuelle, bei denen man niemals eine Neigung zum weiblichen Geschlecht hat nachweisen können. Ihre ganze Einstellung ist derartig, daß man bei ihnen heterosexuelle Geschlechtsakte nicht zu befürchten braucht. Meist handelt es sich um die konstitutionelle Form der Homosexualität mit charakteristischer Vorgeschichte. Bei diesen Leuten spielt von Jugend auf die Frau keine Rolle. Wo die Anamnese in dieser Beziehung eindeutig ist, wird man den Fall unter Umständen zu denjenigen rechnen dürfen, bei denen der Antrag aus „anderen Gründen“ nicht gestellt zu werden braucht. Schon da aber, wo Bisexualität anzunehmen ist, muß man selbstverständlich den Antrag stellen.

Von seiten der Angehörigen und der Patienten wird manchmal der Einwand erhoben, daß ein Sterilisierungsantrag deshalb nicht nötig sei, weil der Kranke bis dahin nie sexuelle Regungen zu erkennen gegeben habe und deshalb nicht gefährdet sei. Daß bei Frauen dieser Einwand völlig abwegig ist, braucht nicht besonders begründet zu werden; aber auch bei Männern ist er nicht durchschlagend, denn abgesehen davon, daß es sehr schwierig ist, das Daniederliegen der Libido einwandfrei nachzuweisen, kann sich das in kurzer Zeit ändern, so daß dieser Einwand keine Berücksichtigung verdient.

Ein weiterer Grund, durch welchen sich ein Antrag erübrigt, ist der, daß der Eingriff eine Gefahr für das Leben des Erbkranken bedeuten würde. Hier kommen z. B. die Frauen mit gonorrhoischen Adnex- und Beckenerkrankungen in Betracht, ferner manche Fälle von akuten und chronischen Infektionskrankheiten, wahrscheinlich auch der eine oder andere Fall von Karzinom.

Es kommen Fälle vor, in denen die Antragstellung ebenso übrigens wie die Ausführung der Sterilisierung nach erfolgtem Gerichtsbeschluß nur vorübergehend aufgeschoben zu werden braucht, wenn das Hindernis, d. h. die lebensgefährliche Erkrankung gebessert oder beseitigt ist, muß der Antrag oder die beschlossene Sterilisierung ausgeführt werden.

4. Mit Rücksicht darauf, daß namentlich am Anfang eine sehr große Anzahl von Fällen zu bearbeiten sein wird, ist darüber Bestimmung getroffen, welche Fälle zunächst bearbeitet werden sollen. Gütt erwähnt an erster Stelle diejenigen Kranken, bei denen begründete Gefahr besteht, daß sie sich ungehemmt fortpflanzen; außerdem ist neuerdings auch noch angeordnet worden, daß diejenigen Fälle bevorzugt werden sollen, welche nach der Sterilisierung aus der Anstalt entlassen werden können. — Hierher gehören die massenweise vorhandenen alten Fälle von Katatonie, welche zu keiner Beschäftigung zu bringen sind, ferner schwere Idiotiefälle, die Kranken mit Huntingtonscher Chorea, wenn sie entweder wegen ihres psychischen Zustandes oder wegen der sehr starken Zuckungen der Bettbehandlung im Wachsaal bedürfen. Unter den neurologischen Krankheiten sind z. B. die vorgeschrittenen Stadien der Dystrophieen zu erwähnen, wenn die Kranken dauernd bettlägerig und wachsaalbedürftig sind. Die körperliche Hinfälligkeit allein genügt nicht, denn wir haben Fälle gesehen, wo trotz des desolaten Zustandes noch regelmäßiger Geschlechtsverkehr ausgeübt wurde.

Der Beschluß des Erbgesundheitsgerichts ergeht auf Grund eines schriftlichen Antrages, welcher die wesentlichsten Gründe enthalten muß. Diesem Antrag ist ferner ein ärztliches Gutachten beizufügen. Dasselbe braucht nicht von einem Amtsarzt ausgestellt zu sein. Antragsberechtigt ist der zu Sterilisierende selbst, ferner der beamtete Arzt. Bei Insassen einer Kranken-, Heil- oder Pflegeanstalt (Fürsorgeerziehungsanstalt) oder Strafanstalt ist der Anstaltsleiter antragsberechtigt, sofern er Arzt ist. Ist er das nicht, so muß der leitende Anstaltsarzt zu dem Antrag seine Zustimmung erteilten. Ist der Patient selbst nicht geschäftsfähig oder wegen Geistesschwäche entmündigt oder hat er das 18. Lebensjahr noch nicht vollendet, dann ist der gesetzliche Vertreter antragsberechtigt. Dieser bedarf dazu der Genehmigung des Vormundschaftsgerichts. Er muß außerdem nach Artikel 2 der Durchführungsverordnung über „die Folgen und das Wesen der Unfruchtbarmachung aufgeklärt sein.“

Die DurchführungsVO. vom 5. XII. 1933 erwähnt in Art. 3b Abs. 4 neben dem Antrag auf Sterilisierung auch noch die Anzeigepflicht der approbierten Ärzte und Heilbehandler an den zuständigen Amtsarzt. Wenn einem approbierten Arzt in seiner Berufstätigkeit eine Person bekannt wird, die an einer Erbkrankheit oder an schwerem Alkoholismus leidet, so hat er dem zuständigen Amtsarzt unverzüglich Anzeige zu erstatten. Dies gilt auch für zweifelhafte Fälle. Es gilt nicht für solche Krankheiten, die im § 1 nicht aufgeführt worden sind.

Wie weit Fälle, die dem Arzte früher bekannt geworden sind, heute noch anzeigepflichtig sind, ist strittig. Im allgemeinen wird man wohl annehmen können, daß die Kranken inzwischen wieder behandlungsbedürftig geworden sind und deshalb auf Grund der früheren Untersuchung nicht gemeldet zu werden brauchen. Im Zweifelsfalle empfiehlt es sich, dem zuständigen Amtsarzt zu berichten.

Was die Ermittelungen und die Heranziehung von Zeugen anlangt, so ist besondere Sorgfalt und Vorsicht geboten. Je nach dem Zweck, den die Angehörigen verfolgen, pflegen sie entweder wenig oder viele Angaben zu machen. Es wird sich deshalb die Vereidigung mancher Zeugen nicht umgehen lassen. Zu berücksichtigen bleibt ferner, daß viele Menschen die geistig Abnormen, mit denen sie zusammenleben, nicht als solche erkennen oder die Schwere des Falles unterschätzen. Schließlich bleibt auch zu berücksichtigen, daß bei Laien nicht selten ganz falsche Vorstellungen über die Ursachen des psychischen Zustandes bestehen, die dann naturgemäß auch zu falschen Aussagen führen müssen.

5. Dem Unfruchtbarzumachenden oder seinem gesetzlichen Vertreter ist ein Merkblatt auszuhändigen. Die ärztliche Bescheinigung, daß der zu Sterilisierende über Wesen und Folgen der Sterilisation unterrichtet ist, kann ausgestellt werden, wenn dem Patienten oder seinem gesetzlichen Vertreter kurz aber verständlich das Wesen der vorzunehmenden Operation klar gemacht und außerdem ihm gesagt worden ist, daß nennenswerte Dauerfolgen der Operationen nicht eintreten. Alle Einzelheiten des Eingriffs brauchen dabei nicht geschildert zu werden. Ich darf in diesem Zusammenhang darauf hinweisen, daß ein österreichischer Bahnarzt, der die Samenstrangdurchschneidung bei Männern ambulant vornahm, keine nachteiligen Folgen gesehen hat. Daß der Eingriff bei Frauen etwas ernster zu nehmen ist, wissen wir, wir wissen aber auch, daß diese Operationen in einem guten Krankenhaus von einem gut vorgebildeten Gynäkologen ausgeführt im allgemeinen einen glatten Heilungsverlauf haben. Da nach § 11 nur ein chirurgisch geschulter Arzt für die Ausführung des Eingriffs in Betracht kommt, so ist die denkbar größte Gewähr für einen glücklichen Verlauf der Operationen gegeben.

Wenn man bei der Aufklärung des Patienten und seiner Angehörigen diese Tatsache entsprechend in den Vordergrund rückt, wird es gelingen, eine größere Zahl von Sterilisanden zur Antragstellung zu veranlassen.

Der zu Sterilisierende selbst oder sein gesetzlicher Vertreter kann den Antrag zurücknehmen. Da in solchen Fällen unter Umständen eine Verzögerung in der Durchführung der notwendigen Maßnahmen eintreten könnte, empfiehlt es sich, daß neben dem Antrag des Patienten selbst auch noch ein solcher des beamteten Arztes oder Anstaltsleiters derjenigen Anstalt, in welcher sich der Patient befindet, eingereicht wird.

Will der Patient die Operation vermeiden, so kann er sich auf seine Kosten in eine geschlossene Anstalt aufnehmen lassen, welche volle Gewähr dafür bietet, daß die Fortpflanzung unterbleibt. Auf einen diesbezüglichen Antrag kann das Gericht die Vornahme des Eingriffs solange aussetzen, als der Patient sich in dieser oder einer gleichartigen Anstalt befindet. Der Anstaltsleiter, welcher eine derartige Person aufnimmt, hat dem für das Verfahren zuständigen Kreisarzt die Aufnahme unverzüglich mitzuteilen; entweicht der Patient, so ist der beamtete Arzt gleichfalls unverzüglich zu benachrichtigen. Entlassen werden kann ein solcher Patient nur dann, wenn er unfruchtbar gemacht worden ist oder die Entscheidung über die Unfruchtbarmachung wieder aufgehoben worden ist.

Mit dieser Bestimmung, welche in Art. 6 der DurchführungsVO. enthalten ist, ist auch denjenigen Rechnung getragen, welche aus weltanschaulichen Gründen die Sterilisierung nicht wünschen. —

6. Die vom Gericht beschlossene Unfruchtbarmachung kann auch durch Zuziehung der Polizeibehörde gegen den Willen des Unfruchtbarzumachenden ausgeführt werden, wenn er nicht der alleinige Antragsteller war. Diese Fälle sollen besonders genau geprüft werden. Es kann vom Erbgesundheitsgericht das Verfahren wieder aufgenommen und die Ausführung der Unfruchtbarmachung vorläufig untersagt werden. Beschließt das Gericht wiederum, daß die Unfruchtbarmachung notwendig sei, dann muß sie endgültig durchgeführt werden.

War der Antrag abgelehnt worden, so ist die Wiederaufnahme nur zulässig, wenn neue Tatsachen eingetreten sind, welche die Unfruchtbarmachung rechtfertigen. Hier wird es sich voraussichtlich um diagnostisch zweifelhafte Fälle handeln, wo im Anfang die Diagnose sich nicht genügend scharf begründen läßt und erst das Hinzutreten von neuen Krankheitszeichen die Situation klärt.

Die Befürchtung, daß die Durchführung der Operation gegen den Willen des Patienten zu unerfreulichen Situationen führen wird, ist nicht berechtigt, denn auch nach der Ansicht namhafter Chirurgen lassen sich die Vorbereitungen zur Operation so gestalten, daß es der Anwendung unmittelbaren Zwanges nicht oft bedürfen wird.

7. Die Anträge über die Sterilisierung sind dem Erbgesundheitsgericht zur Entscheidung vorzulegen. Dieses, bestehend aus einem Amtsrichter als Vorsitzendem, einem beamteten Arzt und einem weiteren für das Deutsche Reich approbierten Arzt, der mit der Erbgesundheitslehre besonders vertraut ist, entscheidet über den Antrag. Es kann Ermittelungen anstellen, Zeugen und Sachverständige vernehmen, kann neue Gutachten einholen und vor allen Dingen den Unfruchtbarzumachenden selbst hören.

Auf diesen Punkt (§ 7 Abs. 2) ist besonderes Gewicht zu legen, denn es scheint mir notwendig, daß das Gericht bei einer so schwerwiegenden Entscheidung den davon Betroffenen selbst anhört und sich, ebenso wie bei der Entmündigung, von seinem Zustande persönlich überzeugt.

Wenn für die Entscheidung ein anderes Erbgesundheitsgericht als das im Bezirk der Anstalt liegende zuständig ist, dann dürfte die Überweisung des Falles an das für die Anstalt zuständige Erbgericht, ebenso wie bei der Entmündigung, zweckmäßig sein.

Das Gericht entscheidet unter Berücksichtigung des ganzen Ergebnisses der Verhandlung und Beweisaufnahme nach freier Überzeugung mit Stimmenmehrheit. Der Beschluß muß die Gründe angeben, aus denen die Unfruchtbarmachung beschlossen oder abgelehnt worden ist. Der Beschluß ist dem Antragsteller, dem beamteten Arzt sowie dem Patienten oder seinem gesetzlichen Vertreter zuzustellen. Gegen den Beschluß können die eben genannten Personen binnen einer Frist von einem Monat beim Erbgesundheitsgericht Beschwerde einlegen, die aufschiebende Wirkung hat. Über die Beschwerde entscheidet das Erbgesundheits-Obergericht endgültig.

Beide Gerichte können übrigens den Patienten, wenn sie es für notwendig halten, zur Beobachtung des Zustandes bis zur Höchstdauer von 6 Wochen in eine Anstalt einweisen. —

8. Für die Frage, ob das Gesetz auch auf Ausländer angewandt werden kann, ist es ausschlaggebend, ob der Kranke seinen dauernden Wohnsitz in Deutschland nehmen will. Ist das der Fall, so würde er unter Umständen mit seinem Nachwuchs das deutsche Volk belasten und das muß verhindert wer-

den. Für den Ausländer gibt es einen sehr einfachen Weg, der Anwendung des Gesetzes zu entgehen, nämlich die Rückkehr in sein Vaterland. Die Möglichkeit der Ausweisung ist u. U. außerdem gegeben.

9. Der chirurgische Eingriff darf erst dann vorgenommen werden, wenn der die Unfruchtbarmachung anordnende Beschluß endgültig geworden ist. Die Oberste Landesbehörde bestimmt die Krankenanstalten und Ärzte, denen die Ausführung der Unfruchtbarmachung überlassen werden darf. Ärzte, die, sei es als Antragsteller, sei es als Beisitzer in dem Verfahren mitgewirkt haben, kommen als Operateure nicht in Betracht. Der operierende Arzt hat dem zuständigen beamteten Arzt einen schriftlichen Bericht nach Vordruck über die Ausführung der Operation einzureichen. —

Ist die Operation endgültig beschlossen, so kann sie auch gegen den Willen des Kranken ausgeführt werden. Die erforderlichen Maßnahmen trifft der beamtete Arzt. —

Hatte allein der Patient den Sterilisierungsantrag gestellt und weigert er sich dann, die Operation ausführen zu lassen, so sind Zwangsmaßnahmen nicht ohne weiteres anwendbar.

10. Was die Kosten anlangt, so muß derjenige, der dazu in der Lage ist, sie selbst tragen; sonst treten nach den bekannten Grundsätzen die Krankenkassen oder Fürsorgeverbände für ihn ein. Die Kosten des gerichtlichen Verfahrens trägt die Staatskasse.

Als wichtig möchte ich schließlich noch hinzufügen, daß sämtliche an dem Verfahren oder der Ausführung des chirurgischen Eingriffs beteiligten Personen zur Verschwiegenheit verpflichtet sind und, wenn sie der Schweigepflicht unbefugt zuwider handeln, auf Antrag mit Gefängnis bis zu einem Jahr oder mit Geldstrafe bestraft werden können.

Das Gesetz zur Verhütung des erbkranken Nachwuchses regelt zugleich auch unzweideutig die Frage, wann eine Unfruchtbarmachung gesetzlich erlaubt oder verboten ist. Nach § 14 gibt es jetzt zwei Arten von Unfruchtbarmachung, nämlich einmal: die durch dieses Gesetz gebotene. Außerdem kann eine Unfruchtbarmachung oder Entfernung der Keimdrüsen auch dann erfolgen, wenn ein Arzt sie nach den Regeln der ärztlichen Kunst zur Abwendung einer ernsten Gefahr für das Leben oder die Gesundheit desjenigen, an dem er sie vornimmt, ausführt und mit dessen Einwilligung vollzieht. In Betracht kommen hier die Fälle von Tuberkulose, Karzinom der Hoden, Hodenneuralgieen, bei Frauen entzündliche Prozesse an Ovarien und Tuben.

Ferner können gefährliche Sittlichkeitsverbrecher kastriert werden nach § 42 k des Gesetzes gegen gemeingefährliche Gewohnheitsverbrecher vom 24. XI. 1933 als Maßregeln zur Sicherung und Besserung.

In allen diesen Fällen handelt es sich entweder um eine Maßnahme zur Sicherung und Besserung des Kriminellen oder um Operationen, die zur Abwendung einer ernsten Gefahr für das Leben oder die Gesundheit des Patienten ausgeführt werden.

Nicht erlaubt sind diese Operationen bei Gesunden, wenn die Erzeugung von Nachwuchs verhindert werden soll; auch aus wirtschaftlichen Gründen darf die Operation nicht ausgeführt werden, ebensowenig z. B. deshalb, um eine Frau, die in kurzer Zeit eine größere Anzahl Kinder geboren hat, zu schonen. In England hat man für diese Fälle die Beratung der betreffenden Frauen durch besondere Stellen empfohlen, in denen konzeptionsverhütende Mittel u. ä. verabreicht werden sollen. In einzelnen Fällen wird man diesen Weg auch bei uns gehen können; daß er nur mit großer Vorsicht beschritten werden kann, habe ich an anderer Stelle bereits ausgeführt.

Ob eine Entmannung außerhalb des § 42k als reine ärztliche Maßnahme zur Heilung eines krankhaften Sexualtriebes mit Einwilligung des daran Leidenden erlaubt ist, geht aus dem Wortlaut und der amtlichen Erläuterung des § 14 nicht ganz eindeutig hervor. Jedenfalls ist die Kastration aus sexualtherapeutischen Gründen unter den medizinischen Indikationen, die zu § 14 Art. 8 aufgezählt sind, nicht enthalten. Immerhin wird die Entmannung auch im Rahmen des § 42k StGB. amtlich als eine Heilmaßnahme bezeichnet. Daraus darf vielleicht der Schluß gezogen werden, daß die Entfernung der Keimdrüsen beim Manne zur Beseitigung eines entarteten oder übersteigerten Geschlechtstriebes unter besonderen Umständen im Einklang mit den Voraussetzungen des § 14 des Sterilisationsgesetzes steht. Es wäre doch durchaus denkbar, daß ein moralisch vollwertiger, fein empfindender Mensch an heftigsten sadistischen, exhibitionistischen oder sonstigen perversen Empfindungen litte, die jeder psychotherapeutischen Behandlung trotzen. Wenn infolge dessen unerträgliche psychische Konflikte und Spannungen, Lebensüberdruß, Erpressungen infolge bereits begangener Fehlhandlungen und begründete Angst vor Rückfällen bestünden, dann wäre doch eine ernste Gefahr für Gesundheit und Leben des zu Operierenden gegeben.

Über alle Eingriffe, die Unfruchtbarkeit nach sich ziehen, muß der Arzt nach Art. 8 binnen 3 Tagen nach ihrer Vornahme dem zuständigen Amtsarzt schriftlich Bericht erstatten unter Benutzung eines hierfür vorgeschriebenen Vordruckes. Auf diese Weise sichert sich der Staat eine Überwachung solcher Operationen, welche die Fortpflanzungsfähigkeit, also eine der wichtigsten Eigenschaften des Einzelnen, vernichtet.

Schrifttum:

Gutt-Rüdin-Ruttke: Zur Verhütung des erbkranken Nachwuchses, Lehmann, München 1934. Enthält in übersichtlichem Zusammenhang das gesamte Schrifttum zum Gesetz.

Arthur Hübner †,
durchgesehen von *V. Müller-Heß.*

Strafanstalt s. Gefängnisbau u. Strafvollzug.

Strafkolonieen s. Deportation.

Strafmaß s. Strafzumessung.

Strafprozeß s. Voruntersuchung, Verteidigung, Strafzumessung, Strafprozessuales Schnellverfahren, Untersuchungshaft, Zeugenaussagen.

Strafprozessuales Schnellverfahren.

1. Das Strafverfahren so zu gestalten, daß die Sühne der Tat so rasch als möglich folge, muß das Ziel jeder Verfahrensordnung sein. Die Sühne, die schlagartig unmittelbar nach der Tat oder wenigstens nach ihrer Entdeckung einsetzt, wirkt auf den Täter und auf die Allgemeinheit ganz anders als die Strafe, die Monate oder gar Jahre hinter der Tat herhinkt. Dem Täter bringt die rasche, mit voller Wucht über ihn hereinbrechende Sühne die Verwerflichkeit seiner Handlung und die Vergeblichkeit seiner Bemühungen, sich der Verantwortung zu entziehen, so deutlich als überhaupt möglich zum Bewußtsein; die Entdeckung seiner Tat und das rasche Zufassen der Obrigkeit haben ihn in aller Regel weich gemacht und damit bereit, die Sühne auf sich zu nehmen, und empfänglich für die bessernde Wirkung der Strafe. Das Sühnebedürfnis der Allgemeinheit andererseits klingt, von ganz schweren Taten abgesehen, in unserer raschlebigen Zeit erfahrungsgemäß sehr bald ab; eine wirkliche Befriedigung wird es nur bei beschleunigter Sühne finden, diese Befriedigung aber muß angestrebt werden, weil durch sie das Vertrauen in die Strafrechtspflege und die generalprävenierende Wirkung der Strafe wesentlich bedingt ist. In dieselbe Richtung weisen schließlich rein prozeßtaktische Erwägungen. Der Tatverlauf, vor allem wenn er sich sehr rasch abgespielt hat, ist auf Grund der Darstellung des Beschuldigten und der Zeugen um so leichter zutreffend und lückenlos zu rekonstruieren, wenn die Erinnerung noch frisch, die Erinnerungsbilder noch nicht von späteren Eindrücken überlagert, abgeschwächt oder gar verfälscht worden sind; alle Auskunftspersonen sind bestrebt, ihre Wahrnehmungen wirklichkeitsgemäß zur Geltung zu bringen, solange sie noch nicht Zeit gehabt haben, sich die möglichen Wirkungen ihrer Aussagen zu überlegen und diese nach jenen einzurichten; soweit die Tat Spuren hinterlassen hat, kann sie das Gericht vielfach noch unmittelbar, sozusagen in natura benutzen und ist nicht auf — nicht immer völlig zuverlässige — Reproduktionen oder Beschreibungen angewiesen.

So gewichtig demnach die Erwägungen sind, die einer Beschleunigung des Verfahrens das Wort reden, so unabweisbar ist andererseits die Forderung, daß die Richtigkeit der Entscheidung keinesfalls durch die Schnelligkeit des Verfahrens in Frage gestellt werden darf. Welches der beiden Ziele in den Vordergrund zu rücken ist, das hängt von der Gestaltung des einzelnen Sachverhalts ab, der auf seinen strafrechtlichen Gehalt untersucht werden soll. Ist er verwickelt und rechtlich und tatsächlich schwierig, so wird das Moment der Beschleunigung ebenso zurückzutreten haben wie regelmäßig dann, wenn sehr schwerwiegende Strafsanktionen in Frage kommen, deren Bemessung besondere Sorgfalt und Aufhellung restlos aller ins Gewicht fallender Umstände erfordert. Liegt der Fall einfach und sind alle Beweismittel sofort greifbar, so wird man auf schnellste Erledigung bedacht sein dürfen und müssen, dies um so mehr dann, wenn die zu verhängende Strafe nicht derart ist, daß sie die bürgerliche oder wirtschaftliche Existenz des Beschuldigten in Frage stellt. Wann diese Voraussetzungen gegeben sind, läßt sich naturgemäß ein für alle Male nicht gesetzgeberisch festlegen; innerhalb recht weit zu steckender Grenzen muß die Strafverfolgungsbehörde von Fall zu Fall entscheiden, ob die Sache beschleunigte Erledigung erträgt und erfordert.

2. Die Regelung, die das sogenannte Schnellverfahren in der deutschen Strafprozeßordnung erfahren hat, steht mit den angedeuteten Forderungen im Einklang.

In durchaus zu billigender Zurückhaltung werden weder die Ermittlungen noch die Hauptverhandlung beschnitten, abgekürzt wird vielmehr lediglich das sogenannte Zwischenverfahren und das Stadium der Vorbereitung der Hauptverhandlung.

Zugelassen war das sogenannte Schnellverfahren bis zum Inkrafttreten der Verordnung über Gerichtsverfassung und Strafrechtspflege vom 4. I. 1924 (RGBl. I, 15) in den zur ursprünglichen Zuständigkeit der Schöffengerichte gehörenden Sachen im Falle der Vorführung auf Grund vorläufiger Festnahme oder freiwilliger Gestellung und in Übertretungssachen, hier ohne jene Voraussetzungen, wohl weil nach Ladung gemäß § 232 Abs. 2 StPO. auch bei Ausbleiben des Angeklagten verhandelt werden konnte; war der Beschuldigte vorgeführt und geständig und war ihm nur eine Übertretung zur Last gelegt, so konnte mit Zustimmung der Staatsanwaltschaft ohne Schöffen verhandelt werden (§ 211 StPO. a. F.). Dieser Rahmen war bei der damaligen Zuständigkeit der Schöffengerichte sehr eng; deshalb war in den Reichsgebieten, die ein Polizeistrafverfahren hatten, kaum Raum für das Schnellverfahren, auch schon darum nicht, weil das Schnellverfahren sich als solches nur vor einem Gericht bewähren kann, das ständig zur Verfügung steht, also gewissermaßen in Permanenz tagt, und das ist beim Schöffengericht nicht möglich. Die erwähnte Verordnung schuf hierin so gründlich Wandlung, daß eigentlich erst durch sie das Schnellverfahren wirklich beachtenswerte, praktische Bedeutung erlangt hat. Das geschah nicht so sehr durch die Erweiterung der Zuständigkeit des Schöffengerichts nach oben als vielmehr durch die Ausdehnung des Zuständigkeitsbereichs des Amtsrichters als Einzelrichter (§§ 25 und 26 GVG.); denn damit wurde das praktisch viel wichtigere Schnellverfahren vor dem Amtsrichter zulässig für alle Vergehen, sofern nicht Freiheitsstrafen von über einem Jahre zu erwarten sind, und auf die zahlenmäßig ganz besonders bedeutungsvollen Rückfallsverbrechen und Verbrechen des schweren Diebstahls und der schweren Hehlerei; ausgenommen blieben auf Grund des § 38 Abs. 2 JGG. nur die Jugendsachen. Voraussetzung war nach wie vor freiwillige Gestellung oder Vorführung infolge vorläufiger Festnahme. Gestellung im Wege der Ladung war ursprünglich auch nur in Übertretungssachen vorgesehen (§ 212 StPO. n. F.); hier hat indessen neuerdings die Spezialgesetzgebung eingegriffen und das Schnellverfahren ohne freiwillige Gestellung oder Vorführung zugelassen für

a) alle Zuwiderhandlungen gegen die Verordnung über die Devisenbewirtschaftung und die Durchführungsverordnungen dazu (VO. über DevBewirtsch. vom 23. V. 1932, RGBl. I, 231, § 41);

b) alle im Wege der öffentlichen Klage verfolgten Beleidigungen (4. NotVO. zum Schutze des inneren Friedens vom 8. XII. 1931, Achter Teil, Kap. III, § 5, RGBl. I, 742);

c) alle in der NotVO. zum Schutze des Deutschen Volkes vom 4. II. 1933 (RGBl. I, 35) mit Strafe bedrohten Handlungen, sowie alle zur Zuständigkeit der Amtsgerichte gehörenden strafbaren Handlungen, die an öffentlichen Orten, in Versammlungen oder durch Verbreitung oder Anschlag von Schriften, Abbildungen oder Darstellungen begangen worden sind (zit. VO. § 24).

Dieser Ausweitung gegenüber fällt die Einschränkung des Anwendungsbereichs des Schnellverfahrens durch die Wiedereinführung der erstinstanzlichen Strafkammer (NotVO. vom 14. VI. 1932, Erster Teil, Kap. I, Art. 1, § 1, RGBl. I, 285) — vorausgesetzt, daß man mit der herrschenden Meinung (RGSt. 67, 60) das Schnellverfahren vor der großen Strafkammer für unzulässig hält — kaum ins Gewicht; denn die für die Strafkammer in erster Instanz in Frage kommenden Sachen werden sich in aller Regel für das Schnellverfahren nicht eignen.

3. Der Gang des Schnellverfahrens ist verschieden je nach der Art der Gestellung des Beschuldigten. Wo Ladung zulässig ist (Übertretungen und Delikte oben unter a—c), beantragt die Staatsanwaltschaft Termin zur Hauptverhandlung im Schnellverfahren. Der Amtsrichter beraumt nach Prüfung und Bejahung der Zulässigkeit den Termin an. Die Staatsanwaltschaft lädt den Beschuldigten mit einer Frist von 3 Tagen, die auf 24 Stunden herabgesetzt werden kann (vgl. NotVO. vom 6. XII. 1931, Sechster Teil, Kap. I, § 4, RGBl. I, 563) unter Mitteilung des wesentlichen Inhalts der Anklage und schafft etwaige Zeugen und sonstige Beweismittel herbei. Stellt sich der Beschuldigte freiwillig oder wird er nach vorläufiger Festnahme vorgeführt, so beantragt die Staatsanwaltschaft zugleich mit der Gestellung Aburteilung im Wege des § 212 StPO. und daran kann sich die Hauptverhandlung unmittelbar anschließen; eine freiwillige Selbstgestellung ist übrigens auch gegeben, wenn der aus anderem Grunde verhaftete (Straf-, Untersuchungs-, Zivil-, Schutzhaft usw.) Beschuldigte seine Vorführung zur Aburteilung im Schnellverfahren beantragt und die verwahrende Behörde diesem Antrag stattgibt (RGSt. 66, 111).

Vom Beginn der Hauptverhandlung an bestehen wesentliche Unterschiede je nach der Art und Weise der Gestellung des Beschuldigten nicht mehr. Die Anklage wird mündlich erhoben und ist in das Sitzungsprotokoll — unmittelbar oder (die Ladungsurkunde) als Anlage — aufzunehmen. Ein Eröffnungsbeschluß ergeht nicht; wo die Zulässigkeit bestimmter Prozeßhandlungen zeitlich an den Eröffnungsbeschluß oder an dessen Verlesung geknüpft ist, tritt im Schnellverfahren an deren Stelle der Beginn der Vernehmung des Angeklagten zur Sache (vgl. §§ 16, 18, 25, 140, 156 StPO., § 26 Abs. 2 GVG.).

Zeigt sich nach Erhebung der Anklage, daß die Sache sich für das Schnellverfahren nicht eignet, so kann das Gericht — eine sehr zweckmäßige Neuerung der NotVO. vom 6. X. 1931 (Sechster Teil, Kap. I, § 4; RGBl. I, 563) — die Sache mit unanfechtbarem Beschluß an die Staatsanwaltschaft zurückverweisen; die öffentliche Klage gilt dann als nicht erhoben.

Im übrigen weicht das Schnellverfahren in nichts vom ordentlichen Verfahren ab. Das gilt für die Verteidigung, für die Beweiserhebung u. a., namentlich aber auch für die Rechtsmittel; die Urteile der Amtsrichter und der Schöffengerichte im Schnellverfahren sind also stets mit der Berufung anfechtbar. Diese Möglichkeit bietet eine ausreichende Gewähr gegen übereilte Urteile der I. Instanz und mit ihr begründet deshalb auch das Reichsgericht (zit. RGSt. 67, 60) — wohl überzeugend — seine Auffassung von der Unzulässigkeit des Schnellverfahrens vor der erstinstanzlichen großen Strafkammer.

4. Die Erfahrungen, die seit 1924 mit dem Schnellverfahren gemacht werden konnten, sind im Ganzen nicht ungünstig. Sie bestätigen allerdings, daß sich das Schöffengericht für das Schnellverfahren in aller Regel nicht eignet, weil es nicht in jedem Augenblick zur Verfügung steht. Einen wirklichen Zeitgewinn bringt dagegen offenbar das Schnellverfahren vor dem Amtsrichter, der stets verhandlungsbereit ist. Sind gar, wie etwa in Großstädten, die Zahlen der täglich oder an bestimmten Tagen aus besonderen Anlässen anfallenden kleinen und mittleren Kriminalität (Einbrecher, Laden- und Taschendiebe, Beischlafsdiebinnen, Falschspieler, Hochstapler, Paßvergehen, Verkehrsunfälle u. dgl.) so bedeutend, daß mit den Schnellverfahren zu ihrer Aburteilung ein oder mehrere Amtsrichter, Staatsanwälte und Urkundsbeamte ausschließlich beschäftigt werden können, so entfällt auch der Übelstand, daß der Richter die vereinzelt anfallenden Schnellverfahren gewissermaßen als lästige Störungen in der Abwicklung seiner laufenden Geschäfte empfindet, und es können dann auch noch andere sehr wirksame Beschleunigungsmaßnahmen getroffen werden, die sich bei bloß sporadischem Anfall von Schnellverfahren nicht lohnen würden. So wurde es in Großstädten vielfach möglich, ständig amtierende Schnellrichter räumlich bei der Polizeibehörde oder in deren nächster Nähe unterzubringen und damit ein Handinhandarbeiten von Polizei, Staatsanwaltschaft und Gericht zu erzielen, das nicht nur unter dem Gesichtspunkt der Schnelligkeit, sondern auch unter dem der Zuverlässigkeit der Aufklärung nur erwünscht sein kann. Soweit zeitlich beschränkte Einzelveranstaltungen, wie etwa Messen und Märkte, erfahrungsgemäß ein Anwachsen der für das Schnellverfahren geeigneten Kriminalität mit sich bringen, wurden vielfach auch hierfür in tunlichster Nähe der Veranstaltung Schnellrichterabteilungen (sogenannte Marktgerichte) mit guten Erfolgen eingesetzt.

Statistische Aufstellungen über die Ergebnisse der Schnellverfahren sind, soweit ich übersehen kann, nur für einzelne Orte und einzelne Jahre (z. B. Berlin 1925 und 1926) veröffentlicht. Dem Schnellverfahren ungünstige Schlüsse lassen sich daraus jedenfalls nicht ziehen, sie ergeben insbesondere, daß die Zahl der Vertagungen (Entsprechendes muß jetzt wohl für die Zurückverweisungen gelten) sich in sehr mäßigen Grenzen hält (11—13 %), und daß die Zahl der Berufungen eher kleiner, sicher nicht größer ist als die Zahl der Berufungen im ordentlichen Verfahren. Damit scheinen mir die theoretischen Bedenken recht wesentlich entkräftet zu sein, die die Wissenschaft stellenweise gegen das Schnellverfahren erhoben hat, und die sicher dann hinfällig sind, wenn ein verantwortungsbewußter Staatsanwalt die Schnellrichtersachen auswählt und ein gewissenhafter, ebenso menschenkundiger wie menschenfreundlicher Richter sie entscheidet.

Im übrigen darf wohl angenommen werden, daß das Schnellverfahren sich über den vorstehend in großen Zügen gekennzeichneten Bereich hinaus kaum erheblich ausdehnen wird. Die Übertretungen werden — selbst wenn sie nicht etwa ganz aus dem Strafverfahren verschwinden und an ein reines Verwaltungsverfahren übergehen — stets rascher durch Strafverfügung erledigt, und für die kleinere Vergehenskriminalität steht der Strafbefehl zur Verfügung, beides Verfahrensarten, die ohne Hauptverhandlung eine mindestens ebenso beschleunigte Erledigung gewährleisten wie das Verfahren nach § 212 StPO.

Schrifttum:
Die Kommentarliteratur, insbesondere Löwe-Rosenberg, 19. Aufl. — Statistik bei Titze, in Jurist. Rundschau 2, 249 und Friedersdorff, in Deutsche Richterzeitung, Jahrg. 1926, S. 207. — Kritisches bei Honig, in Aschaffenburgs Monatsschrift für Kriminalpsychologie usw., und bei Neumann, in Jurist. Wochenschr. 1930, S. 3378, sowie Gallrein, Das schleunige Verfahren im Strafprozeß (Strafrechtl. Abhandlungen Nr. 347), Breslau 1934.

Carl Hafner.

Strafregister.

1. Bedeutung. Das deutsche Strafregister erfüllt heute im wesentlichen 4 Aufgaben:

Die Grundaufgabe ist rein kriminalpolitisch: die zuverlässige Unterrichtung der Strafverfolgungsbehörden über das kriminelle Vorleben des Rechtsbrechers. Wenn auch die Tatsache der Bestrafung allein noch kein absolut tauglicher Maßstab für den Wert oder Unwert eines Menschen ist, so ist sie doch — namentlich im Falle wiederholter Bestrafung — eine wichtige Erkenntnisquelle für die Beurteilung der Persönlichkeit. Für die Strafrechtspflege ist sie von doppelter Bedeutung. Sie kann ein Indiz für die Schuld des Angeklagten sein, nicht selten ist sie sogar ein wichtiges Indiz. Von entscheidender Bedeutung ist sie ferner bei der Frage der Strafzumessung, und zwar nicht nur dort, wo schon der Gesetzgeber — wie beim Rückfall — an die Tatsache der Vorstrafe besondere Folgen geknüpft hat, sondern ganz allgemein. Art und Zahl der Vorstrafen im Verein mit der jeweils abzuurteilenden Tat ergeben immer ein Bild von der Intensität des verbrecherischen Willens, der — ganz besonders in einem Willensstrafrecht — bestimmend ist für die Wahl des Strafübels.

Eine rein polizeiliche Funktion erfüllt das Strafregister nur nebenbei durch die Aufnahme von Steckbrief- und Suchnachrichten.

Außerhalb der kriminalpolitischen Sphäre dient das Strafregister weiter einem allgemeinen staats- und sozialpolitischen Interesse; es trägt dadurch wesentlich zur Reinhaltung des gesamten öffentlichen Lebens bei, daß es nahezu allen höheren Organen des Staates und der Selbstverwaltung und zahlreichen öffentlichen Körperschaften, wenn auch in beschränkterem Umfang als den Organen der Strafrechtspflege, die Möglichkeit gibt, sich zuverlässig über die Vorstrafen eines Menschen zu unterrichten. Den Interessen der Privatwirtschaft dient es nur mittelbar auf dem Wege über das polizeiliche Führungszeugnis.

Eine vierte Aufgabe von sicher nicht zu unterschätzender Bedeutung ist dem Strafregister neuerdings dadurch zugefallen, daß es in den Dienst der erb- und rassebiologischen Forschung gestellt wird.

2. Geschichtliche Entwicklung. Die geschichtliche Entwicklung des Strafregisters geht zurück auf die Erkenntnis der kriminalpolitischen Bedeutung der Vorstrafe. Aus dieser Erkenntnis heraus hat man schon frühzeitig begonnen, zunächst vereinzelte und primitive Verzeichnisse der Bestrafungen anzulegen, und zwar ist Frankreich auf diesem Gebiete bahnbrechend gewesen. Soweit bekannt, wurde das erste Verzeichnis dieser Art im Jahre 1760 von der Pariser Polizeipräfektur errichtet, und zwar zunächst im sogenannten „Protokollsystem", bei dem die Bestrafungen in zeitlicher Reihenfolge in bestimmte Bücher eingetragen wurden. Erst 1833 wurde es in das „Einzelkartensystem" überführt. 1850 wurde das Strafregister (casier judiciaire) allgemein bei den Gerichtsschreibereien des Geburtsorts, für Ausländer zentral beim Justizministerium errichtet.

In Deutschland liegen die ersten Ansätze zu einer einheitlichen Vorstrafenregistrierung später. In den meisten deutschen Ländern blieb es zunächst bei Versuchen der Polizeibehörden, die Verurteilungen der in ihrem Bezirke wohnenden Personen auf Grund von Mitteilungen der Justizbehörden zu sammeln. Die kriminalpolitische Bedeutung dieser Sammlungen war gering.

Erst durch Justizministerialreskript vom 12. IX. 1838 ist in Preußen angeordnet worden, daß bei jedem Gericht Sammlungen über die von ihm zur Untersuchung gezogenen Personen zu führen seien, nach den Namen der Angeschuldigten in alphabetischer Reihenfolge geordnet. Von Preußen ging auch die erste Anregung zu einem das ganze Bundesgebiet umfassenden Strafregister aus. Danach sollte die zuständige Justizbehörde durch eine Vereinbarung der Bundesregierungen verpflichtet werden, in allen Fällen, in denen ein Reichsangehöriger wegen eines Verbrechens oder Vergehens oder wegen einer Übertretung des § 361 Nr. 1—3, 5—8 sowie des § 361 Nr. 4 des StGB. unter den Erschwerungsumständen des § 362 verurteilt worden ist, der Heimatbehörde des Verurteilten Nachricht zu geben, d. h. der Polizeibehörde des Wohn- oder Herkunftsorts, bei Übertretungen auch der Polizeibehörde des letzten Aufenthaltsorts. Die Anregung ist zunächst nicht über den Ausschuß des Bundesrats für das Justizwesen hinaus gediehen, der sie zu einem entsprechenden Antrag gemacht hat (Beschluß vom 15. XII. 1873). Da gegen den Antrag von einigen Seiten Bedenken erhoben wurden, ist die ganze Angelegenheit zurückgestellt worden. Sie ist 1877 vom Bundesrat noch einmal aufgegriffen worden, in der Folge aber wiederum, schließlich bis nach Inkrafttreten der Reichsjustizgesetze vertagt worden. Bei der Wiederaufnahme der Beratung hat man dann den Gedanken, ein einheitliches Strafregister durch eine Vereinbarung zwischen den Bundesstaaten zu schaffen, aufgegeben und sich zum Erlaß einer Verordnung auf Grund von Art. 7 Nr. 2 der RVerf. entschlossen. Inzwischen war bei der Beratung des EinfG. zur StPO. in der Justizkommission des Reichstags — offenbar angeregt durch die Broschüre von Hamm über das in Frankreich im Jahre 1850 eingeführte casier judiciaire — der Gedanke aufgetaucht, das Strafregister nicht bei der jeweiligen Heimatbehörde des Verurteilten, sondern im Bezirk seines Geburtsorts zu errichten (Antrag der Abg. von Schwarze und von Puttkammer; 158. Sitzung, 3. Teil S. 1113). Den Gedanken hat die „Verordnung betreffend die Einrichtung von Strafregistern und die wechselseitige Mitteilung von Strafurteilen", die der Bundesrat trotz von Preußen erhobener Einwendungen am 16. VI. 1882 beschloß, übernommen. Die BundesratsVO. vom 16. VI. 1882 (Zbl. f. d. Dtsch. Reich 309) bildet, obwohl sie im Laufe der Zeit zahlreiche Abänderungen und Ergänzungen erfahren hat, noch heute die Grundlage des deutschen Strafregisterwesens Sie ist zunächst neu bekannt gemacht als VO. über die Strafregister vom 16. V. 1918 (Zbl. 164), dann außer Kraft gesetzt und ersetzt durch die StrafregisterVO. vom 12. VI. 1926 (Zbl. 909), die nach wiederholten Änderungen Neufassungen erfahren hat am 8. III. 1926 (RGBl. 157) und zuletzt am 17. II. 1934 (RGBl. I, 140).

3. Das Strafregister nach der VO. vom 17. II. 1934.

a) Einrichtung. „Das Strafregister für eine Person wird in dem Bezirk geführt, in dem ihr Geburtsort liegt." Das deutsche Strafregister ist also im Gegensatz zu vielen ausländischen Registern kein Zentralregister. Welche Behörden das Strafregister führen, haben bisher die Landesregierungen bestimmt. Die Führung liegt mit Ausnahme von Baden und der Stadt München, wo die Amtsgerichte bzw. die Polizeidirektion das Strafregister führen, den Staatsanwaltschaften ob. Für Personen, deren Geburtsort außerhalb des Reiches liegt, zweifelhaft oder nicht zu ermitteln ist, sowie für juristische Personen und Personenvereinigungen, wird das Strafregister beim Reichsjustizministerium geführt. Äußerlich hat das Strafregister die Form einer Kartothek. Es setzt sich zusammen aus den einzelnen Strafnachrichten der Gerichte, für die ein bestimmtes Formblatt vorgeschrieben ist. Aus mehreren dieselbe Person betreffenden Vermerken wird eine Strafliste gebildet; jedoch werden Auslandstrafen gesondert verwahrt. Geordnet sind die Strafregister alphabetisch, bei Frauen nach dem Geburtsnamen.

b) Inhalt. Das deutsche Strafregister enthält eine im Wesentlichen lückenlose Aufzeichnung aller irgendwie bedeutsamen Verurteilungen. Es werden aufgenommen alle Verurteilungen, die wegen einer mit Strafe bedrohten Handlung durch Urteil oder Strafbefehl eines deutschen Gerichts oder durch Strafverfügung einer deutschen Verwaltungsbehörde oder im Unterwerfungsverfahren des Finanzstrafrechts ausgesprochen sind. Ausgenommen sind im Wesentlichen nur Verurteilungen zu Geldstrafen wegen Übertretungen; jedoch werden Verurteilungen wegen Bettelns, Landstreichens und Gewerbsunzucht stets vermerkt.

Neben den inländischen Verurteilungen werden auch diejenigen ausländischen erfaßt, die sich auf Deutsche oder solche Ausländer beziehen, die im Inland geboren sind oder wohnen. Die Mitteilungen über solche Verurteilungen ergehen auf Grund von Austauschverträgen oder Vereinbarungen, die zur Zeit bestehen mit Belgien, Holland, Österreich, Polen, der Schweiz, Liechtenstein, Spanien, der Tschechoslowakei, der Türkei und Paraguay.

Der Strafregistervermerk erstreckt sich auf den gesamten Inhalt der Verurteilung, also auf Haupt- und Nebenstrafen, Ersatzfreiheitstrafen, etwaige Gesamtstrafen, Maßregeln der Sicherung und Besserung. Außer der Verurteilung werden auch Vermerke über andere kriminalpolitisch bedeutsame Daten aufgenommen, so: die Verbüßung längerer Freiheitstrafen; die Bewilligung, die Verlängerung und der Widerruf einer Bewährungsfrist; der Erlaß oder die Milderung der Strafe; die Aufhebung einer Verurteilung im Wiederaufnahmeverfahren; die Freisprechung oder die Einstellung eines Verfahrens wegen Zurechnungsunfähigkeit; die Entmündigung wegen Geisteskrankheit, Geistesschwäche oder Trunksucht; die kriminalbiologische Untersuchung eines Verurteilten; die Reichsverweisung von Ausländern; die Untersagung der Ausübung eines Berufs oder Gewerbes.

Es ist bereits erwähnt, daß das Strafregister, um die Fahndungsmaßnahmen anderer Behörden, insbesondere der Strafverfolgungs- und Strafvollstreckungsbehörden, zu unterstützen, Steckbrief- und Suchnachrichten aufnimmt. Und zwar können Suchvermerke von allen Behörden und Stellen niedergelegt werden, denen Auskunft aus dem

Strafregister zu erteilen ist. Dagegen enthält das Strafregister im Gegensatz zu manchen ausländischen Registern keine erkennungsdienstlichen Unterlagen, wie etwa Personalbeschreibungen, Fingerabdrücke und Lichtbilder.

c) Funktion. Die Auskunft aus dem Strafregister unterliegt zeitlichen Beschränkungen. Nach dem G. über beschränkte Auskunft aus dem Strafregister und die Tilgung von Strafvermerken vom 9. IV. 1920 (RGBl. 507, „Straftilgungsgesetz"), das mit geringen Änderungen heute noch gilt, tritt bei den meisten Verurteilungen nach einer Reihe von Jahren eine Beschränkung der Auskunftspflicht und nach Ablauf einer weiteren Frist die Tilgung des Vermerks im Strafregister ein. Grundsätzlich von diesen Vergünstigungen ausgeschlossen sind die Verurteilungen zum Tode und zu Zuchthaus sowie Urteile, durch die die Unterbringung in einer Heil- oder Pflegeanstalt, die Sicherungsverwahrung oder die Entmannung angeordnet wird. Die Frist, nach deren Ablauf nur noch beschränkt Auskunft erteilt wird, beträgt bei Geldstrafen und bei Freiheitstrafen von höchstens drei Monaten fünf Jahre, bei anderen Strafen zehn Jahre. Die weitere Frist, nach deren Ablauf der Vermerk zu tilgen ist, beträgt bei Geld- und Haftstrafen und bei Gefängnis- und Festungshaftstrafen bis zu einer Woche fünf Jahre, bei allen anderen Strafen zehn Jahre. Bei Jugendlichen, d. h. Personen unter achtzehn Jahren, verkürzen sich die fünfjährigen Fristen auf drei, die zehnjährigen auf sechs Jahre. Bei mehreren Verurteilungen einer Person treten die Vergünstigungen hinsichtlich einer Verurteilung im allgemeinen erst dann ein, wenn bei allen Verurteilungen die Voraussetzungen hierfür gegeben sind. Die an den Ablauf einer Frist geknüpften Rechtsfolgen treten überdies solange nicht ein, als der Verurteilte die Rechte und Fähigkeiten nicht wieder erlangt hat, die er durch seine Verurteilung verloren hatte, ferner solange die Vollstreckung der Strafe noch nicht erledigt ist und solange eine Steckbriefnachricht über den Verurteilten im Strafregister niederliegt.

Schon vor Eintritt der beschränkten Auskunft oder der Tilgung durch Ablauf der gesetzlichen Fristen sowie in den Fällen, die grundsätzlich von diesen Vergünstigungen ausgeschlossen sind, kann jede dieser Maßnahmen durch besondere Verwaltungsanordnung herbeigeführt werden.

Die Tilgung des Strafvermerks besteht in seiner Entfernung aus dem Strafregister; meist wird das ganze Strafblatt vernichtet; wenn von mehreren Vermerken ein Teil noch nicht tilgreif ist, wird der tilgreife Vermerk unkenntlich gemacht.

Es entspricht dem ursprünglichen Zweck des Strafregisters, daß den Strafverfolgungsbehörden, d. h. den Gerichten, den Staatsanwaltschaften und in Steuerstrafsachen den Finanzbehörden, jederzeit über alle im Strafregister vermerkten Verurteilungen Auskunft erteilt wird, also auch über solche, die bereits der beschränkten Auskunft unterliegen. Außerdem ist das Recht auf unbeschränkte Auskunft aus dem Strafregister den obersten Reichs- und Landesbehörden, also den Ministerien, eingeräumt, denen die der beschränkten Auskunft unterliegenden Verurteilungen jedoch nur auf besonderes, ausdrückliches Ersuchen mitgeteilt werden.

Außer den Strafverfolgungsbehörden erhält, wie eingangs bemerkt, eine große Anzahl anderer Behörden und Körperschaften des öffentlichen Rechts Auskunft über diejenigen Verurteilungen, die noch nicht der beschränkten Auskunft unterliegen. Diese Behörden und Stellen sind aufgezählt in der Bek. des RMin. der Justiz vom 1. II. 1934 (RGBl. 67, D. J. 208) i. d. F. der Bek. vom 27. VII. 1934 (RJMinBl. 554, D. J. 986), die eine Liste von rund 500 verschiedenen Behörden und Stellen enthält.

Auch Behörden des Auslands erhalten Auskunft aus dem Strafregister. Als Rechtsgrundlage für solche Auskünfte kommen in Betracht:

1. Verträge oder sonstige Abmachungen des Reiches mit ausländischen Staaten, in denen ausdrücklich gegenseitige allgemeine Auskunft aus dem Strafregister vereinbart ist; solche Abmachungen bestehen z. B. mit der Tschechoslowakei und mit Polen;

2. Verträge oder Vereinbarungen, in denen nur die Verpflichtung zur Erteilung von Auskunft aus bestimmten Strafregistern übernommen ist; das sind die Überleitungsabkommen über die Erteilung von Auskunft über Personen, die in den auf Grund des Versailler Diktats von Deutschland abgetrennten Gebieten geboren sind; sie bestehen z. B. mit Belgien (Eupen-Malmedy), Dänemark (Nordschleswig), Frankreich (Elsaß-Lothringen), Polen (Pommerellen, Oberschlesien), der Tschechoslowakei (Hultschiner Land);

3. Verträge, in denen gegenseitige Rechtshilfe in Strafsachen vereinbart ist; hier wird den Vertragspartnern auch Auskunft aus dem Strafregister erteilt, wo dies nicht ausdrücklich vorgesehen ist, wie z. B. in den Verträgen mit Belgien, Brasilien, Bulgarien, Frankreich, Griechenland, Italien, Columbien, Luxemburg, den Niederlanden, Norwegen, Paraguay, Schweden, Schweiz, Spanien und der Türkei [Rechtshilfeverträge, die die Auskunft ausdrücklich vorsehen, bestehen mit Österreich (Vertrag über die Rechtshilfe in Zollsachen

vom 12. IV. 1930) und mit der Tschechoslowakei]; gewisse Grenzen ergeben sich hier jedoch aus den Grundsätzen des Auslieferungsrechts; so wird z. B. in politischen Strafsachen, in denen grundsätzlich keine Rechtshilfe geleistet wird, auch keine Auskunft aus dem Strafregister erteilt;

4. soweit in Verträgen oder sonstigen Abmachungen ein regelmäßiger Strafnachrichtenaustausch vereinbart ist — die Länder, mit denen solche Vereinbarungen bestehen, sind bereits genannt —, wird übungsgemäß, d. h. auch ohne ausdrückliche Abmachung, auch gegenseitige Auskunft aus dem Strafregister gewährt, allerdings nur in demselben Umfang, in dem Strafnachrichten ausgetauscht werden; die Auskunftserteilung ist also meist auf Staatsangehörige des anfragenden Teils und auf gewisse Verurteilungen beschränkt;

5. lediglich auf Grund tatsächlicher Übung besteht eine gegenseitige Auskunfterteilung zwischen dem Reich einerseits und der Freien Stadt Danzig und dem Memelgebiet andererseits;

6. abgesehen von diesen Fällen kann der Reichsminister der Justiz allgemein oder im einzelnen Fall bestimmen, ob und in welchem Umfang ausländischen Behörden Auskunft aus dem Strafregister zu erteilen ist.

Bei den ausländischen Behörden kann naturgemäß nicht zwischen auskunftberechtigten und nichtauskunftberechtigten unterschieden werden. Deshalb werden ihnen auch die bereits der beschränkten Auskunft unterliegenden Verurteilungen mitgeteilt. Bei diesen muß jedoch hervorgehoben werden, daß sie nach den deutschen Vorschriften der beschränkten Auskunft unterliegen.

Privatpersonen wird grundsätzlich keine Auskunft aus dem Strafregister erteilt. Nur in Ausnahmefällen — „wenn ein polizeiliches Führungszeugnis nicht erlangt werden kann oder sonst ein berechtigtes Interesse an der Erlangung der Auskunft dargelegt ist" — kann der Leiter der Strafregisterbehörde genehmigen, daß einer Privatperson über den sie betreffenden Inhalt des Strafregisters Auskunft erteilt wird.

Hier sei noch bemerkt, daß sich der gesamte Verkehr mit dem Strafregister in gesetzlich genau festgelegten Formen vollzieht. Die StrafregisterVO. sieht je ein bestimmtes Formblatt vor für die Strafnachricht (A), die Nachricht über Reichsverweisung oder andere Verfügungen der Verwaltungsbehörde (B), die Nachricht über Vollstreckung (C), die Nachricht über eine Bewährungsfrist oder Anordnungen bei Maßregeln der Sicherung und Besserung (D), die Nachricht über Begnadigungen (E), das Ersuchen um Auskunft aus dem Strafregister und den Auszug aus dem Strafregister (F) sowie die Steckbriefnachricht und den Suchvermerk (G). Einige dieser Formblätter sind schon äußerlich an der besonderen Farbe kenntlich.

4. Die Register des Auslands. (Den folgenden Angaben ist u. a. eine im Auftrag des Reichsjustizministeriums angefertigte, nicht veröffentlichte rechtsvergleichende Darstellung des ausländischen Strafregisterrechts von Prof. Mittermaier (Gießen) mit Genehmigung des Verfassers und des Reichsjustizministeriums zu Grunde gelegt.) Heute haben fast alle Kulturstaaten Einrichtungen, die der Registrierung von Vorstrafen dienen; sie schlechthin „Strafregister" zu nennen, wäre irreführend, denn nur wenige sind dem deutschen Strafregister vergleichbar.

Solche Einrichtungen sind eingeführt:

durch ein eigenes Gesetz: in Bulgarien, Frankreich, Schweden, Genf und Zürich;

durch Verordnung auf Grund besonderer gesetzlicher Bestimmung oder Ermächtigung: in Belgien, Bern, Chile, Italien, Jugoslawien, Polen (VO. des Justizministeriums vom 25. V. 1934, in Kraft seit 1. VII. 1934), Spanien, Ungarn;

nur durch Verordnung wie in Deutschland: in Dänemark, Danzig, Finnland, Griechenland, Holland, Luxemburg, Norwegen, Österreich, Portugal, den meisten Schweizer Kantonen, der Tschechoslowakei, der Türkei;

ohne ausdrückliche Regelung: in Australien, Estland, Großbritannien, Nordamerika.

Überhaupt keine oder nur ganz unvollkommen entwickelte Einrichtungen haben Brasilien, Lettland, Litauen, Rumänien und Rußland.

Völlige Übereinstimmung mit dem deutschen zeigen die Strafregister der Freien Stadt Danzig (StrafregisterVO. vom 29. X. 1926) und der an Polen abgetretenen ehemals reichsdeutschen und österreichischen Gebiete; außerdem besitzt Bulgarien seit 1928 eine der deutschen gleiche Einrichtung (Ukas vom 22. IX. 1928).

Die Einrichtungen des übrigen Auslands weisen alle mehr oder weniger grundlegende Abweichungen vom deutschen Strafregister auf. Nur in der äußeren Form besteht insofern Übereinstimmung, als das Einzelkartensystem — mit Ausnahme von Dänemark und Luxemburg, die noch Buchregister haben — allgemein eingeführt ist.

Die grundlegendsten Abweichungen ergeben sich aus der Verschiedenheit des Grundcharakters der Einrichtungen. Die ausländischen Einrichtungen haben sich vielfach allmählich aus den polizeilichen Listen entwickelt oder dienen vorwiegend rein polizeilichen Zwecken. So z. B. im ganzen englischnordamerikanischen Recht, aber auch in Brasilien und in Österreich, wo die Register von der Polizei geführt werden. Abweichungen bestehen namentlich auch im Inhalt der Registereinträge, die vielfach mehr polizeilich wichtige Daten festhalten.

So besteht in England seit dem 11. VIII. 1869 ein Zentralregister bei dem Strafregisteramt (Criminal Record Office) in New Scotland Yard in London, also bei der Polizei, mit dem seit 1901 ein besonderes Fingerabdruckbüro verbunden ist. Dieses sammelt auch die in den Strafanstalten hergestellten Lichtbilder der registrierten Verbrecher. Der wesentlich polizeiliche Charakter der Einrichtung ergibt sich aus dem Umfang der von ihr erfaßten Urteile. Registriert werden nur Verurteilungen zu Zuchthaus (Penal Servitude) und Verurteilungen wegen einer Reihe bestimmter Vergehen, unter denen bezeichnend sind: Bordellhalten, widernatürliche Unzucht zwischen Männern, Besitz von Einbruchswerkzeugen, Beschaffung unzüchtiger Schriften, Zuhälterei, Ausbruch, gefährliche Vagabondage.

Zentralregister finden sich außer in England in Argentinien, Australien, Belgien, Chile, Costarica, Danzig, Finnland, Luxemburg, Nordamerika, Norwegen, Österreich, Polen, Schweden, der Schweiz (Bund und einigen Kantonen).

Örtliche Register wie in Deutschland finden sich in Dänemark, Frankreich, Griechenland, Italien, den Niederlanden, Portugal, in einigen Schweizer Kantonen, der Tschechoslowakei. Auch in diesen Ländern ist aber das Register für Ausländer bzw. im Ausland oder unbekannten Orts Geborene zentralisiert.

Einige Länder führen ein Zentralregister neben dem örtlichen Register, so Finnland, Portugal und Italien. Das Strafregisterwesen Italiens ist besonders interessant. Dort wurde durch Dekret vom 6. XII. 1867 zunächst ein Strafregister (casellario giudiziale) bei den Strafgerichten des Geburtsorts eingerichtet und nur für die im Ausland Geborenen ein casellario centrale beim Justizministerium. Dieses wurde 1902 dem Tribunal in Rom angegliedert und gleichzeitig mit einer anderen, im Laufe der Zeit im einzelnen ausgebauten Aufgabe betraut; es erhält von den örtlichen Registerämtern Doppel der Strafnachrichten, hat die Leitung und Beaufsichtigung der örtlichen Ämter, empfängt und verteilt die aus dem Ausland einlaufenden Strafnachrichten, erteilt selbst Strafnachrichten, wenn die örtlichen Ämter verhindert sind, besorgt deren Neuaufbau, wo Register vernichtet werden, dient schließlich als Grundlage für die Kriminalstatistik. Außer den örtlichen Registern und dem Zentralregister wird bei dem Institut für wissenschaftliche Polizei noch ein Sonderregister der gefährlichen Verbrecher geführt, das auch Fingerabdrücke und Lichtbilder enthält.

Wie in England und Italien finden sich Fingerabdruck- und Lichtbildsammlungen im Zusammenhang mit dem Strafregister in Argentinien, Australien, Brasilien, Chile, Nordamerika, Portugal, Schweiz (Bund) und Ungarn.

Auf das ausländische Registerwesen näher einzugehen, würde im Rahmen dieser Arbeit zu weit führen. Erwähnt sei nur noch, daß ein Teil des Auslands für besondere Tätergruppen Sonderregister verschiedener Ausgestaltung kennt, so u. a. z. B. für Jugendliche [Argentinien, Australien (Victoria), Belgien, Frankreich, Portugal], für Zigeuner (Tschechoslowakei).

Schrifttum:

Hamm, Die Einführung einheitlicher Strafregister 1876. — Hartung, Das Strafregister 1926. — Heindl, System und Praxis der Daktyloskopie und der sonstigen technischen Methoden der Kriminalpolizei, 1922. — Klein, „Strafregister" im Wörterbuch des deutschen Staats- und Verwaltungsrechts, 2. Aufl., 1925, S. 551. — Josef Müller, Vorstrafen u. Strafregister, 1908. — Schäfer-Hellwig, Straftilgungsgesetz und Strafregisterverordnung 1926. — Schäfer-Doerner, Der internationale Strafregisterverkehr 1931 (insbes. Anhang: Strafregisterwesen und Rehabilitation im Ausland). — Schäfer, Straftilgungsgesetz und Strafregisterverordnung (Stand vom 1. VIII. 1934).

Erich Kelz.

Straftilgung.

In dem StraftilgungsG. vom 9. IV. 1920, das mit geringen Änderungen heute noch gilt, ist ein Ausschnitt aus einem Problem von größter sozialpolitischer Tragweite behandelt, dem Problem der „Rehabilitation", wie es allgemein bezeichnet wird. Dieses Problem bildet den Gegenstand einer ausführlichen Abhandlung „Rehabilitation" von Noetzel oben Bd. II S. 482ff. dieses Werkes, auf die hier verwiesen sei.

Wie auf dem Gebiet des Strafregisterwesens, so hat auch auf dem Gebiet der Rehabilitation die Entwicklung ihren Ausgangspunkt in Frankreich genommen. Dort hat sich die Rehabilitation — beginnend bereits um das Jahr 1670 — von der Rehabilitation durch Gnadenakt („reh. gracieuse") über die Rehabilitation durch Richterspruch („reh. judiciaire") bis zur Rehabilitation kraft Gesetzes („reh. de droit") entwickelt. Die richterliche Rehabilitation ist geregelt in Artt. 619—634 des Code d'Instruction Criminelle; sie wird vom Gerichtshof des Wohnsitzes des Verurteilten auf dessen Antrag beim Vorliegen gewisser Voraussetzungen ausgesprochen und bewirkt die im Strafregister zu vermerkende Löschung der Verurteilung. Die gesetzliche Rehabilitation, die in dem inzwischen wiederholt abgeänderten G. vom 5. VIII. 1899 (lois sur le casier judiciaire et sur la reh. de droit) geregelt ist, tritt nach Ablauf gewisser Fristen ein und hat die völlige Tilgung des Strafvermerks zur Folge.

Dem deutschen Recht war, abgesehen von einigen Partikularrechten, die Einrichtung der „Straflöschung" — heute der gebräuchliche Oberbegriff für die beschränkte Auskunft aus dem Strafregister und die Tilgung von Strafvermerken — verhältnismäßig lange fremd. Erst 1913 wurde eine Straflöschung als „reh. gracieuse" eingeführt (VO. vom 17. IV. 1913), wobei „Löschung" aber nur eine Beschränkung der Auskunft aus dem Strafregister bedeutete. Die allgemeine Rehabilitation kraft Gesetzes auf Grund Fristablaufs brachte erst das StraftilgungsG. vom 9. IV. 1920.

Hinsichtlich der geschichtlichen Entwicklung, insbesondere auch in Frankreich und den deutschen Partikularrechten, kann im einzelnen auf die Abhandlung von Noetzel verwiesen werden. Die Regelung des Straftilgungsgesetzes ist bereits in dem Art. Strafregister besprochen.

Im ausländischen Recht sind heute noch alle drei Arten der Rehabilitation vertreten, wenn auch mit mannigfaltigen Abweichungen und Abstufungen in den Voraussetzungen und in den Wirkungen. Hier kann nur eine kurze schematische Übersicht gegeben werden. Die Rehabilitation auf dem Wege der Straflöschung im weiteren Sinne ist geregelt:

in Belgien als Rehabilitation kraft Richterspruchs, Wirkung: Auskunftbeschränkung;

in Bulgarien als Rehabilitation kraft Richterspruchs, Wirkung: Tilgung;

in Dänemark als Rehabilitation kraft Gesetzes, Wirkung: Auskunftbeschränkung;

in Danzig wie in Deutschland, als Rehabilitation kraft Gesetzes mit der Möglichkeit der Rehabilitation durch Verwaltungsanordnung, Wirkung weitergehend: auch Rehabilitation bei Zuchthaus und Todesstrafe;

in Egypten als Rehabilitation durch Richterspruch, Wirkung: die Verurteilung wird ganz und gar aus der Welt geschafft;

in Estland und in Großbritannien: Tilgung in beschränktem Umfang;

in Italien als Rehabilitation durch Richterspruch in beschränktem Umfang, Wirkung: Auskunftbeschränkung;

in Jugoslawien als Rehabilitation durch Richterspruch, Wirkung: Auskunftbechränkung;

in Luxemburg als Rehabilitation kraft Gesetzes, Wirkung: Tilgung erstmaliger Strafen nach Fristablauf, allgemeine Beschränkung der Auskunft an Privatpersonen nach Fristablauf;

im Memelgebiet als Rehabilitation kraft Gesetzes, Wirkung: Auskunftbeschränkung;

in Österreich als Rehabilitation durch Richterspruch und beschränkte Rehabilitation kraft Gesetzes, Wirkung: Auskunftbeschränkung;

in Polen als beschränkte Rehabilitation kraft Gesetzes und als Rehabilitation durch Gnadenakt, Wirkung: Tilgung;

in Portugal als Rehabilitation kraft Gesetzes, beschränkt auf Auszüge, die für Privatpersonen bestimmt sind;

in der Schweiz (Bund) als kombinierte Rehabilitation durch Richterspruch (Auskunftbeschränkung) und nachfolgender Rehabilitation kraft Gesetzes (Tilgung);

in den Schweizer Kantonen: in Zürich und Freiburg ist die Rehabilitation durch Löschung von Vermerken bekannt; die Regelung in Bern stimmt mit den Grundzügen der deutschen Regelung überein;

in Spanien als Rehabilitation kraft Gesetzes, Wirkung: Tilgung;

in der Tschechoslowakei: Anlehnung an das österreichische Recht.

Die Rehabilitation durch Straflöschung ist unbekannt in Argentinien, Australien, Brasilien, Griechenland, Japan, Lettland, Litauen, den Niederlanden, Norwegen, Rußland, Schweden, der Türkei, Ungarn, den Vereinigten Staaten von Nordamerika.

Schrifttum:

Bumke, Rehabilitation, Handwörterb. d. Rechtswiss., 4, 774. — Derselbe, Straftilgung, a. a. O., 7, 784. — Delaquis, Die Rehabilitation Verurteilter, Berlin 1906. — Exner, Gesellschaftliche und staatliche Strafjustiz, Zeitschr. f. d. ges. Strafrechtswiss., 40, 1ff. — Finkelnburg, Die Bestraften in Deutschland, 1912. — Hartung, Das Strafregister 1926. — v. Liszt-Schmidt, Lehrbuch des deutschen Strafrechts, 21./22. Aufl., 1921. — Nationalsozialistisches Strafrecht, Denkschrift des Preußischen Justizministeriums, 1933. — Schäfer-Hellwig, Straftilgungsgesetz und Strafregisterverordnung 1926. — Schäfer-Doerner, Der internationale Strafregisterverkehr 1931 (insbesondere Anhang: Strafregisterwesen und Rehabilitation im Ausland). — Schäfer, Straftilgungsgesetz und Strafregisterverordnung (Stand vom 1. VIII. 1934). — Seyfarth, Ernste Probleme aus dem Strafvollzug und der Fürsorge an Entlassenen, Sonderabdr.

ausder Zeitschr. der ev.-luth. Kirche in Hamburg, 10, H. 6—8, 16. — Weiteres Schrifttum bei Schäfer-Hellwig a. a. O.

Erich Kelz.

Strafvollzug.

A. Strafvollzug als Rechtsangelegenheit.

1. Einleitung. Strafvollzug ist Vollzug staatlicher Strafe im Sinne des Strafrechts. Nach dem Sprachgebrauch ist nicht jede Art von Strafe des „Vollzugs" fähig. Unter Vollzug von Strafe pflegt man vielmehr nur den Vorgang einer Verwirklichung von Strafe zu verstehen, die den Betroffenen unmittelbar ergreift: „Vollzogen" wird „an" dem Verurteilten. So läßt sich vom Vollzuge der Todesstrafe und der Freiheitsstrafe, nicht aber vom Vollzuge der Geldstrafe sprechen. Regelmäßig, und so auch hier, wird jedoch selbst der Vollzug der Todesstrafe nicht mitgemeint, wenn von „Strafvollzug" die Rede ist: Strafvollzug im üblichen Sinne ist der Vorgang der Verwirklichung im Strafrechte vorgesehener Freiheitsstrafe.

Strafvollzug hebt sich ab von Strafvollstreckung. Diese ist Vollstreckung erkannter Strafe, genauer Vollstreckung der Strafentscheidung, u. a. der auf Freiheitsstrafe lautenden Entscheidung. Im übrigen ist unter Strafvollstreckung Mehreres zu begreifen. Strafvollstreckung ist a) Verwirklichung der Strafentscheidung in dem Sinne, daß es sich um Verwirklichung als Ergebnis, um ein Verwirklichtsein handelt. Strafvollstreckung in diesem Sinne ist — ich sehe sowohl von der Vollstreckung polizeilicher Strafverfügungen als auch von der Vollstreckung erkannter Maßregeln der Sicherung und Besserung hier ab — das Endziel des Strafprozesses. Strafvollstreckung ist aber auch b) das prozessuale Verfahren, das auf dieses Endziel gerichtet ist, der sogenannte Betrieb der Strafvollstreckung. Von diesem Verfahren umschlossen, aber, mindestens bei der Vollstreckung von Freiheitsstrafen, nicht zu ihm gehörig, und wenngleich von größter prozessualer Erheblichkeit, nicht selbst Prozeß, ist der Vorgang der Strafverwirklichung, das Werden dieser Verwirklichung, bei der Vollstreckung von Freiheitsstrafen Strafvollzug genannt. Überantwortung zum Strafvollzug und Aufrechterhaltung dieser Überantwortung bezeichnet man in einem engeren Sinne c) als Strafvollstreckung. Um Strafvollstreckung in diesem Sinne handelt es sich, wenn von Aufschub und Unterbrechung der Strafvollstreckung die Rede ist.

2. Form der Regelung des Strafvollzugs. Soll der Strafvollzug als Rechtsangelegenheit, unter rechtlichem Gesichtspunkt, als Gegenstand rechtlicher Regelung gewürdigt werden, so ist davon auszugehen, daß es zum Strafvollzug im angegebenen Sinne immer nur um der Vollstreckung einer in den Formen des Rechts, in geordnetem gerichtlichen Verfahren erkannten Freiheitsstrafe willen kommt, und daß sich die Strafentscheidung auf das Strafgesetz gründet. Damit ist ein unlöslicher Zusammenhang mit dem Rechte ohne weiteres gegeben, Willkür im Strafvollzuge von vorn herein ausgeschlossen.

Die Strafentscheidung unterwirft rechtsgestaltend den Verurteilten dem strafenden Zugriffe der staatlichen Strafgewalt, begründet seine Strafhaftung, eine Rechtslage, in der er sich „zur Strafe" vom Staate eine Schmälerung, eine Verschlechterung seiner Rechtsstellung, unter Umständen seine Vernichtung gefallen lassen muß. Niemals aber ist diese Strafhaftung unbegrenzt, so daß der Verurteilte der Staatsgewalt zu beliebiger Behandlung preisgegeben wäre. Im Gegenteile begrenzt zugleich die Strafentscheidung die Strafhaftung, welche sie begründet. Soweit es sich um die Verhängung von Freiheitsstrafen handelt, bedeutet dies, daß Art und Maß der zu verbüßenden Freiheitsstrafe in der Strafentscheidung festgesetzt sind.

Die Strafentscheidung bindet die Strafvollstreckung und diese den Strafvollzug: Zu vollziehen ist nach Maßgabe der Strafentscheidung, der Art nach nicht härter und nicht gelinder, dem Maße nach nicht kürzer und nicht länger.

Wie sich die Festsetzung des Maßes der zu verbüßenden Freiheitsstrafe in die Wirklichkeit umsetzt (Strafzeitberechnungsvorschriften), wie dabei die Anrechnung vor der Entscheidung und die Einrechnung hinterher erlittener Untersuchungshaft zu bewirken ist usw., das sind Fragen des Strafvollstreckungsrechts, die in diesem Zusammenhange nicht zu behandeln sind.

Mit der Festsetzung der Art der zu verbüßenden Freiheitsstrafe verweist die Strafentscheidung auf das geltende Strafrecht. Dieses kennt als Arten der Freiheitsstrafe (im üblichen Sinne, enger § 16 Abs. 1 MStGB.) die Zuchthausstrafe (§§ 14, 15, 22, 23—26, 31 StGB.), die Gefängnisstrafe (§§ 16 — i. d. F. RGBl. I 1934 S. 345 —, 22, 23—26 StGB.), die Strafe der Festungshaft (§ 17 StGB. — i. d. F. RGBl. I 1933 S. 295 —), die Haftstrafe in den Formen der sogenannten einfachen Haft /(§ 18 StGB.) und der sogenannten geschärften Haft (§ 362 StGB. — i. d. F. RGBl I, 1933 S. 999 —) und die Strafe des militärischen

Arrestes in den Formen des nicht geschärften und des geschärften Stubenarrestes (§§ 16, 19, 20, 23, 28 MStGB.), des gelinden Arrestes (§§ 16, 19, 24, 28 MStGB.) und des geschärften Arrestes (§§ 16, 19, 24, 25, 27, 28 MStGB.). Im kommenden bürgerlichen Strafrechte wird es voraussichtlich die Strafe der Festungshaft nicht geben und wird insbesondere die Haftstrafe einen anderen Charakter tragen. Überdies ist anzunehmen, daß die Zuchthausstrafe und die Gefängnisstrafe je auch in einer geschärften Form werden vorgesehen werden.

Ein Blick in die angegebenen Gesetzesvorschriften, zu denen sich noch § 16 JGG. gesellt, läßt erkennen, daß die Eigenart der einzelnen Freiheitsstrafen im wesentlichen unbestimmt bezeichnet ist. Auch soweit auf eine Einzelheit des „Inhalts" der Freiheitsstrafart eingegangen ist, wie z. B. bei Zuchthaus, Gefängnis und geschärfter Haft durch Begründung eines Arbeitszwanges, fehlt es an bestimmter Festlegung.

Diese Tatsache hat den Strafvollzug problematisch gemacht. Er sollte der gesetzlichen Eigenart der vom Verurteilten zu verbüßenden Freiheitsstrafe gerecht werden, konnte aber mit der gesetzlichen Kennzeichnung dieser Eigenart nicht auskommen. Die Rahmenbegriffe des Inhaltes der Strafhaftung, welche sich aus dem Strafgesetz herauslesen lassen, bedurften der Ausfüllung, denn die Praxis wollte und mußte wissen, worin denn nun eigentlich im einzelnen die Strafhaftung bestehe, was bei der einen und bei der anderen Art der Freiheitsstrafe im einzelnen dem Verurteilten „zur Strafe" zugemutet werden solle oder dürfe.

Aber damit nicht genug. Die Strafhaftung, auch wenn sie im einzelnen feststeht, gibt doch nur an, was der Verurteilte — handelnd, unterlassend oder duldend — „zur Strafe" „leiden" soll. Es bleibt zu bestimmen, was sich der Verurteilte zwar nicht „zur Strafe", aber als bei der ordnungsmäßigen Verwirklichung des Strafübels unter Umständen unvermeidliche Begleiterscheinung zumuten und gefallen lassen muß. Es bleibt weiter zu bestimmen, wie die zur Verwirklichung der Freiheitsstrafe an dem Verurteilten Berufenen unmittelbar zur Verwirklichung der Strafhaftung einerseits und — zu Ungunsten oder zu Gunsten des Verurteilten oder ohne unmittelbaren Bezug auf ihn — im Zusammenhange mit der Verwirklichung andererseits verfahren sollen. Ferner bedarf der Regelung, welche allgemeinen Einrichtungen des Strafvollzuges (Anstalten für die verschiedenen Vollzugszwecke, Strafvollzugsbehörden und Aufsichtsbehörden) getroffen werden sollen, welche Arten von Beamten und unter welchen Voraussetzungen Beamte zum Strafvollzug angesetzt werden sollen usw., kurz alles, was man als Verfassung des Strafvollzuges bezeichnen kann (Näheres s. unten bei B. „Strafvollzug als Verwaltungsangelegenheit"). Schließlich aber heischt die Frage eine Antwort, ob sich denn der Verurteilte widerspruchslos mit allem abzufinden hat, was im Strafvollzuge mit ihm geschieht oder von ihm verlangt wird, oder inwiefern und inwieweit dies nicht der Fall sein und ihm also Rechtsschutz zustehen soll.

Solange das Reich nicht gemäß Artikel 4 Ziffer 13 der alten Reichsverfassung oder gemäß Artikel 7 Ziff. 3 der Reichsverfassung vom 11. VIII. 1919 eingriff, war und blieb es Sache der Bundesstaaten, späteren Länder, in allen diesen Beziehungen Bestimmung zu treffen. Die Bundesstaaten (Länder) haben dabei im allgemeinen den Verwaltungsweg beschritten. Durch allgemeine Verwaltungsvorschriften, Vollzugsordnungen, die durch Hausordnungen der einzelnen Anstalten ergänzt werden, ist unter Herausarbeitung von Unterschieden zwischen den verschiedenen Arten der Freiheitsstrafe das Tun und Lassen der Strafgefangenen mit Geboten und Verboten, sogenannten Verhaltensvorschriften, geregelt, und sind den Strafgefangenen beeinträchtigende Zugriffe, aber auch Gewährungen in Aussicht gestellt worden. In der Regel sind diese Verwaltungsvorschriften mit Verwaltungsvorschriften anderer Art verbunden worden, einerseits organisatorischen Vorschriften, welche die Verfassung des Strafvollzugs, andererseits Dienstanweisungen, die das Verfahren des Strafvollzugs, sei es mit, sei es ohne unmittelbaren Bezug auf den einzelnen Strafgefangenen, regeln sollten (daher die übliche Bezeichnung: Dienst- und Vollzugsordnung).

Dieser Zustand war sicherlich nicht durchweg unanfechtbar und ist oft angefochten worden. Über die Geschichte der Bestrebungen zur Schaffung eines Reichsstrafvollzugsgesetzes vgl. vor allem Andrae und Frede a. a. O.; als Etappen sind hervorzuheben der im Bundesrate stecken gebliebene Entwurf eines Gesetzes über die Vollstreckung von Freiheitsstrafen vom 19. III. 1879, die dem Vereine der Deutschen Strafanstaltsbeamten (heute Deutsche Gesellschaft für Gefängniskunde) zu verdankenden Vorschläge zu einem Entwurf eines Reichsgesetzes über den Vollzug der gerichtlich erkannten Freiheitsstrafen (Sonderheft zu Bd. 45 der Bl. f. Gefängniskunde) und Vorschläge zu einem Reichsgesetz über den Vollzug der Freiheitsstrafen und sichernden Maßnahmen (Sonderhefte A und B zu Bd. 47

a. a. O.) sowie insbesondere die die Vollstreckung im weitesten Umfange behandelnde Reichstagsvorlage des Entwurfs eines Strafvollzugsgesetzes vom 9. IX. 1927 mit wertvoller Begründung, die infolge des Scheiterns der Strafrechtsreform unerledigt geblieben ist (Reichstag III. Wahlper. 1924/27, Drucks. Nr. 3628, wo u. a. auch der Entwurf von 1879 abgedruckt ist). Was die Bedenken gegen die rein verwaltungsmäßige Regelung des Strafvollzugs anlangt, so bestand zunächst einmal keinerlei Gewähr dafür, daß die von verschiedenen Bundesstaaten (Ländern) erlassenen Vorschriften selbst in den Punkten übereinstimmten, welche die Stellung des Gefangenen im Strafvollzuge berührten. Verschiedenheit aber, die in dieser Beziehung im Vollzug ein und derselben Strafart in verschiedenen Ländern, ja zur Zeit des sogenannten Gefängnisdualismus in Preußen (bis 31. III. 1918) und Sachsen (bis 31. III. 1923) sogar in ein und demselben Lande herrschte, bedeutete Ungerechtigkeit und ließ es nicht zu wirklicher Strafrechtseinheit im Reiche kommen. Dazu trat jedoch ein weiteres Bedenken. Zwar hat ernstlich die Rechtmäßigkeit des Verwaltungsweges als solchen auch insoweit nicht in Zweifel gezogen werden können, als es sich nicht um bloße Organisationsvorschriften oder um Dienstanweisungen handelte, welche die Stellung des Gefangenen nicht berührten. Mit der Annahme in der zum Strafvollzuge bestimmten Anstalt gelangt der Verurteilte in „Strafgefangenschaft" und damit in ein „besonderes Gewaltverhältnis" (Otto Mayer, Fleiner) eigner Art zum Staate, das in der durch die Strafentscheidung erzeugten Strafhaftung seinen Rechtsgrund hat. Dieses Gewaltverhältnis, innerhalb dessen dem Gefangenen im Verwaltungswege vorgeschrieben wird, was für ihn Rechtens sein soll, begründet eine Unterworfenheit des Strafgefangenen auch insoweit, als nicht die Verwirklichung der eigentlichen Strafhaftung in Frage steht, sondern es sich um unentbehrliche Begleiterscheinungen dieser Verwirklichung handelt. Es herrscht insoweit nicht etwa Willkür, sondern es gilt als Richtschnur für das Verwaltungsermessen der Verwaltungsgrundsatz des angemessenen Mittels: was aus dem Sinn und Zweck des besonderen Gewaltverhältnisses „Strafgefangenschaft" heraus dem Gefangenen zugefügt und zugemutet wird, aber auch nur das, ist rechtmäßig. Indessen bestand keine Gewähr dafür, daß man sich nicht in den Ländern bei der Ausfüllung der für die Strafhaftung gegebenen Rahmenbegriffe und bei der Geltendmachung der Unterworfenheit überhaupt im Ermessen vergriff, und daß man nicht insoweit mangels Deckung durch Strafgesetz und Anstaltsgewalt wirklich einen rechtswidrigen Zustand herbeiführte. Sowohl der Uneinheitlichkeit als auch dem geradezu falschen Gebrauche des Verwaltungsermessens ließ sich entgegenwirken und ist entgegengewirkt worden durch Vereinbarungen über Grundsätze des Strafvollzugs, an die sich die Länder banden, und nach denen sie ihre Dienst- und Vollzugsordnungen einrichteten: es handelt sich 1. um die „Grundsätze, welche bei dem Vollzuge gerichtlich erkannter Freiheitsstrafen bis zu weiterer gemeinsamer Regelung zur Anwendung kommen sollen", vom 28. X. 1897 (ZBl. f. d. Deutsche Reich, XLV. Jg., Nr. 45 vom 12. XI. 1897, S. 308ff., abgedruckt auch als Anlage II (S. 119ff.) der den Entwurf eines Strafvollzugsgesetzes betreffenden Reichstagsdrucksache Nr. 3628 der III. Wahlperiode 1924/27 vom 9. IX. 1927) (sogenannte Bundesratsgrundsätze), 2. um die „Grundsätze für den Vollzug von Freiheitsstrafen" vom 7. VI. 1923 (RGBl. II, 263ff., abgedruckt auch als Anlage III S. 123ff. a. a. O.) (sogenannte Reichsratsgrundsätze), die durch Ländervereinbarung über die Änderungen der Bestimmungen für den Vollzug der Festungshaft (Bek. vom 9. VIII. 1932, RGBl. I, 407) und durch Ländervereinbarung über die Streichung des § 52 — Sonderbehandlung der sogenannten Überzeugungstäter betreffend — (Bek. vom 25. IV. 1933, RGBl. I, 232) abgeändert worden sind. Aber trotz der einheitstiftenden und klärenden Wirkung vor allem der Reichsratsgrundsätze von 1923 blieb doch vom damals maßgebenden liberalistischen Standpunkt aus ein Bedenken gegen die Regelung des Strafvollzugs im Verwaltungswege bestehen: Ist eine solche Regelung nach dem Gesagten auch rechtmäßig, so mangelt ihr doch die Rechtssicherheit, die Verläßlichkeit, da die Stelle, welche die Vorschriften selbständig erlassen hat, sie jederzeit frei abändern kann. Ferner lag liberalistischer Rechtsauffassung überhaupt daran, das Verwaltungsermessen möglichst weitgehend auszuschließen, und zwar nicht nur das Ermessen, das in den allgemeinen Verwaltungsvorschriften zu Tage tritt, sondern auch das gerade im Strafvollzug eine wesentliche Rolle spielende Ermessen des zuständigen Strafvollzugsbeamten im Einzelfall; die nahe Gefahr bürokratischer Erstarrung, des Ersatzes wirklichkeitsnahen und lebensvollen Strafvollzugsbetriebs durch Schema und Schablone sah der liberale Strafvollzugstheoretiker in seinem Doktrinarismus nicht. Gefordert wurde ein — auf parlamentarischem Wege zu stande gekommenes — Strafvollzugsgesetz, das gewissermaßen eine magna charta für den Strafgefangenen bilden, genau umschriebene Rechte und Pflichten auf Seiten des Staates und des Gefangenen begründen und im Streitfalle gerichtliche Entscheidung zulassen sollte. Die Anschauung vom unbedingten Primat von Volk und Staat vor dem Einzelnen, welche der Nationalsozialismus zur Geltung gebracht und die nirgends mehr Berechtigung hat als im Verhältnisse des Staates als Trägers der Strafgewalt zum Verbrecher, hat hier gründlich Wandel geschaffen. Sie hat die gesunder Praxis nie verloren gegangene Anschauung wieder zu Ehren gebracht, daß Rechtseinheit und Rechtsklarheit auf dem Gebiete des Strafvollzugs allerdings von nöten sind, aber nicht so sehr darum, um den Strafgefangenen um seiner selbst willen vor Rechtsungleichheit und Willkür zu schützen, als vielmehr aus dem Grunde, weil es dem Staate um das höchste Maß von Wirksamkeit seiner Strafe zu tun sein muß, weil die Wirksamkeit der Strafe vor allem auch deren Gerechtigkeit im Vollzuge zur Voraussetzung hat, und weil die Erfahrung gelehrt hat, daß die Gefahr willkürlichen Übermaßes nicht so sehr in der Richtung der Härte als vielmehr in der der Milde und des die Strafwirkung abschwächenden Entgegenkommens und Abhandelnlassens liegt. Zugleich hat der Führergrundsatz die Hochachtung vor einer starren Gesetzesregelung ins Wanken geraten lassen und den Wert des Waltens nach unten mit Ermessensfreiheit ausgestatteter, nach oben aber verantwortlicher und ihrer Verantwortung bewußter Führerpersönlichkeiten auch im Strafvollzuge wieder erkennen lassen. Im Überschwange des neuen Rechtsgefühls kam es nach der Erhebung zunächst insofern sogar zu einer gewissen, freilich durchaus der Förderung der Sache dienenden Minderung des bis dahin erreichten Maßes von Einheitlichkeit, als eine Reihe von Ländern eine mehr oder weniger umfassende Neuregelung des Strafvollzugs aus nationalsozialistischen Gedankengängen heraus unabhängig von den Strafvollzugsgrundsätzen von 1923 trafen. Bei Pfundtner-Neubert, Das neue deutsche Reichsrecht, unter II c 14 sind diese Änderungen in einem Aufsatze von Hauptvogel nach der Zeitfolge aufgeführt. Erwähnt seien hier 1. die Verordnung des Bayerischen Staatsministers der Justiz zur Änderung der Dienst- und Vollzugsordnung für die bayerischen Strafanstalten usw.; Entschließung über die Dienst- und Vollzugsordnung und den Strafvollzug in Stufen vom 29. VII. 1933 nebst neuen Richtlinien für den Strafvollzug in Stufen usw.; 2. Preußisches Strafvollstreckungs- und Gnadenrecht vom 1. VIII. 1933 (GS. 293) nebst neuer Dienst- und Vollzugsordnung für die Gefangenenanstalten der Preußischen Justizverwaltung (AusfBest. zu den §§ 6—33 des G. vom 1. VIII. 1933) vom 1. VIII. 1933; 3. Strafvollzugsordnung für die Sächsischen Justizgefängnisse vom 25. IX. 1933 (GBl. 155) Dann kam dem Strafvollzuge die Gesamtentwicklung zu statten. In ihrem Zuge erging das Gesetz über den Neuaufbau des Reichs vom 30. I. 1934 (RGBl. I, 75), das in Artikel 2 Abs. 1 die Hoheitsrechte der Länder auf das Reich überführte, dann das Erste Gesetz zur Überleitung der Rechtspflege auf das Reich vom 16. II. 1934 (RGBl. I, 91), das in Artikel 5 den Reichsminister der Justiz ermächtigte, alle Bestimmungen zu treffen, die durch den Übergang der Justizhoheit auf das Reich erforderlich werden. Auf Grund dieses Artikels 5 konnte der Reichsminister der Justiz seine Verordnung über den Vollzug von Freiheitsstrafen und von Maßregeln der Sicherung und Besserung, die mit Freiheitsentziehung verbunden sind, vom 14. V. 1934 (RGBl. I, 383) erlassen. Ihr Artikel 2 bringt die infolge des Wandels der Rechtsanschauungen erforderlichen Änderungen der Grundsätze von 1923, ihr Artikel 3 die infolge des Gesetzes gegen gefährliche Gewohnheitsverbrecher und über Maßregeln der Sicherung und Besserung vom 24. XI. 1933 (RGBl. I, 995) nötige Ergänzung dieser Grundsätze durch Grundsätze für den Vollzug von Maßregeln der Sicherung und Besserung, die mit Freiheitsentziehung verbunden sind. Ihr in diesem Zusammenhange vor allem bedeutsamer Artikel 1 aber, überschrieben „Reichsrechtliche Vollzugsgrundsätze" lautet: „Bis ein Reichsgesetz erlassen und in Kraft getreten ist, das den Vollzug von Freiheitsstrafen und von Maßregeln der Sicherung und Besserung, die mit Freiheitsentziehung verbunden sind, regelt, gelten die von den Landesregierungen am 7. VI. 1923 vereinbarten Grundsätze über den Vollzug von Freiheitsstrafen — RGBl. II, 263 — (Grundsätze von 1923) mit den in den Artikeln 2 und 3 dieser Verordnung enthaltenen Änderungen und Ergänzungen als reichsrechtliche Grundlage des Vollzugs". Diese Rechtsverordnung hat bindendes Reichsrecht und damit Rechtseinheit für den Strafvollzug geschaffen. Die Strafvollzugsvorschriften der Länder haben damit ihre konstitutive Bedeutung eingebüßt, soweit sie sich mit der Reichsverordnung decken oder ihr widersprechen; im ersten Falle behalten sie deklaratorische Bedeutung, im zweiten Falle sind sie ungültig geworden. Konstitutive Bedeutung behalten diejenigen Strafvollzugsvorschriften der Länder, welche sich weder mit Vorschriften der Reichsverordnung decken noch ihnen widersprechen. Nachdem in der Zwischenzeit die Preußische Justizverwaltung mit der Reichsjustizverwaltung vereinigt worden war, ist unter dem 5. XII. 1934 das Zweite Gesetz zur Überleitung der Rechtspflege auf das Reich ergangen (RGBl. I, 1214), durch welches das Reich die unmittelbare Leitung der Justizverwaltung in den übrigen Ländern übernimmt. Auf dem Gebiete des Strafvollzugs ist so zur Rechtseinheit auch die Einheit der Verwaltung getreten, zumal durch besondere Vorschriften u. a. der Strafvollzug von der Zuständigkeit der zur Überleitung gegründeten Außenabteilungen des Reichsjustizministeriums ausgenommen worden ist. Trotzdem ist ein endgültiger Abschluß noch nicht erreicht. Das im Werden begriffene neue deutsche Strafrecht stellt den Strafvollzug vor neue Aufgaben. Sein Geist muß auch den Strafvollzug erfüllen. Ein Reichsgesetz über die Vollstreckung von Strafen und Maßregeln der Sicherung und Besserung, das u. a. den Strafvollzug regelt und im Zusammenhange mit der Strafgesetzgebung ergeht, wird dann die VO. des Reichsministers der Justiz vom 14. V. 1934 ablösen. Rechtsverordnungen und Verwaltungsvorschriften der Reichsjustizverwaltung werden ihm folgen und die Einheit, die jetzt immerhin erst im Grundsätzlichen besteht, auch im einzelnen herbeiführen, soweit das erforderlich oder erwünscht ist. Dem freien Ermessen der Strafvollzugsbehörden und -beamten wird auch diese ganze Regelung den um der Sache willen erforderlichen Spielraum lassen müssen.

Für den militärischen Strafvollzug, auf den in diesem Zusammenhange nicht näher eingegangen werden kann, gilt die Strafvollstreckungsvorschrift für Reichsheer und Reichsmarine (HMStV.) vom 27. XI. 1933 (RGBl. II, 979), die nach Wiedereinführung der Militärgerichtsbarkeit (G. vom 12. V. 1933, RGBl. I, 264, Bekanntmachung des Wortlautes der Militärstrafgerichtsordnung und des Einführungsgesetzes dazu vom 4. XI. 1933, RGBl. I, 921, AusfBest. zur MStGO. vom 21. XI. 1933, RGBl. I, 989) an die Stelle der Strafvollstreckungsvorschrift für das Reichsheer (HStV.) vom 18. V. 1926 (RGBl. II, 273, Änd. RGBl. II, 1928, S. 512) und der Marinestrafvollstreckungsordnung (MStVO.) vom 28. XII. 1926 (RGBl. I 1927,1) getreten ist.

3. Voraussetzungen der Einleitung, Aussetzung und Beendigung des Strafvollzugs. Für den Strafvollzug als rechtliches Verfahren gelten rechtliche Voraussetzungen der Einleitung, der Aussetzung und der Beendigung.

Bei der Einleitung des Strafvollzugs sind die — vorläufige — Annahme und die — endgültige — Aufnahme des Verurteilten zu unterscheiden. Die Aufnahme setzt voraus

a) eine schriftliche Aufnahmeverfügung (§ 27 ReichsrVollzGr.) — Annahmeersuchen, Einweisung — der Vollstreckungsbehörde. Dafür, daß diese Aufnahmeverfügung auf einer vollstreckbaren Strafentscheidung beruht, ist die Vollstreckungsbehörde allein verantwortlich.

b) Die Zuständigkeit der Anstalt zum Vollzuge, die sich aus dem Strafvollstreckungsplane (§ 24 ReichsrVollzGr.) oder der Bewilligung einer Abweichung davon (§ 25 ReichsrVollzGr.) ergibt. Die Aufnahmeverfügung ist insoweit für die Strafvollzugsbehörde nicht bindend.

c) Personengleichheit zwischen dem in der Aufnahmeverfügung Gemeinten und dem Angenommenen (vgl. §§ 271—273 StGB. und RGSt. 34, 299).

d) Strafvollzugsfähigkeit des Angenommenen in dem Sinne, daß nicht Strafvollzugsunfähigkeit vorliegt (vgl. § 455 StPO. und de lege ferenda Eichler in Gerichtssaal, Bd. 105, 59ff.). Auch insoweit kann die Aufnahmeverfügung für die Strafvollzugsbehörde nicht bindend sein. Erkennt die Vollstreckungsbehörde die Ablehnung der Aufnahme wegen Strafvollzugsunfähigkeit nicht an, so sollte das Vollstreckungsgericht entscheiden müssen (vgl. §§ 458, 462 StPO., anders aber § 89 Satz 2 ReichsrVollzGr.).

Schon die — vorläufige — Annahme ist von rechtlicher Bedeutung, da sie das besondere Gewaltverhältnis „Strafgefangenschaft" begründet. Es wird dabei mindestens glaubhaft sein müssen, daß der Anzunehmende eine Freiheitsstrafe zu verbüßen hat (vgl. § 27 ReichsrVollzGr., § 43 PrDVO.).

Als Fall der Aussetzung des Strafvollzugs durch die Strafvollzugsbehörde (nicht zu verwechseln mit der Unterbrechung der Strafvollstreckung durch die Vollstreckungsbehörde!) kommt, von Ausnahmefällen abgesehen, nur der Eintritt der Strafvollzugsunfähigkeit des Strafgefangenen in Betracht. Die Strafvollzugsbehörde darf die Aussetzung nur im Wege der Überführung des Gefangenen in eine allgemeine Krankenanstalt bewirken, wo der Gefangene einer Art Verstrickung unterliegt (vgl. § 101 ReichsrVollzGr., Eichler a. a. O. S. 62 und wegen Einrechnung oder Nichteinrechung der Dauer des Aufenthalts in der Krankenanstalt in die Strafzeit — Frage der Strafvollstreckung, nicht des Strafvollzugs! — § 461 StPO.).

Regelfall der Beendigung des Strafvollzugs ist der Ablauf der Strafzeit. Für die Strafzeitberechnung ist in erster Linie die Vollstreckungsbehörde verantwortlich, doch trifft die Strafvollzugsbehörde eine Mitverantwortlichkeit (vgl. § 26 Abs. 2, § 35 ReichsrVollzGr., §§ 458, 462 StPO. und §§ 345, 346 StGB.). Akt der Beendigung ist die Entlassung. Vor Ablauf der Strafzeit darf nach § 216 Reichsr.VollzGr. ein Gefangener nur entlassen werden, wenn es die Strafvollstreckungsbehörde — vgl. den Fall der Unterbrechung der Strafvollstreckung —, eine Aufsichtsbehörde — vgl. den praktisch höchst selten gewordenen Fall der vorläufigen Entlassung § 25 StGB. —, ein Gericht — vgl. §§ 360 Abs. 2, 458 Abs. 3 StPO. — oder eine für die Bearbeitung der Begnadigung zuständige Stelle angeordnet hat. Es kann hier nicht erörtert werden, ob diese Vorschrift nicht einer schärferen Fassung bedarf. Die üblichen Vorschriften der Dienst- und Vollzugsordnungen, nach denen der Gefangene mit Rücksicht darauf, daß das Strafende in die Nachtdienstzeit fällt, wegen der Verkehrsverhältnisse oder aus sonstigen wichtigen Gründen etwas vorzeitig zu entlassen ist oder entlassen werden darf (vgl. § 131 PrDVO. § 146 Abs. 2, 3 SächsStVO.), dürften als Anordnung einer Aufsichtsbehörde (vgl. oben) einstweilen weiter gelten. Soweit die Strafvollzugsbehörde ausnahmsweise eine Unterbrechung der Strafvollstreckung durch „Beurlaubung" des Strafgefangenen herbeiführen kann (vgl. § 136 Ziff. 4 PrDVO.), wird dies aus dem gleichen Grunde und auch um deswillen weiter zulässig sein, weil dabei die Strafvollzugsbehörde nur für die Vollstreckungsbehörde handelt.

4. Inhalt der Regelung des Strafvollzugs. Strafvollzug ist Verwirklichung strafgesetzlich vorgesehener Freiheitsstrafe gemäß der Strafentscheidung. Angedrohte Strafe, erkannte Strafe und Strafe im Vollzuge müssen wesensgleich sein, so wahr die arbeitsteilig zerlegte strafende Tätigkeit des Staates eine sinnvolle Einheit bilden will. Das Wesen der Strafe wird verfälscht, wenn dem Vollzug ein anderer Sinn und Zweck gegeben wird, als er der angedrohten und erkannten Strafe anhaftet. Um so bedeutsamer und unentbehrlicher ist im Strafvollzug beim Schweigen des Strafgesetzes Klarheit darüber, welcher Sinn und Zweck der staatlichen Strafe überhaupt zukommt, und wie sich Sinn und Zweck der Strafe bei der Freiheitsstrafe besonders ausgestalten. Dieser Klarheit bedarf es nicht nur um der Ausübung freien Ermessens im Strafvollzuge willen, sondern durchaus auch aus rechtlichen Gründen, weil Auslegung der Vorschriften und Grenzen des Ermessens von diesem Sinn und Zweck bestimmt werden. Das Interesse der Volksgemeinschaft an Aufrechterhaltung des ihr lebensnotwendigen Rechtsfriedens fordert, daß der Staat Störungen des Rechtsfriedens, die unerträglich erscheinen, entgegentritt. Die Strafe als nur eines der bei der Bekämpfung solcher Störungen verwendbaren Mittel richtet sich gegen den Störer, dem Schuld beizumessen ist, d. h. dessen störendes Verhalten Kennzeichen aufweist, die ihn unwürdig erscheinen lassen, in der ihm bisher zugebilligten Rechtsstellung unangefochten zu bleiben. Sie ist planmäßige Verschlechterung dieser Rechtsstellung gemäß der Unwürdigkeit und damit, vom Staate aus gesehen, gerechte Vergeltung, vom Schuldigen aus gesehen, Sühne (§ 48 Abs. 1 ReichsrVollzGr., vgl. § 14 Abs. 2 SächsStVO.). Der Aufrechterhaltung des Rechtsfriedens dient sie, indem der empfindliche Ausdruck der Mißbilligung, der in dem Strafübel liegt, mögliche Friedensstörer warnt und das Vertrauen zum Staate stärkt. Scheidet die Strafe nicht zugleich den Verbrecher aus der Volksgemeinschaft endgültig aus, so soll, soweit ihm künftige Störungen des Rechtsfriedens zuzutrauen sind, das Erlebnis des Strafübels so auf ihn wirken, daß er solche Störungen nunmehr vermeidet (§ 48 Abs. 2 ReichsrVollzGr.). Die zeitige Freiheitsstrafe als dasjenige Strafmittel, mit welchem sich am ehesten eine Einwirkung auf die Gesinnung des Täters erzielen läßt, soll dabei nicht lediglich abschrecken, sondern den Versuch einer Erziehung des Täters in dem Sinne darstellen, daß er unter ihrem Eindrucke „sich seiner Verantwortung gegenüber der Volksgemeinschaft bewußt wird, seine Schuld einsieht, die Strafe mit ihren Lasten und Entbehrungen anerkennt und so von innen heraus den Entschluß faßt, den Gesetzen gemäß, geordnet und arbeitsam zu leben" (§ 14 Abs. 2 Satz 3 SächsStVO., dem Sinne nach ebenso § 48 Abs. 2 ReichrVollzGr.).

Für die Zuchthausstrafe ergibt sich aus § 15 StGB., daß sie in einer „Strafanstalt", für die Gefängnisstrafe aus § 16 StGB., daß sie in einer „Gefangenanstalt", für die Festungshaft aus § 17 StGB., daß sie in „Festungen", und für die geschärfte Haft aus § 362 StGB., daß sie in einer „Strafanstalt" vollzogen werden soll. Wenn dazu in § 17 Abs. 3 StGB. von der Festungshaft gesagt wird, sie bestehe in Freiheitsentziehung mit Beaufsichtigung der Beschäftigung und Lebensweise der Gefangenen, § 18 Abs. 2 StGB. von der einfachen Haft sagt, sie bestehe in einfacher Freiheitsentziehung, und § 22 StGB. die Einzelhaft regelt, so läßt sich erkennen, daß gemeinsame Grundlage dessen, was das Gesetz selbst (vgl. z. B. §§ 19, 27a, 27b, 29) als Freiheitsstrafe bezeichnet, Freiheitsentziehung durch Verbringung in einhegende bauliche Vorrichtungen, d. h. Einsperrung, bedeutet, die sich auf der Seite des vollziehenden Staates als Gefangenhaltung, auf der Seite des verbüßenden Gefangenen als Gefangenschaft kennzeichnet. Die Einsperrung hat nicht etwa nur tatsächliche Bedeutung, sondern sie läßt als Ausübung rechtlicher Gewalt die auf ihre Überwindung, auf Wiedergewinnung der Freiheit gerichtete Tätigkeit des Gefangenen als rechtswidrig erscheinen (strafbar bisher nur im Falle der Meuterei § 122 StGB.). An Stelle der Einsperrung tritt im Falle des einfachen Stubenarrestes ausnahmsweise eine bloße „Verstrickung", die aber die gleiche rechtliche Bedeutung hat (§ 23 Satz 1, 2 und § 80 MStGB.). Zu einer systematischen Erfassung dessen, was sich uns in den ReichsrVollzGr. jetzt als Inhalt der Freiheitsstrafe, und zwar zunächst nur als deren Vergeltungsgrundlage der Freiheitsentziehung, darbietet, reicht aber die Kennzeichnung des Wesens der Freiheitsstrafe als Einsperrung keineswegs aus. Freiheitsstrafe bedeutet vielmehr zugleich mit der Einsperrung sowohl tatsächlich wie rechtlich auch Absperrung des Gefangenen von der Außenwelt: Dieser kann sich, wenn die Absperrungseinrichtungen ihren Zweck erfüllen, nicht ohne Vermittlung der Organe des Strafvollzugs mit der Außenwelt in Verbindung setzen, und er darf diese Verbindung — ohne Erlaubnis — nicht aufnehmen, handelt rechtswidrig, wenn er es tut (Durchstechereien!). Aber auch das genügt noch nicht zur Kennzeichnung der Freiheitsentziehung, welche sich aus den ReichrVollzGr. als vergeltungsmäßige Grundlage der Freiheitsstrafe ergibt. Der Gefangene wird „zur Strafe" nicht nur eingesperrt und von der Außenwelt abgesperrt, sondern er verliert auch — so muß man die Vorschriften in ihrer Gesamtheit verstehen — „zur Strafe" grundsätzlich den Rest von Handlungsfreiheit, der ihm unter der Wirkung von Einsperrung und Absperrung noch verbleiben würde: Ihm ist — darin dürfen Einzelverbote (vgl. §§ 127 Abs. 2, 128, 129 Satz 2 ReichsrVollzGr.) und vor allem die zahlreichen Ausnahmen, die, insbesondere bei Festungshaft und einfacher Haft, bestehen, nicht irre machen — im Grunde alle Eigenmacht öffentlich-rechtlich entzogen.

Bei der Regelung der Zuchthausstrafe (§ 15), der Gefängnisstrafe (§ 16) und der geschärften Haftstrafe (§ 362) bringt das Strafgesetzbuch Vorschriften über die Heranziehung der Strafgefangenen zur Arbeit. Die zur Zuchthausstrafe Verurteilten sind in der Strafanstalt zu den eingeführten Arbeiten anzuhalten (sogenannter obligatorischer und generalisierender Arbeitszwang: auf die Fähigkeiten und Verhältnisse des Gefangenen braucht keine Rücksicht genommen zu werden). Bei Sonderung von freien Arbeitern können sie auch zu Arbeiten außerhalb der Anstalt, insbesondere zu öffentlichen oder von einer Staatsbehörde beaufsichtigten Arbeiten verwendet werden. Die zur Gefängnisstrafe Verurteilten können in einer Gefangenanstalt auf eine ihren Fähigkeiten und Verhältnissen angemessene Weise beschäftigt werden (sogenannter fakultativer und individualisierender Arbeitszwang). Während eine Beschäftigung außerhalb der Anstalt bisher nur mit ihrer Zustimmung zulässig war, können die Gefängnisgefangenen jetzt (RGBl. I 1934 S. 345) wie die Zuchthausgefangenen, freilich streng genommen wohl nur „individualisierend", zu Arbeiten außerhalb der Anstalt herangezogen werden. Für die geschärfte Haft gilt fakultativer und individualisierender Zwang zur Arbeit innerhalb und — bei Sonderung von freien Arbeitern — außerhalb der Strafanstalt. Durch die Aufnahme dieser Bestimmungen in das Strafgesetzbuch ist zum Ausdrucke gebracht, daß der Arbeitszwang, der da vorgeschrieben oder doch zugelassen wird, zum materiellrechtlichen Inhalte der betreffenden Art der Freiheitsstrafe gehören, Teil des eigentlichen Strafübels, also Vergeltung, für den Gefangenen Sühne sein soll. Da nach unserer sittlichen Auffassung die Arbeit als solche ein Übel nicht ist, so läßt sich der Strafcharakter nur darin finden, daß die Heranziehung zur Arbeit der Art und dem Maße nach vom Arbeitswillen des Gefangenen unabhängig ist, daß die Arbeitskraft des Gefangenen dem Staate unentgeltlich zur Verfügung steht, und daß ihrer Verwendung, von den bereits genannten Beschränkungen der Art nach abgesehen, rechtliche Schranken dem Grade und der Dauer der Anspannung nach nur dadurch gesetzt sind, daß die Freiheitsstrafe in Leben und Gesundheit ihrem Sinn nach nicht eingreifen will. Die hinsichtlich der Arbeit bestehende Strafhaftung wird im Strafvollzug insofern voll ausgenützt, als nach § 62 Abs. 2 Satz 1 ReichsrVollzGr. auch Gefängnisgefangene und Gefangene, die geschärfte Haftstrafe verbüßen, im Rahmen des Zulässigen zur Arbeit anzuhalten sind, soweit nicht „Selbstbeschäftigung" gewährt wird (§§ 164, 83 ReichsVollzGr.). Den Grad der Anspannung bestimmt § 74 Abs. 1 a. a. O. dahin, daß jeder Gefangene zu leisten hat, was er nach seinen Fähigkeiten und seinen Körperkräften bei fleißiger Arbeit zu leisten vermag. Nahe liegt es, zwecks Differenzierung der in

Betracht kommenden Arten der Freiheitsstrafe bei der zeitlichen Ausdehnung des Arbeitszwanges verschieden zu verfahren (vgl. § 73 a. a. O.): demgemäß beträgt die tägliche Arbeitszeit nach § 155 a. a. O. im Zuchthaus „in der Regel nicht mehr als zehn“ und nach den §§ 160, 185 Abs. 2, 194 Abs. 2 a. a. O. im Gefängnis und bei der geschärften Haftstrafe „in der Regel nicht mehr als neun“ Stunden. Zur Erhöhung des Strafcharakters überhaupt oder zur Differenzierung Arbeiten gerade darum als Gefangenenarbeit zu wählen, weil sie besonders lästig sind, liegt unserer sittlichen Auffassung von der Arbeit fern. Soweit Gefängnisgefangenen nach § 16 Abs. 2 Halbs. 2 StGB. „auf ihr Verlangen“ oder zur Arbeit nicht verpflichteten Strafgefangenen nach § 62 Abs. 2 Satz 2 ReichsrVollzGr. „auf ihren Antrag“ Arbeit zugewiesen wird, mangelt es am Strafcharakter der Arbeit; es handelt sich insoweit um eine Art Unterhaltsgewährung. Der Strafcharakter der Arbeit oder doch die Unterschiede, die das Strafgesetzbuch bei der Regelung des Arbeitszwanges zwischen den in Betracht kommenden Arten der Freiheitsstrafe macht, verwischen sich, soweit der zur Arbeit herangezogene Gefangene die Arbeit als eine Wohltat empfindet und mit jeder beliebigen Art von Arbeit, insbesondere auch mit Arbeit außerhalb der Anstalt, zufrieden ist, und soweit auch im Vollzuge der Zuchthausstrafe nach § 68 Abs. 1 ReichsrVollzGr. bei der Zuweisung von Arbeit auf die Kenntnisse und Fähigkeiten, den Gesundheitszustand, das Lebensalter, den Beruf und den Bildungsgrad Rücksicht genommen wird.

Freiheitsentziehung im angegebenen Sinne, die bei Zuchthaus- und Gefängnisstrafe noch durch gesetzliche Zulassung einer zeitlich begrenzten strengen Einzelhaft (§ 22 StGB.) verschärft wird, und — bei Zuchthaus, Gefängnis und geschärfter Haft — Arbeitszwang machen den Vergeltungsgehalt, den eigentlichen Strafübelsgehalt der Freiheitsstrafe aus. Bei der Zuchthausstrafe gesellen sich dazu die Ehrenfolgen des § 31 StGB. Eine Zeit lang wurde die Forderung aufgestellt, die Freiheitsstrafe müsse von „Eingriffen“ in andere „Rechtsgüter“ als die Freiheit „reingehalten“ werden. Daran war nur so viel richtig, daß es bei der rein verwaltungsmäßigen Ausfüllung der Rahmenbestimmungen des Strafgesetzbuchs über den Inhalt der Freiheitsstrafen zur Aufnahme vergeltender Maßnahmen gegen Leib, Leben, Gesundheit und nicht zuletzt Ehre allerdings nicht kommen durfte (vgl. dazu §§ 49 Satz 2, 3; 92; 117 ReichsrVollzGr.). Nicht nur angängig, sondern sogar erwünscht ist es jedoch, bei der künftigen gesetzlichen Regelung zur Kennzeichnung der Eigenart der einzelnen Freiheitsstrafen auch dadurch beizutragen, daß geeignete andere Schmälerungen der Rechtsstellung des Verurteilten mit der einen oder anderen Freiheitsstrafe verbunden werden.

Über den materiellrechtlichen Gehalt der Freiheitsstrafe geht die Erscheinungsform, die sie im Vollzug annimmt, wie schon oben betont, notwendig hinaus, ohne daß dadurch dem Satze, daß gemäß Strafgesetz und Straferkenntnis zu vollziehen sei, Abbruch geschähe. Soll die Freiheitsstrafe sachgemäß verwirklicht werden, so geht es eben ohne eine keinen Vergeltungscharakter tragende zusätzliche Haftung nicht ab. Als Auswirkung eines besonderen Gewaltverhältnisses eigener Art, der Anstaltsgewalt des Strafvollzuges, läßt sich alles das auffassen, was an Regeln, Befehlen und Erlaubnissen der Freiheitsstrafe im Vollzug ihre Gestalt gibt. Es ist eine Welt im Kleinen, deren besonderen Lebensformen der Gefangene unterworfen wird. Sicherheit der Verwahrung, Zucht und Ordnung im ganzen Anstaltsleben, Förderung erwünschter und Abwehr unerwünschter Strafwirkungen sind die Gesichtspunkte, unter denen die Regelung steht. An die Stelle eigenwilligen und eigenmächtigen Handelns des Gefangenen tritt das Handeln auf Befehl und — wovon weiter unten noch die Rede sein wird — zufolge Erlaubnis. Die Gehorsamspflicht des Gefangenen kommt in § 126 Abs. 1 Satz 1 ReichsrVollzGr. zum Ausdruck. Satz 2 a. a. O verlangt, daß angemessene Haltung von ihm gefordert wird (vgl. die in Dienst- und Vollzugsordnungen begründete Grußpflicht). Er hat sich bei der Beantwortung von Fragen an die Wahrheit zu halten (Abs. 2 a. a. O.). Er wird genötigt, Anstaltskleidung und Anstaltswäsche zu tragen (§ 56 Abs. 1 a. a. O., Ausnahme § 171 und vergünstigungsweise §§ 162, 187 a. a. O.), und muß sich dafür die eigene Kleidung und Wäsche, auch andere entbehrliche Gegenstände, vor allem aber auch sein Geld abnehmen lassen (§§ 32, 33 a. a. O., Ausnahme § 170 a. a. O.). Bei der Aufnahme, aber auch sonst, wenn es angebracht erscheint, muß er eine Durchsuchung über sich ergehen lassen (§ 31 a. a. O.), wobei die Einschränkung gilt, daß Frauen nur von Frauen durchsucht werden dürfen (Abs. 2 Satz 2 a. a. O., vgl. § 339 StGB.). Unabhängig davon, ob ihn ein vergeltender Arbeitszwang trifft, hat er, soweit er körperlich dazu imstande ist, die Hafträume und die Einrichtungsgegenstände zu reinigen (§ 88 Abs. 1 a. a. O.). Er ist fast völlig ohne Einfluß darauf, ob er in Einzelhaft, Zellenhaft oder Gemeinschaftshaft untergebracht und mit wem er im letzten

Falle zusammengebracht wird (§ 38ff. a. a. O.). Er unterliegt, soweit es Ordnung und Sicherheit fordern, einem Schweigegebot (§ 127 Abs. 1 Satz 2 a. a. O.).

Nach § 37 ReichrVollzGr. dürfen ferner an Strafgefangenen für die Zwecke des Erkennungsdienstes die erforderlichen Feststellungen (Messungen, Abbildungen usw.) vorgenommen werden. Diese Vorschrift dürfte angesichts des § 81 b StPO., dessen Geltung sich nach Schäfer-Wagner-Schafheutle, Ges. geg. gef. Gew. Verbr., S. 246 auf die Zeit des Strafvollzugs erstreckt, nur deklaratorische Bedeutung haben. Eine dem § 31 Abs. 2 Satz 2 a. a. O. entsprechende Vorschrift ist nicht vorgesehen. Ob und inwieweit es angebracht ist, auch kriminalbiologische Untersuchungen an Strafgefangenen zuzulassen (vgl. § 67 Entw. StVG. 1927), ist in diesem Zusammenhange nicht zu erörtern.

Die Unterworfenheit, in die der Gefangene mit der Annahme in die Strafanstalt gerät, kommt besonders sinnfällig darin zum Ausdruck, daß die Anstaltsgewalt die Befugnis zu besonderen Sicherungsmaßnahmen, eine Hausstrafgewalt und die Befugnis zur Gewaltanwendung in sich schließt.

Sicherungsmaßnahmen im Sinne der ReichsrVollzGr. können gegenüber dem Gefangenen getroffen werden, wenn er fluchtverdächtig oder selbstmordverdächtig ist, sich einem Beamten widersetzt oder sonst Ordnung oder Sicherheit gefährdet (§ 132 a. a. O.). Als ausschließliche Maßnahmen dieser Art sind aufgeführt (§ 133 a. a. O.): Entziehung von Einrichtungsgegenständen und Bekleidungsstücken, deren Mißbrauch zu befürchten ist oder die geeignet sind, einen Fluchtversuch oder einen Selbstmordversuch zu fördern, vorübergehende Unterbringung in Einzelhaft oder Zusammenlegung mit anderen Gefangenen, dann die mehr einschneidende Unterbringung in einer Beruhigungszelle und als äußerstes Mittel die Fesselung, für die § 135 a. a. O. noch besondere Voraussetzungen festlegt. Zur Anordnung solcher Sicherungsmaßnahmen ist, von vorläufigem Einschreiten bei Gefahr im Verzug abgesehen, nur der Vorsteher der Anstalt zuständig (§ 132 Abs. 2 a. a. O.). Ärztliche Mitwirkung ist, soweit erforderlich, gesichert (§§ 134 Abs. 2, 136 a. a. O.).

Die Hausstrafgewalt dient mit vergeltenden Maßnahmen der Aufrechterhaltung von Zucht und Ordnung in der Strafanstalt. Sie zeigt die bekannten Merkmale der Disziplinarstrafgewalt. Die Voraussetzungen des Einschreitens sind nicht in festumrissenen Tatbeständen festgelegt, sondern es heißt in § 137 ReichsrVollzGr.: „Gegen Gefangene die gegen die allgemeinen gesetzlichen Vorschriften, gegen die Dienst- und Vollzugsordnung, die Hausordnung, die sonstigen Anordnungen oder gegen Sitte oder Anstand verstoßen, kann eine Hausstrafe verhängt werden.“ Dem entspricht ein in § 139 a. a. O. enthaltener Katalog von Hausstrafen, die wahlweise zur Verfügung stehen. Der Katalog beginnt mit dem Verweis, also einer die Ehre berührenden Strafmaßnahme. Es folgen eine ganze Reihe von Hausstrafen, die sämtlich in Beschränkung oder Entziehung von Pflichtgewährungen oder Vergünstigungen des Strafvollzuges bestehen und von denen die Entziehung des Bettlagers auf die Dauer von höchstens einer Woche und die Schmälerung der Kost auf die Dauer von einer Woche, beide leibesstrafenartig, am fühlbarsten sind. Die Schmälerung der Kost besteht nach § 141 a. a. O. darin, daß die warme Morgen-, Mittag- oder Abendkost entzogen oder daß die Kost auf Wasser und Brot beschränkt wird; sie ist nur einen um den andern Tag zulässig. Der Katalog der Hausstrafen schließt mit dem Arrest auf die Dauer von höchstens vier Wochen und der für Zuchthausgefangene vorgesehenen Sonderstrafe des strengen Arrests auf die Dauer von höchstens einer Woche. Der Arrest wird nach § 143 a. a. O. unter Entziehung der Arbeit, der Bewegung im Freien und des Bettlagers und Beschränkung der Kost auf Wasser und Brot sowie unter umfassendem Wegfall sonstiger Pflichtgewährungen und Vergünstigungen des Strafvollzugs in einer Strafzelle vollzogen; die Entziehung der Arbeit, der Bewegung im Freien und des Bettlagers und die Beschränkung der Kost auf Wasser und Brot fallen am vierten, achten und darauf an jedem dritten Tage des Vollzugs weg. Der strenge Arrest wird nach Abs. 2 a. a. O. ebenso wie der Arrest vollzogen, doch bleiben während der ganzen Dauer seines Vollzugs die Arbeit, die Bewegung im Freien und das Bettlager entzogen und die Kost auf Wasser und Brot beschränkt. Es besteht kein unbedingter Verfolgungszwang: bei leichten Verstößen genügt nach § 138 a. a. O. unter Umständen eine Verwarnung. Zuständig zur Verhängung einer Hausstrafe sind nach § 144 Abs. 1 a. a. O. der Vorsteher der Anstalt, besonders dazu bestellte Beamte (z. B. in Sachsen die Abteilungsleiter) und die Aufsichtsbehörde. Der Gefangene ist vor der Verhängung zu hören (a. a. O.). Daß der der Hausstrafe zu Grunde liegende Sachverhalt einwandfrei festgestellt sein muß, ist nicht erwähnt, aber ohne Zweifel als selbstverständlich vorausgesetzt. Eine grobe Verirrung war in allen ihren Formen die Einrichtung des sogenannten Anstaltsgerichts; sie ist durchweg beseitigt. Disziplinarrechtlichen Grundsätzen entspricht es, daß nach Abs. 3 a. a. O. eine Hausstrafe auch dann verhängt werden kann, wenn wegen derselben Verfehlung ein gerichtliches Strafverfahren eingeleitet worden ist.

Von der Gewaltanwendung erwähnen die ReichsrVollzGr. in § 13 Abs. 2 den Sonderfall des Waffengebrauchs, den sie insoweit für zulässig erklären, als ihn die Dienstvorschriften gestatten. Die Waffengebrauchsbestimmungen der Länder, deren Einheitlichkeit nicht gewährleistet ist, sind damit einstweilen reichsrechtlich sanktioniert. Gerade aber auf dem Gebiete des Waffengebrauchs wie auf dem der Gewaltanwendung im Strafvollzug überhaupt erscheint eine einheitliche reichsrechtliche Regelung besonders erwünscht. Es handelt sich um die Festlegung der Voraussetzungen, unter denen bei Ausübung der Strafvollzugsgewalt zur Durchsetzung von Handlungen, Unterlassungen und Duldungen des Gefangenen unmittelbarer Zwang zulässig sein soll, um die Regelung des Maßes der Anwendung der Gewalt — Grundsatz des angemessenen Mittels — und damit zugleich um die Stufenfolge der Anwendung der Gewaltmittel (waffenlose Gewaltanwendung, insbesondere die sogenannte waffenlose Kampfweise — Jiu Jitsu —, Reizstoffmunition, Gummiknüppel, blanke Waffe, Schußwaffe). Sonderfälle waffenloser Gewaltanwendung sind Zwangsernährung (§ 100 ReichsrVollzGr.: „Gefangene, welche die Aufnahme der Nahrung verweigern, sind, wenn Lebensgefahr eintritt und Vorstellungen erfolglos sind, unter Aufsicht des Arztes zwangsweise zu ernähren"), ärztliche Zwangsuntersuchung und ärztliche Zwangsbehandlung (in den ReichsrVollzGr. n cht geregelt). Als Beispiel einer Regelung des Waffengebrauchs diene § 36 Ziff. 2, 3, 4 PreußDVO.:

„2. Den Beamten ist bei Ausübung des Dienstes der Gebrauch der zugelassen Hieb- und Schußwaffen gestattet:

a) wenn sie oder andere Personen angegriffen oder mit einem Angriff bedroht werden;

b) wenn sich ein Gefangener in den Besitz eines Werkzeugs, das zu gefährlichen Angriffen dienen kann, gesetzt hat und der Aufforderung, es abzulegen, nicht nachkommt.

c) wenn Gefangene sich zusammenrotten, mit vereinten Kräften einen Ausbruch unternehmen und dabei die Beamten oder die mit der Beaufsichtigung Beauftragten angreifen, ihnen Widerstand leisten oder sie zu Handlungen oder Unterlassungen zu nötigen suchen;

d) wenn Gefangene sich der Ergreifung bei einem Fluchtversuch tätlich oder durch gefährliche Drohungen widersetzen oder auf Aufforderung (z. B. durch den Ruf „Halt!" oder durch einen Schreckschuß) von dem Fluchtversuche nicht ablassen.

3. Von den Waffen darf nur insoweit Gebrauch gemacht werden, als es zur Unterdrückung der Meuterei (Ziff. 2c), zur Verhinderung des Fluchtversuchs, zur Abwehr des Angriffs oder zur Überwindung des Widerstandes erforderlich ist. Von der Schußwaffe darf, mit Ausnahme der Abwehr eines unmittelbaren Angriffs auf die Person, nur nach erfolgloser Warnung und jedenfalls nur dann Gebrauch gemacht werden, wenn andere Mittel nicht zum Ziele führen würden. Ob bei Meutereien, abgesehen von dem Falle des unmittelbaren Angriffs, die Schußwaffe anzuwenden ist, bestimmt der Vorsteher oder in seiner Abwesenheit der dienstälteste Inspektionsbeamte.

4. Die Aufsichtsbeamten bei den außerhalb der Anstalt beschäftigten Gefangenen sind außerdem nach § 6 des G. vom 11. IV. 1854 (GS. 143) befugt, zur Verhinderung der Flucht nötigenfalls von ihren Hieb- und Schußwaffen Gebrauch zu machen."

In ganz anderer Richtung macht sich die Anstaltsgewalt geltend, soweit der Gefangene zum Unterrichte herangezogen wird (§ 106 ReichsrVollzGr.). Der Unterricht und in Verbindung damit die planmäßige Beeinflussung durch Gewährung des Lesestoffs aus der Anstaltsbücherei, ferner aber der persönliche Einfluß vor allem der leitenden Beamten des Strafvollzugs sollen gewährleisten, daß die Strafe, die immer ein zweischneidiges Schwert ist, im Gefangenen nicht ganz andere seelische Wirkungen erzeugt, als sie im Interesse der Volksgemeinschaft liegen. Es handelt sich um ein Empfänglichmachen für die Strafe, um eine Erziehung „auf die Strafe hin", beileibe nicht um eine als selbständige Vollzugsaufgabe auftauchende Erziehung „gelegentlich der Strafe". Näheres gehört unter „Strafvollzug als Erziehungsangelegenheit", wo auch die besondere Gestalt zu besprechen sein wird, welche die Freiheitsstrafe im Vollzug an Jugendlichen usw. annimmt (s. unten zu C).

Es ist bereits betont worden, daß der Grundsatz der vergeltenden Entziehung der Freiheit (Einsperrung, Absperrung, Entziehung des Restes der Handlungsfreiheit) Ausnahmen unterliegt. Ausnahmslose Durchführung würde alle Brücken zum freien Leben abbrechen, in das der Gefangene doch früher oder später zurückkehren soll. Zweitens aber dienen solche Ausnahmen der Differenzierung der verschiedenen Arten der Freiheitsstrafe, indem je nach der Schwere, die das Strafgesetz einigermaßen erkennbar der Freiheitsstrafe zumißt, bei der einen mehr, bei der anderen weniger Ausnahmen gemacht werden. Was aber der Gefangene auf diese Weise wiedergewinnt, das hat er m. E. nicht zu eigenem Recht, sondern nur zufolge Erlaubnis. Und mag auch die Erlaubnis in den ReichsrVollzGr. verbrieft sein, so bedarf doch der Gefangene im Einzelfalle wieder besonderer Erlaubnis, nur daß zu deren Erteilung eine Amtspflicht besteht. Zu vgl. in diesem Zusammenhange §§ 108 Satz 2, 175 Abs. 1 Satz 2, 176 Abs. 1 Satz 2, 178, 181 Abs. 2, 191, 192 a. a. O.). Wichtigstes Beispiel ist die Regelung des Verkehrs mit der Außenwelt, bei der beide erwähnten Gesichtspunkte eine Rolle spielen. Die Vorschriften über den Besuchs- und Schriftverkehr des Gefangenen (§§ 112ff. ReichsrVollzGr.) bedeuten offensichtlich eine Durchbrechung des Grundsatzes der Absperrung des Gefangenen von der Außenwelt. Es muß dem Staate selbst daran liegen, daß dem Gefangenen für die Zeit nach der Entlassung Beziehungen erhalten bleiben, die ihn stützen können, namentlich zu seiner Familie. Dann aber ist der Verkehr auch je nach der Schwere der Freiheitsstrafe in größerem oder geringerem Ausmaße zugelassen. Es bleibt dabei, daß der Verkehr einer besonderen Erlaubnis bedarf, wenn er rechtmäßig sein soll. Doch ist in gewissem Umfang eine Pflicht zur Erteilung der Erlaubnis begründet. Über Besuchs- und Schreibfristen vgl. §§ 112 Abs. 1 Satz 1, 118 Abs. 1, 121 Abs. 1, 157, 161, 180 Abs. 2 ReichsrVollzGr., über Ausnahmen davon §§ 118 Abs. 2, 119, 121 Abs. 2, 181 Abs. 1 a. a. O. und vergünstigungsweise § 113 a. a. O. Wegen der Bevorzugung von Angehörigen im Besuchsverkehr vgl. § 112 Abs. 2 a. a. O., wegen der Besuchsdauer § 116 a. a. O. Es ist nicht zu verwundern, daß diese Ausnahmen von der Absperrung von der Anstaltsgewalt in Schranken gehalten werden: Von — selten — bewilligten Ausnahmen abgesehen, unterliegt der Besuchsverkehr, ausnahmslos unterliegt der Schriftverkehr der Überwachung (§§ 114, 122 a. a. O.). Wie Besuche, die bedenklich werden, abgebrochen werden dürfen oder müssen (nicht ausdrücklich in den ReichsVollzGr. erwähnt), so darf ein Schriftverkehr nicht geduldet werden, der die Ziele des Strafvollzugs gefährdet (§ 123 a. a. O.). Von besonderer Bedeutung ist die Erlaubnis zur Entgegennahme des Zuspruchs eines Geistlichen des Bekenntnisses, dem der Gefangene angehört (§ 105 ReichsrVollzGr.).

Außer solchen „Pflichtgewährungen", die in pflichtmäßiger Erteilung von Erlaubnissen bestehen, kennt der Strafvollzug eine große Reihe unmittelbarer Gewährungen, zu denen die Beamten des Strafvollzugs verpflichtet sind. Es handelt sich in erster Linie um Amtspflichten zur Sorge für den Unterhalt des Gefangenen, an dessen eigener Beschaffung ihn der Staat ja hindert; der Staat läßt für den notwendigen Lebensbedarf sorgen, weil er die Freiheitsstrafe nicht zur Strafe an Leben oder Gesundheit werden lassen will und kann. Auf der anderen Seite stellt er es aber, wo es ihm darauf ankommt, auch nicht ins Belieben des Gefangenen, ob er die Gewährung ausnutzt; er hält ihn, wie teilweise schon erwähnt, dann kraft Anstaltsgewalt dazu an. In diesem Zusammenhange vgl. Gewährung des Bettlagers (§ 55 ReichsrVollzGr.), von Anstaltskleidung und Anstaltswäsche (§ 56), von Anstaltskost (§ 57), von ausreichendem Luftraum und Tageslicht (§ 87), von künstlicher Beleuchtung bei Dunkelheit und Heizung bei kalter Witterung (§ 88), von Bädern (§ 90), von Schutz gegen Gefahren bei der Arbeit (§ 71, dazu das Gesetz über Unfallfürsorge für Gefangene v. 30. VI. 00 RGBl. S. 536), von Schutz vor Ansteckung (§ 91), von Bewegung im Freien (§ 93), von ärztlicher Behandlung im Krankheitsfalle (§§ 95, 97) sowie von Zahnbehandlung (§ 99 a. a. O.). In einer zweiten Gruppe von Fällen handelt es sich um Gewährungen aus Fürsorge für die Zeit nach der Entlassung. Vgl. §§ 68 Abs. 2, 217, 218, 225, 226 ReichsrVollzGr. Damit verwandt die Gewährung der Gelegenheit, über die Ereignisse der Welt auf dem laufenden zu bleiben (§ 109). Ganz allgemein den geistigen Bedürfnissen des Gefangenen, zugleich aber, wie schon erwähnt, der Erziehung „auf die Strafe hin" dient die Pflichtgewährung von Lesestoff aus der Anstaltsbücherei (§ 107). Auf Seiten des Gefangenen handelt es sich hier überall um bloße „Anwartschaften", nicht etwa um subjektive öffentliche Rechte.

Es bleibt zu erwähnen als Pflichtgewährung eigener Art die Arbeitsbelohnung (§ 79 ReichsrVollzGr.). Auch hier handelt es sich weder um einen bürgerlich-rechtlichen noch um einen öffentlich-rechtlichen Anspruch des Gefangenen (Abs. 2 a. a. O.). Steht ja doch, wie schon erwähnt, die Arbeitskraft des Gefangenen dem Staate unentgeltlich zur Verfügung (§ 77 Abs. 1 a. a. O.). Die Anwartschaft auf die Arbeitsbelohnung ist kein rechtlicher Gegenstand; sie kann weder abgetreten noch verpfändet noch gepfändet werden. Die Anwartschaft liegt nur darin, daß eine Amtspflicht zur Gutschrift und späteren Auszahlung der Arbeitsbelohnung besteht, wenn der Gefangene die an ihn gestellten Arbeitsanforderungen erfüllt. Innerer Grund dieser Gewährung ist zum Teil (Hausgeld §§ 80, 81 a. a. O.) die Ermöglichung einer bescheidenen Handlungsfreiheit, zum Teil (Rücklage §§ 80, 82 a. a. O.)

Fürsorge für die Zeit nach der Entlassung. Über Kürzungen der Arbeitsbelohnung vgl. § 85, über die Möglichkeit einer Sonderbehandlung der Rücklage bei der Entlassung § 229.

Keine eigentliche reichsrechtliche Regelung hat die viel besprochene Einrichtung des Strafvollzuges in Stufen gefunden. § 130 ReichsrVollzGr. sagt zwar, welchem Zwecke sie dienen und wie sie im allgemeinen gestaltet sein soll, beschränkt sich aber darauf, zu bestimmen, daß der Strafvollzug in Stufen bei längeren Strafen anzustreben sei. Seinerzeit in Würzburg zwischen den Ländern vereinbarte Richtlinien für den Stufenstrafvollzug sind überholt, zur Vereinbarung neuer Richtlinien ist es nicht mehr gekommen. So herrscht auf diesem Gebiete noch merkliche Ungleichheit der Vorschriften, die sogar durch die neuere Regelung wesentlich erhöht worden ist (z. B. hat Preußen den Strafvollzug in Stufen im Gegensatz z. B. zu Bayern und Sachsen auf den Vollzug an erstbestraften Gefängnisgefangenen beschränkt). Bei der Bedeutung, welche die Einrichtung, ihre Ausgestaltung und ihr Fehlen für die Wirklichkeit des Strafvollzuges haben, ist eine reichsrechtliche Regelung dringend zu wünschen. Über die Aufgabe, welche dem stufenartigen Aufbau des Strafvollzuges zufällt, den man Stufenstrafvollzug nennt und früher meist progressiven Strafvollzug nannte, und über Umfang und Art seiner Anwendung wird unter „Strafvollzug als Erziehungsangelegenheit" Näheres zu sagen sein. Hier handelt es sich nur darum, die Einrichtung rechtlich einzuordnen. Rechtlich erscheint sie, von ihrem Zwecke abgesehen, als ein System der Bewilligung sogenannter Vergünstigungen im Strafvollzug, und sie kann daher nur im Zusammenhange mit diesen Vergünstigungen überhaupt erörtert werden. Unter einer „Vergünstigung" wird man im Gegensatze zu einer „Pflichtgewährung" die Erlaubnis zu einem Selbsthandeln des Gefangenen oder eine sonstige Gewährung zu verstehen haben, zu der die Strafvollzugsbehörde nicht verpflichtet, sondern nur ermächtigt ist (vgl. §§ 32 Abs. 3, 56 Abs. 2 a. a. O., ermächtigende Durchführungsverordnungsvorschriften, die gemäß §§ 59, 60, 61 a. a. O. erlassen sind, §§ 110, 111, 113, 114 Abs. 1 Satz 2, 115, 118 Abs. 2 Satz 2, 125 Satz 2, 129, 162, 163, 164, 175, 186, 187, 188, 189, 190 a. a. O.). Jede Vergünstigung bedeutet eine Lockerung des Strafzwanges und ist als solche ebenso wenig wie eine Schärfung des Strafvollzugs ohne besondere Ermächtigung zulässig (§ 50 Abs. 2 a. a. O.). Nach § 51 a. a. O. sollen die zulässigen Vergünstigungen nur bei guter Führung und in allmählich steigendem Maße gewährt werden. Aus § 53 a. a. O., der die Beschränkung oder Entziehung einer Vergünstigung regelt, ist zu entnehmen, daß „Würdigkeit" des Gefangenen nicht nur Voraussetzung der Aufrechterhaltung, sondern auch schon der Bewilligung der Vergünstigung ist. Scheidet man eine Reihe von oben mit aufgeführten Vergünstigungen aus, die sich ihrem Wesen nach nicht dazu eignen, irgend wann im Verlaufe des Strafvollzugs bewilligt zu werden, sondern auf eine bestimmte Lage der Umstände abgestellt sind (vgl. z. B. §§ 113, 163 a. a. O.), so liegt in diesen Vorschriften eigentlich der Keim des Stufenstrafvollzugs. Der Gedanke, daß es — gerade um der erwünschten Strafwirkung willen und zur Abwehr unerwünschter Wirkungen — sinnvoll und darum gerechtfertigt sein kann, den Strafzwang in gewisser Hinsicht allmählich zu lockern, ist im Stufenstrafvollzuge zum System erhoben, die regellose individualisierende Bewilligung von Vergünstigungen, die leicht zur Willkür führt, durch eine gewisse Schematisierung ersetzt, die gerechter wirkt. Der Auffassung, die hier zum Ausdruck kommt, entspricht es, daß es die Pflicht, einen Gefangenen nach einer höheren Stufe aufrücken zu lassen, nicht geben kann.

Dem liberalen Rechtsstaatsgedanken entsprang die Forderung, daß es dem Gefangenen möglich sein müsse, wegen seiner Behandlung im Strafvollzuge die Entscheidung eines unabhängigen Gerichtes anzurufen. Nach den ReichsrVollzGr. ist dies dem Gefangenen versagt. Es ist bereits ausgeführt worden, daß es im Bereiche der möglichen Gewährungen zur Ausbildung subjektiver öffentlicher Rechte, die auf diese Weise verfolgt werden könnten, nicht hat kommen können. Mit der Unterworfenheit, in der sich der Gefangene im Strafvollzuge befindet, würde es auch schlechterdings unvereinbar sein, wenn er dem Staate als prozessual gleich gestellter Partner gegenübertreten könnte. Der Gefangene bleibt also darauf angewiesen, sich innerhalb des Verwaltungsorganismus selbst darauf zu berufen, daß eine ihm gegenüber bestehende Amtspflicht nicht erfüllt worden sei, geltend zu machen, daß eine Erlaubnis nicht erteilt worden sei, die hätte erteilt werden können, daß er ungerechterweise mit einer Hausstrafe belegt worden sei usw. Es ist also der Weg der Verwaltungsbeschwerde, auf dem der Gefangene Abhilfe suchen kann. Mißtrauen gegen die Einseitigkeit einer auf solchem Wege ergehenden Entscheidung ist nicht begründet, vielmehr gewährleisten Sachkunde und Verantwortlichkeit eine sachgemäße

Prüfung und Entscheidung. Von einem eigentlichen Beschwerderechte wird sich mangels der Möglichkeit selbständiger Geltendmachung ebenso wenig wie von sonstigen subjektiven öffentlichen Rechten des Gefangenen sprechen lassen. Es besteht dem Gefangenen gegenüber nur die Amtspflicht, ihm — in der Regel erst nach Ablauf einer militärischem Vorbild entsprechenden Bedenkzeit (§ 148 Abs. 1 ReichsrVollzGr.) — zur Anbringung der Beschwerde Gelegenheit zu geben (§ 147 Abs. 2 a. a. O.), es sei denn, daß mehrere Gefangene gemeinsam eine Beschwerde anbringen wollen (§ 148 Abs. 3 a. a. O.), sowie die weitere Amtspflicht, ihn auf seine Beschwerde zu bescheiden (§ 150 Abs. 2 a. a. O.), es sei denn, daß es sich um eine verspätete (§ 148 Abs. 2 a. a. O.) oder um eine nach endgültigem Bescheide wiederholte (§ 153 a. a. O.) Beschwerde handelt. Als unzulässig zurückzuweisen ist eine Beschwerde über eine „Maßnahme des Strafvollzugs", die den Gefangenen nicht selbst betrifft (§ 147 a. a. O.), ferner eine weitere Beschwerde, die nicht fristgemäß eingelegt ist oder die sich gegen eine Entscheidung der obersten Aufsichtsbehörde oder gegen die Entscheidung über eine weitere Beschwerde richtet (§ 150 a. a. O.). Wegen der zur Entscheidung über Beschwerden des Gefangenen berufenen Stellen vgl. §§ 149, 150 a. a. O. Von Bedeutung ist, daß eine — an sich weiter zu leitende — Beschwerde zurückzuhalten ist, wenn nach den Regeln des Schriftverkehrs die Voraussetzungen der Zurückhaltung vorliegen (§ 151 Abs. 3 a. a. O.), ohne daß eine Amtspflicht besteht, dem Gefangenen zur angemessenen Erneuerung der Beschwerde Gelegenheit zu geben (vgl. § 123 Abs. 3 a. a. O.). Gegen die Zurückhaltung steht wiederum nur der Weg der Beschwerde offen. Mit der Behandlung dieses dem Strafgefangenen zur Verfügung stehenden Schutzmittels ist die Betrachtung des Strafvollzugs als einer Rechtsangelegenheit abgeschlossen.

Schrifttum:

Andrae, Der deutsche Strafvollzug und seine reichsgesetzliche Regelung, Leipzig 1920. — Bumke, Die Freiheitsstrafe als Problem der Gesetzgebung, in seinem Handbuch Deutsches Gefängniswesen, Berlin 1928, S. 16ff. — Freudenthal, Die staatsrechtliche Stellung des Gefangenen, Jena 1910; Der Strafvollzug als Rechtsverhältnis, ZStrW. 32, 222ff.; Gefängnisrecht und Recht der Fürsorgeerziehung, in Bd. 5 von v. Holtzendorff-Kohlers Enzyklopädie der Rechtswissenschaft, 7. Aufl., S. 75ff.; Die rechtliche Stellung des Gefangenen, bei Bumke a. a. O. S. 141ff. — Frede, Art. Gefängnisrecht, in Stier-Somlo-Elsters Handwörterbuch der Rechtswissenschaft II, 613ff. — v. Holtzendorff-Jagemann, Handbuch des Gefängniswesens, Hamburg 1888. — Hauptvogel, Verordnung über den Vollzug von Freiheitsstrafen und von Maßregeln der Sicherung und Besserung, die mit Freiheitsentziehung verbunden sind, vom 14. V. 1934 (RGBl. I, 383), in Pfundtner-Neubert, Das neue deutsche Reichsrecht, unter II, c, 14. — Jacobi, Die Rechtsstellung der Strafgefangenen, in ZStrW. 50, 376ff. — Krohne, Lehrbuch der Gefängniskunde. — Kriegsmann, Einführung in die Gefängniskunde. — Kitzinger, Betrachtungen über die Freiheitsstrafe, in Goltd. Arch. 65, 193ff. — v. Liszt, Gefängnisrecht, in ZStrW. 35, 657. — Sauer, Kriminalsoziologie S. 157ff.; Strafvollzug und Vollstreckungsrecht, in ZStrW. 49, 533ff. — Schmidt-Schäfer-Krug-von Haacke, Das Preußische Strafvollstreckungs- und Gnadenrecht, Berlin 1933. — Schmidt-Schäfer-Krug, Preußisches Strafvollstreckungs- und Gnadenrecht, 1. Teil, Berlin 1934. — Stock, Die Strafe als Dienst am Volke, Tübingen 1933. — Grete Wolff, Strafvollzug und Rechtsstaat, Berlin 1933. — Weißenrieder, Reichsrechtliche Vollzugsgrundsätze, Erstes Sonderheft zu Bd.65 der Blätter für Gefängniskunde.

Hans Eichler.

B. Strafvollzug als Verwaltungsangelegenheit.

I. Geschichtliche Entwicklung. Von einem geordneten Strafvollzug mit organisierter Verwaltung kann erst seit der Einrichtung des Zuchthauses in Amsterdam (1595) die Rede sein, „wo man alle Vagabunden, Übeltäter, Spitzbuben u. dgl. zur Züchtigung einsperren und arbeiten lassen könnte". 1597 wurde ein Spinnhaus für junge Mädchen und andere, welche sich an Betteln und Müßiggang gewöhnen, eröffnet, und 1603 trat das „Separate Zuchthaus" für die Söhne anständiger Bürger hinzu. Die Leitung hatten mehrere angesehene Bürger als Regenten zusammen mit 2 Regentinnen, die die Aufsicht über den Haushalt führten. Das Innenpersonal bestand aus je einem Hausvater mit seiner Frau als Hausmutter, einem Prädikanten, Schulmeister und Arzt. Für den Arbeitsbetrieb des Männerhauses waren 2 Weber- und 1 Raspelmeister angestellt. Im Separaten Zuchthaus wurde bald die nächtliche Trennung in Einzelzellen bei Gemeinschaftshaft am Tage eingeführt. Große Bedeutung wurde der Beschäftigung der Gefangenen beigelegt, aus deren Ertrag diese eine Arbeitsbelohnung erhielten, die z. T. wöchentlich ausbezahlt, z. T. erst bei der

Entlassung ausgehändigt wurde. Die Männer wurden mit Weben und Raspeln von Farbhölzern, die Frauen mit Spinnen, Netzeflechten, Wollarbeiten, Nähen, Stricken usw. beschäftigt. Neben Arbeitsbetrieb, Seelsorge, Unterricht diente besonders die eingehende Hausordnung als Erziehungsmittel, um die Gefangenen an Arbeit, Gehorsam und geregelte Lebensführung zu gewöhnen. Ihre Befolgung wurde durch genau festgesetzte Hausstrafen: Kostschmälerung, Arrest, Fesselung, Prügel erzwungen. Der Erfolg Amsterdams führte besonders in den Hansestädten Bremen, Lübeck, Hamburg, Danzig zur Einrichtung ähnlicher Anstalten, denen weitere in ganz Deutschland folgten, so daß man 1786 an 60 Zucht- und Arbeitshäuser in Deutschland zählte.

Der Dreißigjährige Krieg mit seinen Folgen war jedoch die Ursache, daß in den meisten Zuchthäusern Unordnung und Zuchtlosigkeit einrissen, nur Amsterdam und Hamburg machten eine Ausnahme.

Eine hervorragende Stelle in der Entwicklung des Strafvollzugs nimmt dann das Bösebubenhaus San Michele in Rom, eine Gründung des Papstes Clemens XI. (1703) für jüngere Gefangene, ein mit nächtlicher Trennung und gemeinschaftlicher Arbeit unter Schweigegebot bei Tage. Gleichzeitig wurden die Insassen nach Alter und sittlicher Verfassung getrennt. Bezeichnend für den Geist der Anstalt ist die Inschrift: Parum est coercere improbos poena, nisi bonos efficias disciplina.

Als vorbildlich nach Organisation und Durchführung des Strafvollzugs galt dann auch die bereits 1627 gegründete, aber 1775 durch den Grafen Vilain neu organisierte Maison de Force in Gent, wo gleichfalls Tagesgemeinschaft mit geregeltem Arbeitsbetrieb und nächtliche Trennung sowie Einteilung der Gefangenen in verschiedene Klassen bestand.

Einen tiefgehenden Einfluß auf die Entwicklung des Strafvollzugs in ganz Europa übte der Engländer John Howard (gest. 1790) aus. Das Motto: „Make men diligent and they will be honest" kennzeichnet seine Bestrebungen, und so fordert er neben sittlicher und religiöser Pflege einen ständigen, ernsten Arbeitszwang, möglichste Trennung bei Tag und Nacht zur Verhütung gegenseitiger Verschlechterung und Abkürzung der Strafzeit bei guter Führung.

Der Gedanke einer streng durchgeführten Einzelhaft stammt jedoch erst aus Philadelphia, wo die Quäker durch sie die Gefangenen zur Reue und Umkehr bringen wollten und deshalb 1818 den Bau des ersten großen Einzelhaftgefängnisses, des Eastern Penitentiary, in Philadelphia beschlossen. Aus der Gegnerschaft gegen die Einzelhaft erwuchs dann das Auburnsche System, nach dem Gefängnis Auburn im Staat New York benannt, wo die Gefangenen bei strengster, durch Peitschenhiebe erzwungener Durchführung des Schweigegebotes am Tage in Gemeinschaftshaft, des Nachts in Einzelhaft gehalten wurden. Der Streit zwischen den Anhängern des Einzelhaft- und des Auburnschen Systems wurde auch nach Europa hinübergetragen, wo auf dem 1. internationalen Gefängniskongreß zu Frankfurt a. M. 1846 die Anhänger der Einzelhaft die Mehrheit hatten. Das erste deutsche Einzelhaftgefängnis war Bruchsal in Baden (1848), ihm folgte in Preußen das Zellengefängnis Moabit (1849), das genau nach dem Muster des englischen Zellengefängnisses Pentonville (1842) errichtet wurde.

Der praktischen Durchführung der Einzelhaft traten indessen besonders seitens der Gefängnisbürokratie erhebliche Schwierigkeiten entgegen. Wicherns Reformversuche in Preußen scheiterten, und erst, nachdem das Reichsstrafgesetzbuch vom 15. V. 1871 die Anwendung der Einzelhaft für die Dauer von 3 Jahren für zulässig erklärt hatte, begann in Deutschland in größerem Maßstab der Bau von Zellengefängnissen, so daß sich die Zahl der Einzelzellen in Preußen von 3247 im Jahr 1869 auf 12785 im Jahr 1909 vermehrte und heute 28478 beträgt.

Je höhere Ansprüche aber man in rechtlicher und sittlicher Beziehung an den Strafvollzug stellte, um so notwendiger wurde es, die Verwaltung und Organisation durch Gesetze und Verwaltungsvorschriften zu regeln. Eine reichsgesetzliche Regelung war nach dem Scheitern der Entwürfe von 1879 und 1927 bis jetzt nicht möglich. Um wenigstens auf dem Verwaltungswege eine einheitlichere Gestaltung des deutschen Strafvollzugs herbeizuführen, gab der Bundesrat durch Beschluß vom 28. X. 1897 in den „Grundsätzen, welche bei dem Vollzuge gerichtlich erkannter Freiheitsstrafen bis zu weiterer gemeinsamer Regelung zur Anwendung kommen", die allgemeinen Richtlinien. Nachdem dann in den deutschen Ländern, in denen das Gefängniswesen, wie z. B. in Preußen, teils dem Justizministerium, teils dem Ministerium des Innern unterstellt war, dieser Dualismus beseitigt und der Strafvollzug allgemein als ein Teil der Rechtspflege der Justizverwaltung eingegliedert war, vereinbarten die Landesregierungen in den Grundsätzen für den Vollzug von Freiheitsstrafen vom 7. VI. 1923 eine einheitliche Neuregelung. Ihnen entsprechend wurden die Dienst- und Vollzugsordnungen für den Strafvollzug der einzelnen Länder mit immerhin noch recht erheblichen Abweichungen untereinander erlassen. Für Preußen wurde in dem Preußischen Strafvollstreckungs- und Gnadenrecht vom 1. VIII. 1933 dem Strafvollzug auch eine gesetzliche Grundlage gegeben, auf der sich die neue „Dienst- und Vollzugsordnung für die Gefangenenanstalten der preußischen Justizverwaltung" gleichen Datums aufbaut. Durch die „Verordnung über den Vollzug von Freiheitsstrafen und von Maßregeln der Sicherung und Besserung, die mit der Freiheitsentziehung verbunden sind", vom 14. V. 1934 haben dann die Grundsätze von 1923 eine Änderung erfahren und bestehen seitdem in dieser geänderten Fassung als reichsrechtliche Vollzugsgrundsätze. Durch die Änderung sind indessen Organisation und Verwaltung des Strafvollzugs weniger getroffen als seine Aufgaben.

II. Organisation. 1. Einteilung der Anstalten und Klassifikation. Die Einteilung der Gefangenenanstalten findet in den Grundsätzen nach den verschiedensten Gesichtspunkten statt. Mit ihr ist eine Klassifikation der Gefangenen verbunden, so daß die einzelnen Anstalten eine möglichst gleichartige Gefangenenbelegung erhalten. § 2 unterscheidet nach der Strafart Zuchthäuser und Gefängnisse. In letzteren wird auch die Haftstrafe vollstreckt. Besondere Anstalten oder Abteilungen für Festungshaft kommen nicht mehr in Frage, da nach § 17 Abs. 4 StGB. die Festungshaft in Festungen vollzogen wird, die dem Reichswehrminister unterstehen. In § 3 werden nach dem Geschlecht Männer- und Frauenanstalten, in § 4 nach dem Alter Anstalten für Erwachsene, Jugendliche und Minderjährige, die über 18 Jahre alt sind und eine Gefängnisstrafe verbüßen, unterschieden. Nach § 5 sollen nach Bedarf für geistig Minderwertige und, soweit möglich, für Tuberkulosekranke besondere Abteilungen eingerichtet werden. Eine Trennung der Gefangenen unter dem Gesichtspunkt, ob sie einerseits nicht oder nur unerheblich, andererseits erheblich vorbestraft sind, ist in den Grundsätzen nicht vorgesehen, wohl aber kennt die Preußische DVO. 1933 § 41 eine solche. Das Prinzip der regionalen Zuweisung tritt demnach mehr und mehr hinter dem der Zuweisung nach der persönlichen Beschaffenheit der Gefangenen zurück. Eine weitere Einteilungsmöglichkeit ist die nach der Größe der Anstalten, hauptsächlich je nachdem sie von einem haupt- oder nebenamtlichen Vorsteher geleitet werden. Sie tritt in den Dienst- und Vollzugsordnungen der einzelnen Länder stärker als in den Grundsätzen hervor.

Da in einzelnen Ländern wegen ihres geringen Umfanges die verschiedenen Anstalten und Abteilungen nicht eingerichtet werden können, sieht § 6 vor, daß diese durch Vereinbarungen für mehrere Länder gemeinsam errichtet werden. Solche Vereinbarungen sind z. B. von Preußen mit Anhalt und Lippe getroffen worden.

2. Die Gefangenenanstalten der einzelnen Länder. Ihrer Organisation nach sind zu unterscheiden: Zuchthäuser, größere Strafgefängnisse, auch Landes-, Zentralgefängnisse oder dgl. benannt, reine Untersuchungsgefängnisse, größere Gefängnisse, die gleichzeitig als Untersuchungsgefängnisse dienen, und die Gerichtsgefängnisse mit geringerer Belegung, die für Untersuchungs- und Strafgefangene mit kürzeren Strafen bestimmt sind.

Das Reich hat keine eigenen Gefangenenanstalten. Auch die vom Reichsgericht in 1. Instanz Verurteilten kommen auf Kosten des Reichs in Gefangenenanstalten der Länder, wie überhaupt bisher der Strafvollzug zum Machtbereich der Länder gehört. An größeren Anstalten bestehen in:

Preußen: 16 Zuchthäuser, 33 größere Gefängnisse, darunter 2 Frauenanstalten mit selbständiger Verwaltung, außerdem 3 Untersuchungsgefängnisse.

Bayern: 3 Zuchthäuser, 9 Gefängnisse, darunter 1 selbständige Frauenanstalt.

Sachsen: 1 Zuchthaus, 8 Gefängnisse.

Württemberg: 1 Zuchthaus, 6 Gefängnisse.

Baden: 1 Zuchthaus, 3 Gefängnisse.

Thüringen: 1 Zuchthaus, 3 Gefängnisse (je 1 für Männer, Frauen und männliche Minderjährige).

Hessen: 1 Zuchthaus, 1 Gefängnis.

In den kleineren Ländern werden in verschiedenen Abteilungen derselben Gefangenenanstalt Zuchthaus- und Gefängnisstrafen verbüßt.

3. Aufsichtsbehörden. Nach § 16 der Grundsätze sind Aufsichtsbehörden die obersten Justizverwaltungsbehörden der einzelnen Länder. Diese können die Aufsicht auch Strafvollzugsämtern oder den Staatsanwaltschaften bei den Oberlandesgerichten und Landgerichten übertragen und führen dann die Oberaufsicht. An die Stelle der Justizverwaltungsbehörden können auch, wie z. B. in Hamburg und Bremen, besondere Gefängnisbehörden treten. In Preußen bestanden von 1923 bis 1933 die Strafvollzugsämter als Zwischeninstanz, seitdem führen die Generalstaatsanwälte bei den Oberlandesgerichten die Aufsicht. In den meisten

anderen Ländern haben die Justizministerien unmittelbar die Aufsicht über die größeren Gefangenenanstalten, während über die Gerichtsgefängnisse z. B. in Bayern die Staatsanwälte bei den Oberlandesgerichten die Aufsicht führen. In Württemberg werden zur Aufsicht über die Gerichtsgefängnisse die Landgerichtspräsidenten herangezogen, ebenso beaufsichtigen diese in Baden die Bezirksgefängnisse mit nicht hauptamtlichen Leitern. In Sachsen unterstehen die Vorstände, Ärzte, die höheren Strafvollzugsbeamten und die Fürsorgebeamten unmittelbar dem Justizministerium, dagegen ist der Oberlandesgerichtspräsident und Generalstaatsanwalt Anstellungsbehörde der Beamten des Expeditions- und des Aufsichtsdienstes. In Thüringen beaufsichtigt der Generalstaatsanwalt die Gerichtsgefängnisse unter Leitung eines Staatsanwalts, der Landgerichtspräsident die Amtsgerichtsgefängnisse. Auch in Hessen, Braunschweig, Mecklenburg und Oldenburg wird der Generalstaatsanwalt als Aufsichtsbehörde von den Justizministerien herangezogen.

4. Die Anstaltsleitung. An der Spitze jeder Anstalt steht ein Vorsteher oder Vorstand, der für größere Anstalten hauptamtlich, für kleinere Anstalten nebenamtlich bestellt ist (§ 8). Die hauptamtlichen Vorsteher sind in Preußen Strafanstaltsoberdirektoren und Strafanstaltsdirektoren, die nach der DVO. 1933 § 7 die Befähigung zum Richteramt haben müssen, und aus der Inspektionsbeamtenlaufbahn hervorgegangene Strafanstaltsvorsteher. In anderen Ländern, z. B. Bayern und Braunschweig, führen sie den Titel Oberregierungsrat. In einigen Ländern sind ihnen zur Unterstützung und als ständige Vertreter Nebenbeamte beigegeben, die z. B. in Bayern die Amtsbezeichnung eines Regierungsrates haben, in Baden und Braunschweig als „zweite Beamte" bezeichnet werden und die gleichfalls die Befähigung zum Richteramt besitzen müssen. Auch in Preußen ist den Leitern der größten Anstalten meistens ein Gerichtsassessor beigegeben.

Der Anstaltsleiter trägt für die gesamte Verwaltung der Anstalt und die Durchführung des Strafvollzugs die Verantwortung. Die Ansätze, die sich in der Zeit vor dem Umbruch gezeigt haben, die Machtbefugnisse der Anstaltsleitung gegenüber der Beamtenberatung zu beschränken, sie aus einer bürokratischen mehr und mehr in eine kollegiale Behörde umzuwandeln, sind nunmehr beseitigt worden. Von der Persönlichkeit des Vorstehers hängt es ab, welcher Geist in der Anstalt herrscht. Er vertritt die Anstalt nach außen, alle wichtigen Vorgänge in ihr sind ihm unverzüglich anzuzeigen, ihm steht die Dienstaufsicht über die Beamten und Hilfskräfte der Anstalt zu, jedoch über Ärzte, Geistliche und Lehrer nur insoweit, als es sich nicht um die technische Ausübung ihres Berufes handelt, ihm liegt die Diensteinteilung unter den Beamten ob. Für die richtige und pflegsame Verwaltung und Verwertung der großen wirtschaftlichen Werte, die jede Anstalt mit ihren baulichen Anlagen, ihren Beständen und Arbeitsbetrieben in sich birgt, ist er verantwortlich. Er hat für die sichere Verwahrung und vorgeschriebene Unterbringung und Behandlung der Gefangenen zu sorgen, sich über Persönlichkeit und Lebensgang zu unterrichten, übt die Hausstrafgewalt an den Gefangenen aus und hat der Aufsichtsbehörde die erforderlichen Berichte einzureichen.

5. Der Inspektionsdienst. Die Erledigung der Einzelarbeiten der Verwaltung und des gesamten Anstaltsbetriebes durch die dem Vorsteher unterstellten Beamten ist in den einzelnen Ländern verschieden geregelt, wie auch diese Beamten verschiedene Bezeichnungen führen. In manchen Ländern, z. B. Preußen, Sachsen, sind dem Vorsteher größerer Anstalten zu seiner Entlastung besondere Abteilungsvorsteher beigegeben, die einzelne Abteilungen unter der Oberleitung des Direktors zu leiten haben. In Preußen haben die schwierigeren Verwaltungsgeschäfte grundsätzlich die sogenannten Beamten des oberen Strafvollzugsdienstes (Strafanstaltsinspektoren), die einfacheren Geschäfte die Beamten des mittleren Strafvollzugsdienstes (Strafanstaltssekretäre, Büroassistenten) zu erledigen. In den kleinen Gefängnissen besorgen Beamte des Amtsgerichts diese Geschäfte. Eine andere Regelung besteht z. B. in Baden, wo zur Erledigung des Sekretariats-, Rechnungs- und Kanzleidienstes 2 Abteilungen gebildet sind, eine für den Strafvollzug und eine für den Arbeits- und Wirtschaftsbetrieb. Die letztere Abteilung, sowie das Kassen- und Rechnungswesen wird unter Aufsicht des Vorstandes von einem besonderen Beamten, dem „Verwalter", geleitet.

6. Der Aufsichtsdienst. Die Beamten, die den Aufsichts- und Werkdienst zu verrichten haben und damit im ständigen, unmittelbaren Verkehr mit den Gefangenen stehen, werden in Preußen als Erste Hauptwachtmeister, Hauptwachtmeister, Oberwachtmeister und, soweit sie ausschließlich für den Arbeitsbetrieb tätig sind, als Erste Werkmeister und Werkmeister bezeichnet. Als rein technische Beamte sind an den preußischen Anstalten die Ersten Maschinenmeister und Maschinenmeister tätig. Anders

ist die Organisation z. B. in Bayern, wo schärfer zwischen den Beamten des Aufsichts- und des Werkdienstes, zu dem auch der Krankendienst gehört, unterschieden wird. Der Aufsichtsdienst an Frauen wird nach § 10 der Grundsätze in größeren Anstalten ausschließlich, in kleineren Anstalten nach Möglichkeit von Frauen besorgt, die entsprechende Bezeichnungen führen. Die Aufsichtsbeamten in Beförderungsstellen sind bei der Wahrnehmung ihrer Dienstgeschäfte Vorgesetzte der übrigen. Besonders wichtig sind die Dienststellen des Beamten, der die Wäsche-, Kleidungs- und Lagerungsbestände und die eigenen Sachen der Gefangenen zu verwalten hat, sowie des Beamten, der die Oberaufsicht über den Aufsichtsdienst der anderen führt und die Kommandierliste zum Tag- und Nachtdienst aufstellt.

Die männlichen Beamten sind während des Dienstes bewaffnet. Als Waffen kommen Karabiner, Pistole oder Revolver, Seitengewehr und Gummiknüppel in Betracht. Nach der Preußischen DVO. 1933 § 36 Abs. 1 ist auch die Bereitstellung von Reizstoffmunition in Aussicht genommen. Von den Waffen darf jedoch nur, und zwar von der Schußwaffe erst nach erfolgter Warnung, Gebrauch gemacht werden, wenn andere Mittel nicht zum Ziele führen würden. Die Ausbildung der Beamten im Jiu-Jitsu und die Verwendung von Wachthunden kommt zu ihrer Sicherung neben der Bewaffnung in Betracht.

Den Beamten liegt im einzelnen ob: die Mitwirkung bei der Annahme und Entlassung der Gefangenen, die sichere Verwahrung und Beaufsichtigung (Verschluß, Nachsehen der Räume und Höfe, Verwahrung der Schlüssel, Pfortendienst), die Sorge für Ordnung und Reinlichkeit der Anstaltsräume und der Gefangenen, die Ausführung und Vorführung, Mitwirkung bei dem Arbeitsbetrieb und die Wartung erkrankter Gefangener, soweit nicht besonderes Pflegepersonal vorhanden ist. Sie haben den Tag- und Nachtdienst zu versehen.

7. Die ärztliche Pflege. Nach § 11 der Grundsätze kommen für größere Anstalten hauptamtliche Ärzte, die nach Möglichkeit psychiatrisch besonders vorgebildet sein sollen, für kleinere Anstalten nebenamtliche Ärzte in Betracht. Aufgabe der Ärzte ist: 1. die Überwachung der gesundheitlichen Verhältnisse der Anstalt und der Verpflegung sowie die Beratung des Anstaltsleiters auf diesem Gebiet. 2. Die Behandlung der einzelnen Gefangenen, sei es ambulant, sei es im Anstaltskrankenhaus (Untersuchung bei Annahme und Entlassung, Mitwirkung bei der Verhängung von Hausstrafen, Vorbereitung der Anträge auf Grund des Gesetzes zur Verhütung erbkranken Nachwuchses vom 14. VII. 1933, Untersuchungen in den kriminalbiologischen Forschungsstellen). 3. Die Erstattung von Gutachten über Dienstfähigkeit und Gesundheitszustand der Beamten und die Mitwirkung bei ihrer Aus- und Fortbildung.

Für die einer Geisteskrankheit verdächtigen Gefangenen bestehen z. B. in Preußen, Bayern, Sachsen, Württemberg, Baden, Oldenburg, für tuberkulöse Gefangene z. B. in Preußen, Württemberg, Hessen, Hamburg, besondere Abteilungen. Einige Länder haben auch Sonderabteilungen für Geschlechtskranke. Mit den Sonderabteilungen für geistig minderwertige Gefangene hat man in Preußen keine günstigen Erfahrungen gemacht. In besonderen Krankheitsfällen können Fachärzte hinzugezogen werden. In Preußen hat man damit begonnen, größere Bezirkskrankenhäuser mit Gefangenenanstalten zu verbinden, in denen auch sämtliche Operationen ausgeführt werden. Die Zahnpflege liegt in der Regel in den Händen vertraglich bestellter Zahnärzte.

8. Die Seelsorge. Die Grundsätze überlassen es § 12 Abs. 2 den Landesregierungen, ob und bei welchen Anstalten sie Geistliche im Haupt- oder Nebenamt bestellen. Mit Ausnahme von Thüringen, das Gottesdienst und religiöse Fürsorge in der Anstalt als Angelegenheiten der Religionsgesellschaften ansieht, haben die Länder auf die planmäßige Mitwirkung der Geistlichen bei dem Strafvollzug nicht verzichtet. Ihre Aufgabe besteht in der Abhaltung der Gottesdienste und Andachten, in der Verwaltung der Sakramente, der Erteilung des Religionsunterrichts und der Einzelseelsorge. Sodann haben sie sich an der Fürsorge der Gefangenen und ihrer Familien zu beteiligen bzw. sind sie die staatlich beauftragten Fürsorger.

9. Unterricht. Die Bestimmung der Grundsätze § 12 Abs. 1, daß bei den größeren Anstalten durchweg, bei den kleineren nach Bedarf haupt- oder nebenamtliche Lehrer zu bestellen sind, ist in allen Ländern durchgeführt. In Thüringen liegt der Unterricht den Fürsorgern als den Erziehungsbeamten ob, Hamburg hat außer den Lehrern noch besondere Sozialpädagogen. Nach der Preußischen DVO. 1933 § 114 ist das Ziel des Unterrichts, den Gedanken der bewußt freiwilligen Unterordnung unter die Gesetze des Staates und der pflichterfüllten Hingabe an die Volksgemeinschaft zu wecken und zu pflegen. Der Unterricht hat also vor allem die Aufgabe der Charakterbildung. Auch der Gesang ist zu pflegen. Für den Unterricht

kommen vornehmlich die noch nicht 30 Jahre alten Gefangenen mit Strafen von mehr als 6 Monaten in Betracht. Neben der Erteilung des Unterrichts hat der Lehrer die Gefangenenbücherei zu überwachen und vor allem die der Persönlichkeit der einzelnen Gefangenen entsprechende Austeilung der Bücher zu besorgen. Endlich hat er bei der Fürsorge mitzuwirken.

10. Die Fürsorge. In der Erkenntnis der Bedeutung der Fürsorge für die Gefangenen als der notwendigen Ergänzung des Strafvollzugs sind in einzelnen Ländern besondere Fürsorger bestellt, die in den Grundsätzen nicht vorgesehen sind. So hat Preußen an 2 Anstalten Fürsorger, Bayern hat ein Obsorgeamt als staatliche Zentralstelle für Entlassenenfürsorge, dem auch ein Obsorgeheim angegliedert ist. Sachsen hat in weitem Umfang an den einzelnen Anstalten Fürsorger angestellt und für das gesamte Strafentlassenenpflegewesen einen besonderen Staatskommissar. Baden hat an 2 Anstalten hauptamtliche Fürsorger. In Thüringen haben die Fürsorger außer dem Unterricht die gesamte Gefangenenfürsorge und weltliche Seelsorge zu erledigen und nehmen damit eine ähnliche Stellung wie die Sozialpädagogen in Hamburg ein. Soweit keine besonderen Fürsorger bestellt sind, haben sich die Geistlichen und Lehrer der Fürsorge anzunehmen.

11. Die Beamtenbesprechungen. Nach §§ 14 und 15 finden in den größeren Anstalten regelmäßig Beamtenbesprechungen unter Vorsitz des Vorstehers oder seines Vertreters statt, die zu seiner Beratung dienen, ohne daß er an ihre Beschlüsse gebunden ist. Die Besprechungen haben ferner die Aufgabe, die einheitliche Durchführung des Strafvollzugs zu ermöglichen, die Beamten vor Einseitigkeit zu bewahren und auf die Aufgaben und Ziele des Strafvollzugs hinzuweisen. Auch Aufsichtsbeamte sind zu ihnen heranzuziehen. Der Vorsteher bestimmt den Gegenstand der Beratung. Preußen überläßt es diesem, wie oft solche Besprechungen stattfinden, in anderen Ländern, z. B. Bayern, Baden, Thüringen haben sie monatlich einmal stattzufinden.

III. Verwaltung. 1. Die Kasse. Die Erledigung der Kassengeschäfte hat mit dem eigentlichen Strafvollzug weniger zu tun, sie ist aber doch die Grundlage jeder geordneten Strafanstaltsverwaltung. Für sie sind im Wesentlichen die allgemeinen Bestimmungen über das Rechnungs- und Kassenwesen der einzelnen Länder maßgebend. In Preußen hat jede besondere Anstalt eine Arbeitskasse, bei den größeren Anstalten besteht auch eine eigene Strafanstaltskasse, an die dann die Arbeitskasse angeschlossen ist. In kleineren Anstalten tritt die Gerichtskasse an die Stelle der Strafanstaltskasse. Zu den Geschäften der Strafanstaltskasse gehört auch die Verwaltung der eigenen Gelder und Wertsachen der Gefangenen. Geleitet wird die Strafanstaltskasse von einem Inspektionsbeamten, der die Amtsbezeichnung „Rentmeister" oder „Rendant" führt.

2. Die Hauptgeschäftsstelle. Sie besorgt die ein- und ausgehenden Postsachen, legt die Eingänge dem Vorsteher vor und besorgt ihre weitere Verteilung. Sie führt das Tagebuch über die wichtigeren ein- und ausgehenden Briefe und kontrolliert die Einhaltung der Fristen, sie hat einen Teil des Schriftwechsels zu erledigen und bearbeitet die Statistik. In ihr spielt sich zum großen Teil der Verkehr mit dem Publikum ab, und ihr unterstehen in der Regel die Registratur und Kanzlei.

3. Die Annahme oder Expedition. Sie hat die mit der Aufnahme und Entlassung der Gefangenen verbundenen Geschäfte zu besorgen. Der Eintritt in die Anstalt erfolgt durch Einlieferung oder Selbststellung. Bedingung der Annahme ist ein schriftliches Annahmeersuchen. In Zweifelsfällen entscheidet der Vorsteher. Die Annahmestelle hat zunächst die Persönlichkeit des Anzunehmenden festzustellen, dann über die Annahme eine Verhandlung aufzunehmen und die Annahmeanzeige an die ersuchende Behörde abzusenden. Die eingebrachten Sachen werden, soweit es Wertsachen sind, nach Aufstellung eines Verzeichnisses der Kasse, die übrigen Sachen der Kammer abgegeben. Der Annahme liegt weiter die Führung der vorgeschriebenen Bücher, Karteien und Listen sowie die Anlegung der Personalakten und die Einziehung der Invalidenkarten ob.

4. Der Polizeibetrieb. Er wird von dem Polizeiinspektor besorgt, dem ganz allgemein die Aufgabe obliegt, für Ordnung und Sicherheit der Anstalt zu sorgen, und der als der unmittelbare Vorgesetzte der Aufsichtsbeamten den Aufsichtsdienst überwacht und regelt. So trägt er die Verantwortung für die gerechte und zweckmäßige Diensteinteilung, bearbeitet, falls dies nicht durch die Hauptgeschäftsstelle geschieht, die Beamtenangelegenheiten und verwaltet die Personalakten der Beamten, soweit sich dies nicht der Vorsteher vorbehält. Bezüglich der Gefangenen hat er die angemessene Unterbringung zu überwachen, die Disziplinarfälle zu bearbeiten, Vernehmungen vorzunehmen und den Sachverhalt bei Beschwerden und Gesuchen festzustellen. Er überwacht den Verkehr der Gefangenen mit der

Außenwelt, daß er ordnungsgemäß erledigt wird und bei Besuchen und Briefen die Fristen innegehalten werden. Über alle wichtigeren Vorgänge in der Anstalt hat er dem Vorsteher zu berichten.

5. Der Wirtschaftsbetrieb. a) Verpflegung. Über diese bestimmen die Grundsätze § 57, daß die Gefangenen in der Regel Anstaltskost erhalten und daß diese für alle Gefangenen, die Freiheitsstrafen gleicher Art verbüßen, gleich ist. Nach dem Preußischen Strafvollstreckungs- und Gnadenrecht vom 1. VIII. 1933 § 17 soll die Lebenshaltung des Strafgefangenen unter derjenigen der schuldlos aus dem Arbeits- und Erwerbsleben herausgerissenen Volksgenossen liegen, sie ist deshalb auf das einfachste zu gestalten. Andererseits muß sie so beschaffen sein, daß Gesundheit und Arbeitskraft des Gefangenen nicht geschädigt wird. Dem Leiter des Wirtschaftsbetriebes liegt es deshalb ob, nicht nur beim Einkauf und bei der Verwahrung der Lebensmittel Sparsamkeit mit Sorgsamkeit zu verbinden, sondern er ist auch für die Sauberkeit und Sorgfalt bei der Zubereitung der Kost, die in der Regel durch Gefangene erfolgt, für die richtige Abwechslung in der Speisenfolge bei der Aufstellung der Speisepläne verantwortlich. Besondere Kost (Krankenkost) wird nur auf ärztliche Anordnung verabfolgt. Soweit Selbstbeköstigung gestattet ist — in Preußen ist dies für Zuchthaus-, Gefängnisgefangene und Gefangene mit geschärfter Haft nicht der Fall —, darf sie die Grenzen eines mäßigen Genusses nicht übersteigen. Zusatznahrungsmittel z. B. Speck, Butter, Obst, Marmelade usw. können sich die Gefangenen unter bestimmten Voraussetzungen vom Hausgeld kaufen. Die Preußische DVO. 1933 § 93 beschränkt z. B. diese Erlaubnis auf die Gefangenen, die sich gut führen, über eine Entlassungsrücklage von 15 RM. und ausreichende Entlassungskleidung verfügen. Die Grundsätze lassen § 60 den Tabakgenuß zu, in Preußen besteht jedoch für Zuchthaus- und Gefängnisgefangene mit Ausnahme der auf Außenarbeitsstationen befindlichen nach DVO. 1933 § 72 das Rauchverbot. Geistige Getränke sind nach § 61 der Grundsätze in der Regel verboten. Wenn sie in Ausnahmefällen mäßigen Genuß von Bier und Obstmost gestatten, so machen die meisten Länder von dieser Zulassung keinen Gebrauch.

b) Bekleidung und Lagerung. Bettlager und Kleidung erhalten die Strafgefangenen nach §§ 55 und 56 der Grundsätze von der Anstalt, soweit nichts anderes bestimmt ist. Die in der Anstalt vorhandenen Vorräte an Kleidern, Wäsche usw. stellen einen sehr erheblichen Wert dar, so daß ihre sorgsame Aufbewahrung eine wichtige Aufgabe der Verwaltung ist. Sie liegt in der Regel dem Hausvater ob. Die Herstellung erfolgt nach Möglichkeit durch Gefangene bestimmter Anstalten. Für jede Art der Kleidungs- und Wäschestücke ist eine bestimmte Tragezeit vorgeschrieben. Ebenso ist geregelt, was jeder Gefangene an Kleidung usw. zu erhalten hat. Die Leibwäsche wird wöchentlich, Bettwäsche und Unterkleidung werden monatlich, nach Bedarf öfter gereinigt.

c) Reinigungsordnung. Durch sie ist festgesetzt, welche Reinigungsmittel und in welcher Menge sie für die körperliche Reinigung der Wäsche usw. zu verwenden sind. Sie enthält sodann die Vorschriften über das Baden (in der Regel alle 2 Wochen nach § 90 der Grundsätze), Haar- und Bartschneiden (gegen den Willen des Gefangenen nur aus Gründen der Reinlichkeit und Schicklichkeit § 91), über das Reinhalten der Hafträume und die Entkeimung. Die Reinigungsarbeiten sind von den Gefangenen selbst vorzunehmen. Sowohl in hygienischer als auch erzieherischer Beziehung ist die Reinlichkeit von größter Bedeutung. Dazu gehört auch die Bekämpfung des Ungeziefers, die besonders in den ersten Jahren nach dem Krieg große Schwierigkeiten machte.

6. Der Arbeitsbetrieb. Für den Arbeitsbetrieb kommen 3 Gesichtspunkte in Betracht: 1. der fiskalische, der ihm die Aufgabe stellt, wenigstens einen Teil der Kosten des Strafvollzugs aufzubringen, 2. der volkswirtschaftliche, der es unter normalen Verhältnissen verbietet, die Arbeitskraft der Gefangenen ungenutzt zu lassen und in den Gefangenenanstalten ein Heer von Müßiggängern zu ernähren, 3. der erzieherische, daß die Gefangenen zur Arbeit und durch die Arbeit wieder zu nützlichen Gliedern der Volksgemeinschaft erzogen werden. In den Grundsätzen handeln §§ 65—85 vom Arbeitsbetrieb. Es wird zunächst festgestellt, daß die regelmäßige Beschäftigung die Grundlage eines geordneten Strafvollzugs ist und deshalb, soweit es das Gesetz zuläßt, jeder Gefangene zur Arbeit anzuhalten ist. Die Arbeitsbeschaffung ist Aufgabe der Länder. Besonderes Gewicht wird auf landwirtschaftliche Arbeit und die Erschließung von Ödland gelegt. Bei der Zuweisung der Arbeit ist möglichst auf Kenntnisse und Fähigkeiten, Gesundheitszustand, Lebensalter, Beruf und Bildungsgrad Rücksicht zu nehmen, bei längeren Strafen ist die berufliche Aus- und Fortbildung anzustreben. Für Frauen kommen besonders hauswirtschaftliche Arbeiten in Betracht.

Nach § 74 hat der Gefangene zu leisten,

was er nach Fähigkeiten und Körperkräften zu leisten vermag. Um dies zu erreichen, wird nach Möglichkeit ein bestimmtes Tagesmaß (Tagewerk) festgesetzt, das der Leistung eines gesunden, arbeitskundigen Gefangenen entspricht und für schwache und ungeübte Gefangene herabgesetzt wird. Aufgabe der Verwaltung ist es, hier in richtiger Weise zu individualisieren. Wo sich ein Tagesmaß nicht festsetzen läßt, arbeiten die Gefangenen im Tagelohn. Wie das Tagesmaß ist auch die Arbeitszeit zu regeln. Sie soll nach § 73 je nach der Strafart verschieden bemessen werden. (In Preußen für Zuchthausgefangene nicht mehr als 10, für Gefängnisgefangene nicht mehr als 9, für Jugendliche nicht mehr als 8 Stunden). Sonn- und Feiertage sind abgesehen von Haus- und Notarbeiten arbeitsfrei.

In erster Linie sollen die Gefangenen für Staatsbetriebe beschäftigt werden (die eigene Anstalt und andere Gefangenenanstalten, Justizbehörden, Staats- und Reichsbehörden, Wohlfahrts- und sonstige gemeinnützige Einrichtungen). Es kommen hier die Hausarbeiten, dann aber hauptsächlich handwerksmäßige Arbeiten in Betracht (Schreiner, Schneider, Schuhmacher, Schlosser, Klempner, Buchbinder, Maurer, Anstreicher, Zimmerleute usw.). Von der übertriebenen Verwendung maschineller Einrichtungen der Nachkriegszeit ist man zurückgekommen. Soweit die Beschäftigung für Staatsbehörden usw. nicht möglich ist, werden die Gefangenen auch für private Unternehmer beschäftigt. Hier handelt es sich in der Regel um mehr mechanische Arbeiten wie Mattenweberei, Tütenkleben, Anfertigung von Knöpfen, Netzstrickerei. Für sie kommen besonders ungelernte Gefangene mit kürzeren Strafen in Betracht. Außerdem ist in beschränktem Umfang zugelassen, daß die Gefangenen für Strafanstaltsbeamte Arbeiten verrichten. Daß eine Konkurrenz der freien Arbeit durch die Gefangenenarbeit möglichst vermieden werden muß, ist selbstverständlich. Im allgemeinen müssen aber die Klagen über diese Konkurrenz als ungerechtfertigt und übertrieben bezeichnet werden. Selbstbeschäftigung der Gefangenen ist nach §§ 83 und 84 zugelassen, soweit sie mit Ordnung und Sicherheit vereinbar ist. Sie wird aber stets nur eine Ausnahme bleiben und ist z. B. in Preußen nur für solche Gefangene gestattet, die nicht zur Arbeit verpflichtet sind, also nicht für Zuchthaus- und Gefängnisgefangene und Gefangene mit geschärfter Haft.

In der Nachkriegszeit hat sich die Möglichkeit, den Gefangenen angemessene Arbeit zuzuweisen, mehr und mehr verringert, so daß der Mangel an Arbeit neben der Überfüllung der Anstalten die größte Erschwerung des heutigen Strafvollzugs ist. In Preußen waren von der Durchschnittsbelegung unbeschäftigt 1930: 38,83 %, 1931: 47,36 % und 1932: 55,20 %. Man hat hier indessen damit begonnen, die Gefangenen zu Meliorisationsarbeiten im größten Stil heranzuziehen. Wenn bisher schon z. B. in Preußen, Bayern, Baden Moorkulturarbeiten, Dünenbefestigungen, Flußregulierungen usw. von Gefangenen ausgeführt wurden, so sollen jetzt in Preußen die Emsländischen Moore im Umfang von rd. 50000 ha durch Gefangene kultiviert werden, die in 21 Lagern zu je 1000 Mann untergebracht werden, und dadurch für etwa 2300 Siedler Heimstätten geschaffen werden.

Nach § 79 der Grundsätze wird den Gefangenen aus dem Arbeitslohn, der nach § 77 der Staatskasse zufließt, eine angemessene Arbeitsvergütung zugeschrieben, ohne daß ihnen ein Recht auf den Ertrag der Arbeit zugebilligt wird, um ihre Arbeitsfreudigkeit zu erhöhen und ihnen die Möglichkeit zu geben, sich für ihre Entlassung Ersparnisse zu machen. Die Arbeitsvergütung wird erst Eigentum des Gefangenen im Augenblick der Aushändigung bei der Entlassung. Während der Strafzeit wird sie zur Hälfte als Hausgeld, zur Hälfte als Rücklage gutgeschrieben. Über das Hausgeld kann der Gefangene nach Maßgabe der Dienst- und Vollzugsordnungen verfügen, die Rücklage soll ihm sein Fortkommen nach der Entlassung erleichtern.

IV. Haftarten. Die geänderten Grundsätze stellen jetzt § 48 dem Strafvollzug als Aufgabe: „Durch die Verbüßung der Freiheitsstrafe sollen die Gefangenen das begangene Unrecht sühnen. Die Freiheitsentziehung ist so zu gestalten, daß sie für die Gefangenen ein empfindliches Übel ist und auch bei denen, die einer inneren Erziehung nicht zugänglich sind, nachhaltige Hemmungen gegenüber der Versuchung, neue strafbare Handlungen zu begehen, erzeugt. Die Gefangenen sind zu Zucht und Ordnung anzuhalten, an Arbeit und Pflichterfüllung zu gewöhnen und sittlich zu festigen.“ Alle Verwaltungsmaßnahmen haben sich dieser Aufgabe anzupassen, sie ist besonders für die Anwendung der Haftarten maßgebend.

Die Grundsätze § 38 kennen 3 Haftarten: Einzelhaft, Zellenhaft und Gemeinschaftshaft. In der Einzelhaft wird der Gefangene Tag und Nacht unausgesetzt von anderen Gefangenen gesondert gehalten, so daß er in seiner Zelle arbeitet, schläft und die freie Zeit verbringt, in der Kirche und Schule von den anderen Gefangenen getrennt gehalten wird und beim Spaziergang und den Vorführungen allein geht. Während sie früher so weit ausgedehnt wurde, daß die Gefangenen beim Verlassen der Zellen Masken vor das Gesicht ziehen mußten, kommt sie praktisch heute in Deutschland nur noch ausnahmsweise zur Anwendung. Nur für sie gilt die Bestimmung des § 22 StGB., daß sie ohne Zustimmung des Gefangenen die Dauer von 3 Jahren nicht übersteigen darf.

Die gemilderte Form, die die Einzelhaft angenommen hat, bezeichnen die Grundsätze als Zellenhaft. In ihr arbeitet, schläft und verbringt der Gefangene die Freizeit gleichfalls in der Einzelzelle, er wird aber bei Gottesdienst, Unterricht, Bewegung im Freien und anderen Anlässen regelmäßig mit anderen Gefangenen zusammengebracht. Für sie bestimmt die Preußische DVO. § 54, daß in ihr ein Gefangener gegen seinen Willen nicht länger als 3 Jahre gehalten werden soll, es sei denn, daß es aus Gründen der Sicherheit und Ordnung unerläßlich erscheint. Einzelhaft und Zellenhaft sind jedoch ausgeschlossen, wenn sie den Gefangenen körperlich oder geistig gefährden würden. Für die Zellenhaft kommen in erster Linie einerseits die jüngeren sowie die noch nicht oder geringfügig vorbestraften Gefangenen in Betracht, um sie vor sittlicher Ansteckung zu bewahren, andererseits diejenigen, von denen ein schädlicher Einfluß auf die Mitgefangenen zu befürchten ist. Außerdem sollen in der Regel kürzere Strafen ganz, längere Strafen mindestens die ersten 3 Monate in Zellenhaft vollzogen werden.

Die Gemeinschaftshaft ist entweder eine völlige bei Tag und Nacht oder sie besteht in gemeinsamer Arbeit, während die Gefangenen bei Nacht, unter Umständen auch bei den Mahlzeiten und in der freien Zeit in Einzelzellen untergebracht sind. Mit Recht geben die Grundsätze § 42 der letzteren Form den Vorzug, soweit nicht der körperliche und geistige Zustand des Gefangenen auch nächtliche Gemeinschaftshaft fordert, da die Gemeinschaftsschlafsäle die gefährlichsten Ansteckungsherde in sittlicher und krimineller Hinsicht sind. Eine strenge Durchführung dieser beschränkten Gemeinschaftshaft ist jedoch wegen des Mangels an Schlafzellen in vielen Anstalten noch nicht möglich. Bevorzugt sollen in Schlafzellen die jüngeren und besserungsfähigen, dann aber auch die gefährlichen Gefangenen untergebracht werden. Die Schlafräume sollen nach den Grundsätzen § 42 mit höchstens 20, nach der Preußischen DVO. 1933 § 57 sogar nur mit höchstens 10 Mann belegt werden. Nach § 127 der Grundsätze soll das Schweigegebot nicht weiter ausgedehnt werden, als es zur Aufrechterhaltung der Ordnung und Sicherheit erforderlich ist.

Während Krohne noch ein unbedingter Anhänger der gemilderten Einzelhaft war, erwuchs ihr in der Nachkriegszeit unter dem Einfluß einer schwächlichen Humanität eine starke Gegnerschaft. Auf jeden Fall ist sie die Haftform, in der einmal der Gefangene am schnellsten zur Selbstbesinnung kommt und am leichtesten von den Beamten beeinflußt werden kann, in der er sodann am wenigsten der sittlichen und kriminellen Infektion ausgesetzt ist, durch die endlich die Ordnung und Sicherheit der Anstalt am besten gewährleistet ist. Die reinen Zellenanstalten haben sich jedoch insofern nicht bewährt, als die Zellenhaft nicht zu lange Zeit ausgedehnt werden kann, ferner eine Anzahl von Gefangenen körperlich und geistig nicht für sie geeignet ist und endlich eine Reihe von Arbeiten sich nur schwer in Einzelzellen ausführen läßt. Die beschränkte Gemeinschaftshaft wird deshalb immer ihr Recht neben der Zellenhaft behalten.

Als weitere Haftform kommt noch der Strafvollzug in Stufen in Betracht, von dem die Grundsätze §§ 130 und 131 handeln. Er wird, nachdem er von den Übertreibungen der Nachkriegszeit gereinigt ist, und wenn er auf die Gefangenen beschränkt wird, die einer inneren Erziehung zugänglich sind, stets seinen erzieherischen Wert behalten.

Schrifttum:

v. Holtzendorff und v. Jagemann, Handb. des Gefängniswesens. — Krohne, Lehrbuch der Gefängniskunde. — Kriegsmann, Einführung in die Gefängniskunde. — Schulze und Ellger, Gefängniskunde. — Hasse, Die Gefangenanstalten in Deutschland und die Organisation ihrer Verwaltung in Bumke, Deutsches Gefängniswesen, S. 33ff. — Brucks, Die innere Organisation der Gefangenanstalten in Deutschland, ebenda, S. 98ff. — Wutzdorff, Die Arbeit der Gefangenen, ebenda, S. 178ff. — v. Hippel, Die Entstehung der modernen Freiheitsstrafe und des Erziehungs-Strafvollzugs.

Hans Ellger.

C. Strafvollzug als Erziehungsangelegenheit.

Nach dem § 40 der Dienst- und Vollzugs-Ordnung vom 1. VIII. 1933 soll dem Strafgefangenen durch den Strafvollzug in erster Linie nachhaltig zu ernstem Bewußtsein gebracht werden, daß er sein Freveln gegen die Rechtsordnung des Staates durch die

Freiheitsentziehung zu sühnen hat. Der Strafvollzug soll von dem Verbrecher als ein Übel empfunden werden, das ihn vor Begehung neuer Straftaten nachdrücklichst abschreckt. Er soll deshalb an Arbeit und Pflichterfüllung gewöhnt werden und man soll versuchen, ihn religiös, sittlich und geistig zu beeinflussen.

Der Strafvollzug soll demnach ein sühnendes, abschreckendes und erziehendes Element in sich vereinigen, wobei der Hauptnachdruck auf Sühne und Abschreckung liegt, während die Forderung nach Erziehung des Gefangenen etwas zurücktritt. Darin liegt wohl der Hauptunterschied zwischen dem Strafvollzug vor und nach 1933. Vorher lag der Nachdruck auf der Erziehung — ich möchte sagen „Erziehung um jeden Preis" — alles andere mußte völlig zurücktreten, soweit man davon überhaupt noch sprechen durfte, selbst die Aufrechterhaltung von Zucht und Ordnung in der Anstalt. Wer erinnerte sich nicht an den ernsthaften Streit um die sogenannten „Unverbesserlichen", aus denen „Unerziehbare", „Schwersterziehbare" und damit glücklich Erziehungsobjekte gemacht wurden. Wer dächte nicht noch an die optimistischen Äußerungen so manchen jungen Reformers, der schon nach recht kurzer Anstaltsarbeit die Überzeugung gewonnen hatte, daß er aus allen Verbrechern vermöge seiner Erziehungskunst nicht nur disziplinierte Anstaltsinsassen, sondern völlig gebesserte Menschen machen könne. Und worin bestand diese Besserung? Darin, daß man vor allem dem Verbrecher klar machte, er habe im Grunde genommen gar keine oder doch recht wenig Schuld, sondern die Schuld trage wenigstens zum überragenden Teile die Gesellschaft. Daher durfte die Strafe unter keinen Umständen den Charakter der Sühne tragen, denn wo keine Schuld ist, ist auch nichts zu sühnen. Ebenso wenig sollte die Strafe so vollzogen werden, daß sie abschreckend wirkte. Es sollte zwar Zucht und Ordnung in der Anstalt herrschen, aber die Rechte und Freiheiten der Gefangenen waren derart weitgehend, daß sie besonders infolge eines ungesunden Beschwerderechtes die Anstaltsbeamten auch in sonst geordneten Verhältnissen fast zur Verzweiflung bringen konnten, zumal gewisse mit den Beschwerden befaßte Volksvertreter im Land- und Reichstag in fast allen Fällen dem Gefangenen gegen die Beamten beihielten selbst dann, wenn der Gefangene offensichtlich unrecht hatte.

So wenig Wert man in diesen Jahren auf Sühne und Abschreckung legte, um so mehr auf Erziehung: „Auf Erziehung zu einem geordneten, gesetzmäßigen Leben nach der Entlassung ist besonders hinzuwirken." Man wird sich mit diesem Grundsatz unbedingt einverstanden erklären können, wenn er richtig ausgedeutet und in der Praxis richtig gehandhabt wird. Seine äußere Gestaltung erhielt dieser sogenannte „Erziehungsstrafvollzug" in dem Stufenstrafvollzug, der bis ins kleinste ausgearbeitet ist in der Preuß. Verordnung über den Strafvollzug in Stufen vom 7. VI. 1929.

Nach dieser Verordnung ist das Ziel des Strafvollzugs „die Erziehung des Gefangenen zu einem gesetzmäßigen und geordneten Leben. Um den Gefangenen in seiner Einstellung zu Staat und Gesellschaft über den Tag seiner Entlassung hinaus richtunggebend zu beeinflussen, ist es nötig, seinen Willen nicht nur auf Erlangung der äußeren Vorteile hinzulenken, die ihm in den höheren Stufen winken, sondern ihn für die Arbeit selbst zu gewinnen, die der Strafvollzug an ihm leisten will. Hierzu ist es nötig, daß man ihm in stufenweise steigendem Maße Verantwortungen überträgt, ihm Rechte als Folge solcher Verantwortung einräumt und ihn schließlich an der Gestaltung seines Geschickes in der Strafanstalt und nach der Entlassung aus ihr mit schaffend teilnehmen läßt".

Daß dieser „Professorenweisheit" trotz ihres richtigen Kernes kein Erfolg beschieden war, lag an verschiedenen Umständen, von denen ich einige andeuten will. Man machte sich von dem Objekte des Erziehungsstrafvollzugs eine völlig falsche Vorstellung. Gewiß gab und gibt es stets sogenannte „arme Gefangene", mit deren Geschick jeder vernünftige Anstaltsleiter reges Mitleid empfindet, bei denen nicht verbrecherischer Wille, sondern irgend ein Mißgeschick die Hauptursache des Konfliktes mit dem Gesetze ist, und bei denen der beste Wille zu einem späteren straffreien Leben eine Selbstverständlichkeit ist. Aber es geht wirklich nicht an, alle Verbrecher als solche „arme Gefangene" anzusehen. Es gibt eben auch andere, und jeder Praktiker weiß, daß ihre Zahl sehr groß ist, denen an Besserung und höheren Stufen blutwenig liegt und deren sittliches Streben vollständig befriedigt ist, wenn sie die Raucherlaubnis bekommen. Man sagte, der Leiter der Anstalt müsse die Gabe haben, Spreu vom Weizen zu unterscheiden, und vergaß dabei, daß man Unmögliches verlangte. Der Stufenstrafvollzug wurde zuerst eingeführt für Jugendgefängnisse, d. h. verhältnismäßig kleine Anstalten, in denen der Leiter die einzelnen Insassen persönlich durch und durch kennen lernen und individuell behandeln konnte. Aber was bei 150—200 Gefangenen möglich ist, wird sich nicht durchführen lassen bei 500, 700 oder gar 1000 und mehr Insassen. Und so kam, was kommen mußte; der Erziehungsstrafvollzug wurde Gegenstand heftigster Anfeindungen. Es kam der Umschwung, der Sühne und Abschreckung als Strafzwecke unzweideutig in den Vordergrund stellte und alle Übertreibungen der letzten Jahre wegfegte.

Es wäre aber irrig, wollte man annehmen, der Erziehungsgedanke sei bei der Neuregelung des Strafvollzugs völlig fallen gelassen worden. Allerdings sollen die Bestrebungen, während der Strafhaft Gefangene zu erziehen, nur auf solche Insassen sich erstrecken, bei denen menschlich gesprochen ein Erfolg erwartet werden darf. Es müssen daher in erster Linie alle Gewohnheitsverbrecher ausscheiden. Ferner alle Zuchthausgefangenen. Ob letztere Bestimmung ohne jede Ausnahme richtig ist, mag dahingestellt sein. Mir scheint, daß es besonders unter den nicht vorbestraften jüngeren Zuchthausgefangenen manche gibt, bei denen erzieherische Beeinflussung nicht nur möglich, sondern auch erfolgreich sein dürfte. Der Erziehungsgedanke soll daher im neuen Strafvollzug grundsätzlich nur Anwendung finden bei der großen Zahl der Nichtvorbestraften und bei den jüngeren Gefangenen. Durch eine Reihe von Bestimmungen wird das Bestreben der Beamten, erzieherisch auf diese Gefangenen einzuwirken, ermöglicht und unterstützt. Es soll eine strenge Trennung der vorbestraften von den nicht oder unerheblich vorbestraften Gefangenen durchgeführt werden. Diese Trennung ist im Interesse der erzieherischen Beeinflussung nur zu begrüßen. Es ist nun einmal so, daß ein fauler Apfel eher 10 gesunde mit seiner Fäulnis ansteckt, als daß 10 gesunde Äpfel einen faulen wieder frisch machen. Gerade darin liegt einer der Gründe und nicht der letzte, der den Versuch des früheren Strafvollzugs scheitern ließ, daß man nicht von vorn herein strenge genug schied zwischen Vorbestraften und Nichtvorbestraften. Wenn der § 41 Abs. 2 u. 3 DVO. gewisse Ausnahmen zuläßt, so ist das nur zu begrüßen, da die Vorstrafe allein kein untrügliches Merkmal der Unverbesserlichkeit ist. Im Interesse der Erziehung legt die neue DVO. besonderen Wert auf die Arbeit von Geistlichen und Lehrern. Aufgabe der Seelsorge ist es, „das Gewissen zu wecken und das Bewußtsein der persönlichen Verantwortung und der eigenen Verpflichtung gegenüber Gott und gegenüber den Angehörigen, Gemeinschaft und Staat in dem Gefangenen lebendig werden zu lassen." Ebenso soll beim Unterricht durch den Lehrer „der Gedanke der bewußt freiwilligen Unterordnung unter die Gesetze des Staates und der pflichterfüllten Hingabe an die Volksgemeinschaft geweckt und gepflegt werden. Neben den lebendigen Kräften der Religion sollen hier aus Geschichte, Volks- und Heimatkunde wirksame Grundlagen und Stützen für die Zielsetzung des Unterrichts gewonnen werden." Der Stufenstrafvollzug ist nur für Nichtvorbestrafte mit einer Strafdauer von mehr als 9 Monaten vorgesehen. Aufgabe dieses Stufenstrafvollzugs ist es, „den Willen des Gefangenen anzuspornen und anzuspannen und zu straffer Selbstzucht zu stählen dadurch, daß dieser willensbetonten Selbsterziehungsarbeit Ziele gesetzt werden, die für den Gefangenen von Wert sind, und die er durch eigene Anstrengung erreichen kann. Dieser ständige Aufruf aller Kräfte soll die sittliche Gesinnung des Gefangenen zur Pflichterfüllung und Unterordnung unter die an ihn gestellten Forderungen wecken und festigen und ihm in seiner Einstellung zum Staat und zur Volksgemeinschaft über den Tag seiner Entlassung hinaus richtungweisend und anhaltend beeinflussen". Die für die II. und III. Stufe vorgesehenen Hafterleichterungen sind mit Rücksicht auf den Ernst des Strafvollzugs nicht allzu groß. Der Gefangene kann und soll eben den Beweis erbringen, daß er sittlich aufwärts strebt, daß er sich innerlich umstellen will und daß nicht sein ganzes Sinnen und Trachten auf die Erlangung irgend eines reinen Genußmittels geht. Daher ist vernünftigerweise auch für Stufe II und III eine Raucherlaubnis nicht vorgesehen.

Neben den Nichtvorbestraften ist vor allem bei jüngeren Gefangenen Wert auf Erziehung und Fortbildung zu legen. Der jüngere Gefangene ist eben das dankbarste Objekt der erzieherischen Beeinflussung während des Strafvollzugs, insofern es sich um Menschen handelt, die in den allermeisten Fällen noch bildsam sind und sich leichter zum Guten umbiegen lassen. Ziel der Erziehung muß sein der pflichttreue, ordentliche und charakterlich saubere Mensch und der sich in den Staat bewußt einordnende Volksgenosse. Ziel der Fortbildung ist die Ertüchtigung für die Aufgaben des Lebens. Wenn auch in erster Linie Geistliche, Lehrer und Fürsorger für die Erziehungsarbeit da sind, so hat sich doch kein Beamter dieser Arbeit zu entziehen. Es ist deshalb bei der Auswahl der Beamten der Jugendgefängnisse ausschlaggebender Wert zu legen auf ihre Eignung für die Behandlung junger Menschen und namentlich auf ihre persönlich vorbildliche Charakterhaltung. Die Vorschriften für den Stufenstrafvollzug im Jugendgefängnis sind nicht im einzelnen festgelegt, sondern es bleibt dem Anstaltsleiter vorbehalten, denselben unter gewissenhafter Auswertung seiner Erfahrungen auszugestalten und die

Eigenbehandlung des einzelnen Gefangenen erzieherisch fruchtbringend durchzuführen. Um eine wirksame Beeinflussung des Gefangenen zu ermöglichen, sind seine persönlichen Verhältnisse, namentlich sein Vorleben, eingehend zu erforschen. Es sind deshalb Gerichts- und Fürsorgeakten heranzuziehen und die häuslichen Entwicklungsverhältnisse durch Nachfrage bei Pfarr- und Jugendämtern oder anderen geeigneten Stellen festzulegen. Zur kriminalbiologischen Erfassung ist der Anstaltsarzt heranzuziehen. Den Schulunterricht, an dem grundsätzlich alle jungen Gefangenen teilzunehmen haben, kommt besondere Bedeutung zu. Die seelische Bildsamkeit junger Menschen muß für den Lehrer Ansporn sein, ihnen echte und tragende Lebenswerte zu vermitteln und sie für Volk und Staat zu gewinnen. Für diese hohe Aufgabe auch die sittlichen Kräfte der Religion wachzurufen und einzusetzen, muß sich der Geistliche besonders angelegen sein lassen.

Um die Jugendlichen einem Berufe zuzuführen oder sie darin weiter auszubilden, sind Lehrwerkstätten und land- und gartenwirtschaftliche Betriebe einzurichten. Die Jugendlichen sind zu pflichttreuer Arbeit zu erziehen. Sie sollen den Wert der Pflichterfüllung, auch wenn es sich um geringe und bescheidene Dinge handelt, und das Gefühl der inneren Befriedigung über das Geleistete erfahren lernen. Die Dauer der Arbeitszeit soll sich der Arbeitsdauer der freien Arbeiter gleichen Lebensalters anpassen. Die Unterrichtszeit gilt als Arbeitszeit. (Siehe §§ 142 bis 144 DVO. vom 1. VIII. 1933.)

Aus diesen Bestimmungen geht unzweideutig hervor, daß nach dem Willen des neuen Deutschland die Erziehung des noch beeinflußbaren Gefangenen in keiner Weise vernachlässigt werden soll und darf. Mehr denn je soll versucht werden, von den gestrauchelten Rechtsbrechern zu retten, was noch zu retten ist.

Schrifttum:

Dr. I. Klug, Kriminalpädagogik, 1930. Ferdinand Schöningh, Paderborn. (Auf S. 141 befindet sich ein reichhaltiges Literaturverzeichnis.)

Wilhelm Bleidt.

D. Strafvollzugsstatistik.

I. Während der Verbrecher — statistisch betrachtet — vom Augenblick der Entdeckung seiner Tat bis zur Erhebung der gerichtlichen Anklage von der Polizeistatistik (s. d. Art.) gezählt wird und von da ab bis zu seiner Verurteilung Objekt der Kriminalstatistik im engeren Sinne ist, geschieht die zahlenmäßige Beobachtung seines weiteren Geschickes im Rahmen der Strafvollzugsstatistik, welche zeigt, ob und in welcher Weise der Richterspruch an dem Verurteilten vollstreckt worden ist.

Wie ein wohlorganisiertes Strafvollzugswesen stets den Abschluß einer guten Strafrechtspflege bilden muß, so darf man wohl sagen, daß die Strafvollzugsstatistik das Schlußkapitel der Kriminalstatistik sein soll.

Die Strafvollzugsstatistik ist ein Bestandteil der Kriminalstatistik im weiteren Sinne, (vgl. Bd. II S. 27); doch ist sie im Gegensatz zu anderen Kapiteln dieses Hauptgebietes der „Moralstatistik" (s. d. Art.) bezüglich ihrer theoretischen Aufgaben noch recht vernachlässigt. Ein wissenschaftliches System der allgemeinen Strafvollzugsstatistik ist meines Wissens bisher nur von G. von Mayr aufgestellt worden; und dies auch nur in großen Zügen. Außerdem hat Rettich einen beachtenswerten Beitrag über die verschiedenen Zweige einer Statistik der Strafvollstreckung geliefert. Wesentlich reichhaltiger ist dagegen das Schrifttum über das Forschungsfeld der Gefängnisstatistik, das bei den Ausführungen über dieses Teilgebiet der Strafvollzugsstatistik im Abschnitt II, 3 noch näher zu behandeln ist.

Der Aufgabenkreis einer erschöpfenden Strafvollzugsstatistik hat unter Zugrundelegung der Forderungen von Mayrs in seinem kriminalstatistischen Standardwerk (a. a. O. S. 491) nachstehende Vorgänge zu umspannen: 1. Aufschub und gegebenenfalls Wegfall des Strafvollzuges bei bedingter Verurteilung im weiteren Sinne; 2. Vollzug der Todesstrafen (Hinrichtungen); 3. Vollzug der Freiheitsstrafen; 4. Vollzug der Geldstrafen; 5. Vollzug der Verbannung, Transportation, Deportation, Relegation und Landesverweisung; 6. Strafvollzugsänderungen.

II. Zu dieser Ausgliederung ist im einzelnen folgendes zu bemerken:

1. Die Statistik der bedingten Verurteilung im weiteren Sinne, die nach der Besonderheit der jeweiligen Strafgesetzgebung nicht nur verschiedene Bezeichnungen führt, z. B. „bedingter Strafaufschub" (nach den zur Zeit in den deutschen Ländern gültigen gesetzlichen Bestimmungen), „condamnation conditionelle" (in den romanischen Ländern), „probation" (in den angelsächsischen Staaten), „villkorlig dom" (Schweden), „voorwardelijke verordeeling" (Niederlande) usw., sondern auch mannigfache Bedeutungen aufweist (vgl. Mittermaier, Die bedingte Verurteilung [der bedingte Straferlaß], Anlage I zum Entwurf eines Allgemeinen

Deutschen Strafgesetzbuchs. Reichstag III, 1924/27. Drucksache Nr. 3390), verfolgt den Zweck, zunächst ein allgemeines zahlenmäßiges Bild zu vermitteln, in welchem Umfange die maßgeblichen gerichtlichen oder Verwaltungsbehörden von der bedingten Verurteilung als Rechtsinstitut oder Gnadenakt Gebrauch gemacht haben und auf welche Art und Weise die Bedingung des Wohlverhaltens und die Einhaltung bestimmter dem Täter durch Gericht oder Verwaltung auferlegter Pflichten während einer bestimmten Frist erfüllt ist oder nicht. Diese Ausweise gewinnen noch erheblich an Wert, wenn sie regional gegliedert und nach einzelnen strafbaren Handlungen sowie nach den hier in Frage kommenden besonderen Umständen, wie z. B. Bewährungsfristen, Probezeiten u. dgl. unterschieden werden. Es gehören hierzu weiterhin Nachweisungen über die einzelnen persönlichen Merkmale der von einer bedingten Verurteilung im weiteren Sinne betroffenen Personen nebst Angaben über ihr kriminelles Vorleben, über die erkannte Strafe, die Gründe für die bedingte Verurteilung im weiteren Sinne und die Zeitdauer der Bewährungsfristen usw. Schließlich sind noch statistische Ermittelungen über die verschiedenen Erledigungsarten der bedingten Verurteilung anzustellen, und zwar a) durch endgültigen Straferlaß, b) durch Widerruf (Einleitung der Strafvollstreckung), c) auf andere Weise (Tod, Flucht, Verjährung u. a.). Eingehende Vorschläge in dieser Richtung hat der bekannte österreichische Kriminalstatistiker Forcher in seinem Aufsatz „Das Institut der sogenannten bedingten Verurteilung" gemacht, wobei er gleichzeitig den Versuch unternommen hat, eine statistische Zählkarte für den bedingten Straferlaß zu entwerfen (a. a. O. S. 626).

Zu bemerken ist noch in Ergänzung meiner theoretischen und systematischen Ausführungen im Art. Kriminalstatistik, daß über die bedingte Verurteilung im engeren Sinne auch in der Prozeßstatistik in Strafsachen Aufschluß zu geben ist, da es sich um eine Spezialart der Verurteilung handelt, die als solche sowohl in der Urteilsstatistik als auch in den Personalangaben der Kriminalstatistik im engeren Sinne zahlenmäßig darzustellen ist.

2. Die Bedeutung der Statistik über den Vollzug der Todesstrafe durch Hinrichtungen beruht vor allem auf der Gegenüberstellung der erkannten und vollstreckten Todesurteile, denn „die Inbeziehungsetzung der vollzogenen Hinrichtungen zu der Zahl der Todesurteile, insbesondere zu den Jahresbeträgen der im ganzen gefällten Todesurteile, gibt eine kriminalpolitisch zur Würdigung des Instituts der Todesstrafe sehr wichtige Relation, die von besonderem Interesse ist sowohl da, wo eine verhältnismäßig häufige Vollstreckung der Todesurteile stattfindet, wie nicht minder auch, wo die zur Regel gewordene Begnadigung die Todesstrafe als ernstliche Strafandrohung tatsächlich ausscheidet" (v. Mayr, a. a. O. S. 493). Die Vollzugsausweise gerade dieser schwersten Strafe sind mit allen Einzelheiten in der Weise zu erstellen, daß für die einzelnen Fälle von Todesurteilen eingehende persönliche und sachliche Ausweise in einer Spezialstatistik gegeben und hierbei hauptsächlich auch Daten über die vollzogenen Todesurteile, die eingetretenen Begnadigungen (meist zu lebenlangen Freiheitsstrafen) und die sonstigen auf andere Weise (z. B. durch Flucht, Selbstmord oder natürlichen Tod der zu Todesstrafe verurteilten Personen) erledigten Fälle geboten werden. Weiterhin sind Feststellungen über die Arten des Vollzuges der Todesstrafe (durch Enthauptung, Erschießen, den Strang, Elektrokution) sowie über die Zeitspanne zwischen der Rechtskraft des Todesurteils und der Hinrichtung zu fordern. Ferner ist es wünschenswert, in den Ländern, in denen dem zu Todesstrafe Verurteilten durch das Gesetz die Möglichkeit gegeben wird, die Strafe an sich selbst zu vollziehen (wie z. B. in Estland durch Einnehmen von Gift), auch diese Fälle statistisch auszuweisen.

3. Die Gefängnisstatistik — in genauerer Bezeichnung die Strafanstaltsstatistik —, die sich mit dem Vollzug der verschiedenen Freiheitsstrafen befaßt, ist das wichtigste und umfassendste Kapitel in dem Gesamtsystem der Strafvollzugstatistik. Sie ist in einigen Ländern wie Luxemburg, den Vereinigten Staaten von Amerika und Chile sogar ein Ersatz für laufende statistische Erhebungen über die Ergebnisse der Strafrechtspflege und der gerichtlichen Urteilstätigkeit, da diese Staaten zur Zeit noch nicht über eine Kriminalstatistik im engeren Sinne verfügen.

Hervorzuheben ist, daß das Aufgabengebiet der Strafanstaltsstatistik noch über das der Strafvollzugsstatistik hinausgeht, da zu ihr der Wesensart nach auch die Statistik der Untersuchungshaft gehört.

Im Gegensatz zu den anderen Zweigen der Strafvollzugsstatistik hat sich die wissenschaftliche Forschung schon verhältnismäßig frühzeitig und in recht eingehender Weise mit den Erfordernissen und theoretischen Grundlagen einer Statistik des Gefängniswesens beschäftigt. So wurde auf dem 2. internationalen Statistischen Kongreß in Paris im Jahre 1855 von französischer Seite durch Manceau und Bucquet ein ausführlicher

„Rapport sur la statistique des établissements pénitentiaires" (vgl. Compte-rendu de la deuxième session du Congrès International de Statistique, Paris 1856, S. 76ff. und 299ff.) nebst einem reich gegliederten Fragebogen über administrative und soziale Gefangenenstatistik vorgelegt. Einen weiteren Zählkartenvorschlag hat sodann der Engländer Mouat dem 9. Internationalen Statistischen Kongreß, der im Jahre 1876 in Budapest abgehalten wurde, unterbreitet.

An diese Arbeiten knüpfen z. T. diejenigen einer anderen internationalen Institution an. Die „Internationale Gefängniskommission", aus der die spätere „Internationale Strafrechts- und Gefängniskommission" hervorgegangen ist, hat sich in ihren Satzungen selbst die Aufgabe gestellt: „Elle organisera la statistique pénitentiaire internationale" und der Wichtigkeit dieses Problems auf seiner ersten Tagung im Jahre 1872 in London durch Zuweisung desselben an eine auch für andere Zwecke eingesetzte Kommission Rechnung getragen.

Wie der von Frede-Sieverts herausgegebenen Zusammenstellung der „Beschlüsse der Internationalen Gefängniskongresse 1872 bis 1930" (vgl. Schriften der Thüringischen Gefängnisgesellschaft, Heft 1, Eisenach 1931, S. 3 u. 37) zu entnehmen ist, wurde über die Lösung dieser Aufgabe bereits auf dem 2. Internationalen Gefängniskongreß (Stockholm 1878) in der II. Sektion (Strafvollzug) desselben unter nachstehender Frage verhandelt:

„Welche Fragebogen sollen der internationalen Strafvollzugsstatistik zu Grunde gelegt werden?"

Die Beschlußfassung des Kongresses kam hierbei zu folgendem Ergebnis:

„1. Die internationale Strafvollzugsstatistik soll nach der im Jahre 1872 angenommenen Methode fortgesetzt werden.

2. Die Wahl der Fragebogen und die Einzelheiten der Ausführung werden dem sachverständigen Ermessen der Internationalen Gefängniskommission überlassen. Allen zahlenmäßigen Auskünften sollen Angaben vorausgehen oder sie begleiten, die ihr Verständnis erleichtern können.

3. Die Aufstellung der jährlichen internationalen Statistik wird der Reihe nach den Strafvollzugsverwaltungen der vertretenen Länder anvertraut."

Zum ersten Absatz dieses Beschlusses ist zu bemerken, daß der Generalinspekteur des italienischen Gefängniswesens Beltrani-Scalia auf Anregung des Londoner Kongresses 1872 statistische Musterformulare entworfen und eine internationale Gefängnisstatistik für 1872 aufzustellen versucht hatte, die in Rom im Jahre 1875 erschien (vgl. a. „Profili di una statistica internazionale delle carceri", Annali di statistica, II, 9, 1879). Bei diesem einmaligen Versuch ist es aber geblieben. Der obige Beschluß ist ebenso wie die spätere Resulution bezüglich der internationalen Strafvollzugstatistik auf dem 4. Internationalen Gefängniskongreß in St. Petersburg (1890) trotz aller Bemühungen der zum Studium dieser Fragen eingesetzten Sonderkommission bisher daran gescheitert, daß man nicht zu international einheitlichen Grundsätzen zu gelangen vermochte.

Die auf dem Petersburger Kongreß verhandelte diesbezügliche Frage, über die von Mouat (England), Beltrani-Scalia (s. o.) und Yvernès (Frankreich) Gutachten erstattet waren (vgl. IVe Congrès Pénitentiaire International de Saint Pétersbourg. Travaux préparatoires, 11me Question, IIe Section, Fascicule 19b), hatte folgende Fassung:

„Ist die Zusammenstellung einer internationalen Gefängnisstatistik nützlich? Ist sie möglich? Wenn ja, in welchen Grenzen müßte man sich halten? Nach welchem System müßte sie hergestellt werden?"

Der Kongreß sprach daraufhin den nachstehenden Wunsch aus, der aber aus den oben angeführten Gründen nicht durchgeführt wurde:

„Für jede Kongreßtagung wird eine internationale Gefängnisstatistik aufgestellt; diese Arbeit wird der Gefängnisverwaltung des Landes anvertraut, in dem der Kongreß abgehalten werden soll; die Erhebungen betreffen das 2. Jahr, das auf das Jahr des vorhergehenden Kongresses folgt.

Die Tabellen, die dem Bericht von Beltrani-Scalia beigefügt sind, werden im Prinzip als Grundlage dieser internationalen Statistik angenommen; die Veröffentlichung soll von einem Bericht begleitet sein, der die festgestellten Ergebnisse analysiert und den Stand der Gefängnisstatistik in den verschiedenen Ländern bekannt gibt."

Aber auch namhafte deutsche Vertreter des Strafvollzuges wie der Statistik haben sich bis in die jüngste Zeit mit dem Forschungsziel einer Gefängnisstatistik, insbesondere für das gesamte Reichsgebiet beschäftigt. So hat u. a. der „Verein der deutschen Strafanstaltsbeamten" auf seiner Tagung in Bruchsal im Jahre 1864 die Aufstellung von gemeinsamen Normen für eine Strafanstaltsstatistik auf Grund von Vorschlägen von Ekert und Gutsch (vgl. Blätter für Gefängniskunde, Jg. 1865, I, S. 42 u. 57) behandelt, um einen Vergleich der strafanstaltsstatistischen Ergebnisse der deutschen Staaten herbeizuführen oder wenigstens zu erleichtern, und diesen Gegenstand zur weiteren Bearbeitung einer Sonderkommission überwiesen. Nachdem von bewährten Fachmännern in den „Blättern für Gefängniskunde" dem Vereinsorgan, Vorschläge über die Grundzüge und die einzelnen Teile der Normalstatistik der Strafanstalten veröffentlicht worden waren und die in dem Bericht von Blenkner dargelegten einzelnen Punkte über die Einteilung und verschiedenen statistischen Prinzipien auf der Tagung in Mannheim (1865) eingehend durchberaten waren, nahm sich die 1886er Vereinsversammlung in Frankfurt a. M. der Durchführung dieser Aufgabe erneut mit besonderem Eifer an. Es wurden dort von Leffler (München) und Langreuter (Vechta) Gutachten über das Thema: „Wie ist die Personalstatistik der eine Gefängnisstrafe verbüßenden Gefangenen einzurichten?" vorgelegt; an den sich anschließenden Diskussionen waren hauptsächlich Starke und Krohne beteiligt. Letzterer hat zudem in seinem bekannten „Lehrbuch der Gefängniskunde" der „Gefängnisstatistik" ein besonderes Kapitel gewidmet.

Weiterhin haben die Methode, Aufgaben und Leistungen einer den praktischen Anforderungen genügenden Gefängnisstatistik Rettich, v. Mayr, Mischler und Aschrott in wertvollen Beiträgen behandelt, die im Schrifttum näher aufgeführt sind.

Schließlich ist noch eine vor wenigen Jahren in den Vereinigten Staaten von Amerika unter dem Titel „Instructions for Compiling Criminal Statistics. A manual for the use of Penal Institutions, Police Departments, Courts, Prosecutors, and Parole and Probation Agencies" (Washington, Bureau of the Census, 1927) erschienene Veröffentlichung zu erwähnen, die neben einer Anweisung zur Aufstellung von Polizei- und Kriminalstatistiken auch eine solche für die Gefängnisstatistik enthält.

Die Strafanstaltsstatistik gliedert sich in zwei Hauptgebiete, von denen das erste die Verwaltungsstatistik der Strafanstalten, das zweite die Personalstatistik der Gefangenen umfaßt.

a) Die Verwaltungsstatistik der Strafanstalten hat sich auf sämtliche zur Durchführung des Vollzuges der Freiheitsstrafen erforderlichen Sachgüter und Dienstleistungen nebst dem dazu gehörigen Beamtenpersonal zu erstrecken.

Zu ihren Aufgaben gehören sonach zunächst Ausweise über die Zahl und Belegungsfähigkeit der Strafanstalten mit Gliederung nach ihrem Bestimmungszweck (z. B. zur Vollziehung von Zuchthausstrafen, Gefängnisstrafen, Festungshaft) und den Einlieferungsbezirken einerseits sowie in solche für männliche oder weibliche Gefangene andererseits; über ihre gesamte innere Einrichtung mit Angaben von Zahl, Art, Fläche und Rauminhalt der Unterbringungsräume unter Hervorhebung besonderer Abteilungen (z. B. für Erwachsene oder Jugendliche, für geistig Minderwertige, Tuberkulose, Geschlechtskranke), der verschiedenartigen Hafträume (Einzelzellen, Gemeinschaftsräume, Schlafkojen, -zellen und -räume, Lazaretträume, Arrestzellen zum Vollzug von Disziplinarstrafen), über die hygienischen Anlagen (z. B. Bäder) und die Arbeitssäle. Ebenso sind die mit den Anstalten verbundenen Wirtschaftsunternehmungen nebst den dazugehörigen Grundstücken, Äckern, Gärten und Sonstigem in eingehender Weise zahlenmäßig darzustellen.

Die Verwaltungsstatistik hat weiterhin Aufschluß zu geben über die vorhandenen seelischen, geistigen und körperlichen Erziehungs- und Bildungsmittel (Kirchen, Schulräume, Büchereien, Turn- und Sporträume oder -plätze), über die Beköstigung der Gefangenen (Zahl der Verpflegungstage mit Gesunden- und Krankenkost), den gesamten Arbeitsbetrieb in technischer Beziehung (Maschinen, Arbeitsgeräte), die wirtschaftlichen Verhältnisse der Anstalt, insbesondere die materielle Erhaltung der Gefangenen, sowie über die Finanzgebarung (spezialisierte Einnahmen und Ausgaben) der Strafanstaltsverwaltung. Schließlich sind statistische Nachweisungen über das Strafanstaltspersonal (Zahl der Leiter, der Beamten des mittleren und unteren Dienstes, der Ärzte, Geistlichen, Lehrer usf.) mit Unterscheidung in Beamte und Angestellte einerseits, im Haupt- oder Nebenamte Beschäftigte andererseits zu liefern.

b) Die Personalstatistik der Gefangenen soll sich im einzelnen beschäftigen

α) mit dem Stand der Gefangenenbevölkerung und ihrer Bewegung im Laufe des Jahres,

β) mit dem Vorleben der Gefangenen bis zu ihrer Einlieferung in die Strafanstalt,

γ) mit dem Verhalten der Gefangenen während des Freiheitsentzuges.

Zu a) sind demnach Tabellen über den Bestand am Jahresanfang, den Zugang und Abgang während des Jahres und den Jahresendstand der Gefangenen zu erstellen, unter besonderer Berücksichtigung der verschiedenen Verursachungen der Bestandsveränderungen. Gesondert sind darzustellen: Durchschnittsbestand, höchster, niedrigster Tagesbestand, Gesamtzahl der Gefangenen, sowie die Zahl der Hafttage. Beim Zugang: Die Neueinlieferungen infolge Urteils der bürgerlichen, militärischen Gerichte, Überweisung aus anderen Strafanstalten, Wiedereinlieferung infolge Widerrufs der vorläufigen Entlassung, Ablauf des Urlaubs, Rückkehr von Transporten, durch Wiederergreifung nach Entweichung. Beim Abgang: Ablauf der Strafzeit, durch Begnadigung, Wiederaufnahme des Verfahrens, Verlegung in eine andere Strafanstalt, auf Transport, durch Todesfall, Aufhebung des Strafvollzuges wegen unheilbarer Geisteskrankheit, zeitweilige Beurlaubung und Aussetzung, zeitweilige Überweisung an Kranken- und Irrenanstalten, Entweichungen und vorläufige Entlassungen. Bei den nach Ablauf der Strafzeit, zufolge Begnadigung, Wiederaufnahme des Verfahrens, wegen Geisteskrankheit Entlassenen und den vorläufig Entlassenen ist zu unterscheiden, ob sie ausgewandert, in die Heimat, nach anderen Orten entlassen oder anderen Strafanstalten oder Arbeitshäusern zugeführt sind.

Zu b) gehören alle diejenigen statistischen Feststellungen, die sich in allen Einzelheiten mit der Persönlichkeit der Gefangenen vor ihrer Inhaftierung befassen:

„Eine genaue Kenntnis des Vorlebens der Gefangenen", schreibt Langreuter zu dieser Frage, „ist für einen geordneten und wirksamen Strafvollzug unerläßlich, denn nur wenn die Strafvollzugsbeamten die Persönlichkeit der Gefangenen genau kennen, wenn sie genau bekannt sind mit den Verhältnissen, unter welchen dieselben groß geworden, wenn sie einen Einblick getan haben in das Elternhaus oder in das fremde Haus, welches sie groß gezogen, wenn sie wenigstens annähernd unterrichtet sind von dem Bildungsgange, den der Sträfling genommen, von den Früchten, welche der Schulunterricht getragen, wenn sie Kenntnis haben von dem Urteil des Lehrers, des Dienstherrn, des Handwerksmeisters, des Prinzipals oder sonstigen Vorgesetzten des Inhaftierten und insonderheit von den Lebensgewohnheiten desselben und den besonderen Umständen, unter welchen sie zu Verbrechern geworden, wenn sie die Entwicklung des Individuums zum Verbrecher und die Verbrechensstraße, die es gewandelt hat, verfolgen können, ist es möglich die Gefangenen im Strafvollzuge wirklich individuell zu behandeln" (Blätter für Gefängniskunde, 21. Jg., 1886, S. 288).

Unter diesem Abschnitt der Personalstatistik sind zunächst nähere Angaben über die Ursachen der jüngsten Verurteilung zu Freiheitsstrafe zu bringen.

Diese Nachweisungen verfolgen vor allem den Zweck, die soziale Seite des Verbrechens zu beleuchten und nicht dessen juristische Bedeutung klar zu stellen. Ihre Ausgliederung ist daher nicht nach den einzelnen Tatbeständen des strafrechtlichen Teils der Kriminalstatistik im engeren Sinne vorzunehmen, der unter Zugrundelegung des Systems des materiellen Strafrechts aufgebaut ist, sondern nach Anhalt des statistischen Teils in die allgemein üblichen Hauptdeliktsgruppen zu gliedern, aus welchen einzelne, nach Zahl oder Schwere kriminalpolitisch bedeutsame strafbare Handlungen hervorzuheben sind. Nach dem Muster des „Abgekürzten Verzeichnisses der Verbrechen und Vergehen gegen Reichsgesetze" der deutschen Kriminalstatistik (vgl. auch S. 43 dieses Bandes) und der deutschen Reichs- und Landesstrafgesetzgebung würden hierfür in Betracht kommen:

Gruppe I. Verbrechen und Vergehen gegen Staat, öffentliche Ordnung und Religion: Gesamtzahl, darunter Hochverrat und Landesverrat — Widerstand gegen die Staatsgewalt — Verbrechen und Vergehen gegen die öffentliche Ordnung — Münzverbrechen und Münzvergehen. — Verletzungen der Eidespflicht — Falsche Anschuldigung — Religionsvergehen.

Gruppe II. Verbrechen und Vergehen gegen die Person: Gesamtzahl, darunter Verbrechen und Vergehen gegen den Personenstand — Verbrechen und Vergehen gegen die Sittlichkeit — Beleidigung — Zweikampf — Verbrechen und Vergehen wider das Leben — Körperverletzung — Verbrechen und Vergehen wider die persönliche Freiheit.

Gruppe III. Verbrechen und Vergehen wider das Vermögen: Gesamtzahl, darunter Diebstahl und Unterschlagung — Raub und Erpressung — Begünstigung und Hehlerei — Betrug und Untreue — Urkundenfälschung — Bankrott — Strafbarer Eigennutz und Verletzung fremder Geheimnisse — Sachbeschädigung — Gemeingefährliche Verbrechen und Vergehen.

Gruppe IV. Verbrechen und Vergehen im Amte: Gesamtzahl.

Gruppe V. Verbrechen und Vergehen gegen das Militärstrafgesetzbuch.

Gruppe VI. Die Übertretungen: Gesamtzahl, darunter Landstreicherei (§ 361 Nr. 3 RStGB.) — Bettelei, Spiel, Trunksucht, Müßiggang, Arbeitsscheu, Obdachlosigkeit (§ 361, Nr. 4, 5, 7, 8 RStGB.) — Gewerbsmäßige Unzucht (§ 361 Nr. 6 RStGB.).

Gruppe VII. Vergehen und Übertretungen gegen landesgesetzliche Strafvorschriften: Gesamtzahl, darunter Holzdiebstahl.

Das zweite Kapitel dieses Teilgebietes der Personalstatistik hat in erster Linie demographische Daten der Gefangenen zu umfassen. Es sind dies Geschlecht und Alter kombiniert mit dem Familienstand, Familienverhältnisse (ohne oder mit Kindern nebst Sondernachweisen über den etwaigen Besitz von unehelichen Kindern), Personenstand (ehelicher, unehelicher Geburt, durch nachfolgende Ehe legitimiert), Elternstand (insbesondere bei Gefangenen jüngeren Alters ob Vater, Mutter oder beide Eltern verstorben sind), Erziehungsverhältnisse in der Jugend (im Elternhause, bei Fremden, in Fürsorge-

oder Zwangserziehungsanstalten), Geburtsort (in Stadt oder Land), letzter Wohnsitz (im Inland, Ausland, ohne festen Wohnsitz, in industriellen, landwirtschaftlichen, gemischtwirtschaftlichen Bezirken gelegen, gegebenenfalls mit Ausgliederung nach Gemeindegrößenklassen: d. h. in Großstädten mit mehr als 100000 Einwohnern, in Mittelstädten von 20000—100000 Einwohnern, Kleinstädten von 5000—20000 Einwohnern, in Landstädten mit weniger als 5000 Einwohnern, auf dem platten Lande), Staatsangehörigkeit und Heimat (Ausländer), Sprache (Landessprache, andere Sprache und Landessprache, nur andere Sprache), Religionszugehörigkeit, Bildungsgrad und Kenntnisse (höhere, Elementarschulbindung, davon vollständig — können lesen und schreiben — nur lesen — Analphabeten; mit Religionskenntnissen, ohne Religionskenntnisse), Vermögensverhältnisse (Vermögen vorhanden, ist zu erwarten, ohne solches, unterstützt aus öffentlichen Armenmitteln [dieser Nachweis ist für die Frage wichtig, ob die Gefangenen die Haftkosten zahlen können oder nicht]), Gesundheitsstand (gut, mittelmäßig, schlecht, mit einem die Arbeitsfähigkeit ausschließenden Gebrechen, mit erblicher Krankheit behaftet, zu Geisteskrankheiten neigend) sowie über den Beruf. Letzterer ist nicht nur nach Hauptwirtschaftsabteilungen, sondern auch nach zahlreichen Gruppen unter Hervorhebung einzelner kriminalistisch besonders gefährdeter Berufe (vgl. hierzu auch Hagemann oben Bd. I, S. 124) zu erfassen. Es ist dabei auch zu unterscheiden, ob es sich um Erwerbstätige (Selbständige, Angestellte, Arbeiter, Tagelöhner) oder Angehörige handelt. Und zwar sind die Rubriken aus Vergleichsgründen mit denen der allgemeinen Berufsstatistik in Übereinstimmung zu bringen. Auch ist eine Spezialermittelung „gewerblicher" Kenntnisse erwünscht, wie sie seiner Zeit von dem zugleich gefängnisstatistischen Zwecken dienenden „Einlieferungsschein", mittels dessen die Einlieferung der Verurteilten in eine württembergische Strafanstalt zu erfolgen hatte, erfragt wurden (vgl. Rettich, a. a. O., S. 501). Die statistischen Ermittelungen über den Beruf der Gefangenen, können übrigens teilweise auch vom administrativen Standpunkt in Betracht kommen, indem es sich z. B. darum handelt, nach der beruflichen Vorbildung des Detenierten die derzeitige Beschäftigung zu bestimmen u. dgl. (vgl. Mischler, a. a. O., S. 59).

Im Anschluß an die vorstehend aufgezählten Erhebungswünsche über die individuellen Verhältnisse der Häftlinge und wegen des inhaltlichen Ineinandergreifens mit diesen und den folgenden personalstatistischen Forderungen wäre sodann ein breiter Raum den kriminalbiologischen Forschungen einzuräumen. In welcher Richtung sich die vielseitigen statistischen Feststellungen auf dem Gebiet der Kriminalbiologie zu bewegen haben, kann hier wegen des Raumes nicht näher dargelegt werden. Auskunft über diese Frage geben ausführlichst die in der Denkschrift des Bayerischen Staatsministeriums „Der Stufenstrafvollzug und die kriminalbiologische Untersuchung der Gefangenen" (Bd. I, S. 56) enthaltenen Fragebogen und Erhebungsformulare der Bayerischen kriminalbiologischen Sammelstelle, der in der „Einführung in die kriminalbiologische Methodenlehre" F. von Rohdens abgedruckte belgische Fragebogen nach Vervaek und der sächsische Fragebogen nach Fetscher, der von dem kriminalistischen Institut der Universität Graz benutzte Fragebogen, dessen methodische Grundlagen A. Lenz in seinem „Grundriß der Kriminalbiologie" (Wien 1933) behandelt, sowie die Ausführungen von E. Mezger über die Aufgaben der kriminalbiologischen Untersuchungsstellen in seinem Buch „Kriminalpolitik" (Stuttgart 1934).

Vor einigen Jahren wurde übrigens vom Bayerischen Statistischen Landesamt der Versuch unternommen, auf Grund der kriminalbiologischen Zählkarten eine „biologische Kriminalitätsstatistik" zu schaffen (vgl. MinEntsch. vom 14. XII. 1927 Nr. 54661). Ergebnisse hierüber sind jedoch nach Mitteilung der maßgeblichen Stelle noch nicht veröffentlicht.

Die sich nun anschließenden Nachweisungen haben die „Übergangszustände von demographischen zu kriminalistischen Eigenschaften" (von Mayr), d. h. das sittliche Verhalten und den Leumund der Gefangenen bis zu ihrer Einlieferung, zu behandeln wie: Ausschweifungen, Trunksucht (Gewohnheits- oder Gelegenheitstrinker), Arbeitsscheue, Prostituierte, Hang zu Gewalttätigkeiten.

Dieses Kapitel bildet die Brücke zu den Nachweisungen über die Vorbestrafungen der Gefangenen, denen aus erklärlichen Gründen eine ganz besondere Bedeutung beizumessen ist. Es empfiehlt sich nach dem Muster der ehemals von dem Königl. Preußischen Ministerium des Innern über die ihm unterstellten Strafanstalten herausgegebenen Statistik etwa folgende Ausgliederung vorzunehmen: 1. Von den zu einer Freiheitsstrafe Verurteilten hatten bei ihrer Einlieferung in die Strafanstalt Vorbestrafungen mit Zuchthaus, Gefängnis oder Haft erlitten: insgesamt 1 mal, 2 mal, 3—5 mal, 6—10 mal, 11 mal und darüber. — 2. Von den Vorbestraften hatten vor der neuen strafbaren

Handlung eine Freiheitsstrafe verbüßt: insgesamt weniger als 3 Monate, 3 Monate bis 1 Jahr, 1 Jahr bis 5 Jahre, 5 Jahre und darüber. — 3. Von den Vorbestraften verübten die Tat seit Verbüßung der vorstehend unter 2 genannten Strafen binnen einer Frist von: weniger als 3 Monaten, 3 bis 6 Monaten, 6 Monaten bis 1 Jahr, über 1 Jahr, über 2 Jahre, über 3 Jahre und mehr. Erwünscht ist eine Kombination dieser Daten mit den wichtigsten strafbaren Handlungen, welche zu der letzten Bestrafung der Rückfälligen Anlaß waren.

Abzuschließen sind die Nachweisungen über das Vorleben der Gefangenen bis zur Einlieferung in die Strafanstalt mit Ergebnissen über die Dauer der erkannten Haupt- und Nebenstrafen.

Eine nach diesen mannigfachen Gesichtspunkten durchgeführte Statistik ist nicht nur eine wertvolle Ergänzung der Kriminalstatistik im engeren Sinne, sondern sie führt auch zu weit exakteren Resultaten, als es bei den entsprechenden kriminalstatistischen Feststellungen möglich ist. Über die Gründe finden sich bei Aschrott folgende treffenden Ausführungen (a. a. O. S. 1077):

„Insbesondere können die persönlichen Verhältnisse der Verurteilten, wenn man von den allgemeinen Fragen nach Geschlecht und Alter absieht, mit viel größerer Zuverlässigkeit in der Gefängnisstatistik festgestellt werden, als es selbst in der eingehendsten Kriminalstatistik möglich ist, wo jeder Verurteilte, mag er ein paar Mark Geldstrafe oder eine lange Zuchthausstrafe erhalten haben, ganz gleichmäßig als eine Nummer behandelt wird. Ich möchte nur auf die Fragen nach der Erziehung bis zum 14. Lebensjahre, nach den Verhältnissen im Elternhause nach der Schulbildung, nach dem erlernten Berufe hinweisen. Andere Fragen können überhaupt mit Sicherheit nur in den Strafanstalten auf Grund längerer Beobachtungen oder besonderer Ermittlungen beantwortet werden, so die nach der Arbeitsfähigkeit, nach Körper- und Geistesverfassung, nach erblicher Belastung nach dem Einfluß von Trunksucht oder Trunkenheit usw."

Zu c). Die Statistik über das Verhalten der Gefangenen während der Haft hat mit einer Darstellung der Art des Strafvollzuges (Zahl der in Einzelhaft, Gemeinschaftshaft oder in nächtlicher Trennung gehaltenen Gefangenen. Dauer der Einzelhaft. Zahl der Zellenbesuche) zu beginnen.

Demnächst ist über die in der Gefangenschaft begangenen strafbaren Handlungen und die Disziplinarvergehen nebst den hierfür erkannten und verhängten kriminellen und disziplinaren Strafen zu berichten. Bezüglich der Disziplinarbestrafungen sind auszuweisen die Zahl der Straffälle und der bestraften Gefangenen, die verschiedenen Ursachen der Bestrafung (Ungehorsam, Widersetzlichkeit, Arbeitsverweigerung, sonstige Verstöße gegen die zahlreichen Vorschriften der Hausordnung); die Art der Disziplinarstrafen (Kostbeschränkungen, Entziehung der Lagerstätte, des Arbeitsverdienstes, Einziehung eines Teiles des Guthabens, Entziehung von Vergünstigungen wie Bücher, Bewegung im Freien u. a., einsame Einsperrung mit oder ohne Kost, Bettlager, Dunkelarrest, Fesselung, Isolierhaft und sonstige Strafen).

Der nächste Abschnitt hat sich mit der Beschäftigung der Gefangenen und ihren Leistungen im Arbeitsbetrieb zu befassen, dessen technische Seite dagegen, wie schon oben erwähnt wurde, in der Verwaltungsstatistik zu berücksichtigen ist. Hierher gehören Ausweise über die Zahl der Hafttage, der Arbeitstage (davon Werktage, ausgefallene Arbeitstage: wegen Arbeitsmangels, Krankheit, Schultage, Arresttage, aus anderen Gründen), über die Verteilung der Arbeitstage und des Tagesdurchschnitts auf die Arbeiten für den eigenen Bedarf der Anstalt, für andere Behörden, private Unternehmer, Landeskultur- und sonstige landwirtschaftliche Zwecke. Außerdem sind Angaben über die Verteilung der Arbeitstage auf die verschiedenen Arbeitszweige und des Ertrages je Kopf und Arbeitstag bei jedem einzelnen Arbeitszweig zu fordern.

Sehr wichtig sind weiterhin die Ermittelungen über die Krankheitsfälle im allgemeinen unter eingehender Berücksichtigung des Vorkommens von akuten Infektionskrankheiten, Geschlechtskrankheiten, Tuberkulose und Geisteskrankheiten sowie über die Sterblichkeitsverhältnisse, insbesondere über die Selbstmorde und die ernstlich und nicht ernstlich gemeinten Selbstmordversuche.

Eine gut ausgebaute Statistik über das Verhalten der Gefangenen hat schließlich Nachweisungen über Korrespondenz, Besuche, Kostzusätze, Teilnahme an Gottesdiensten, Unterricht (mit Angaben seines positiven oder negativen Erfolges) und Benutzung der Büchereien zu bieten.

Wie schon oben in einem speziellen Falle angedeutet wurde, ist bei der Aufstellung des Fragenschemas für eine Strafanstaltsstatistik und bei der Einrichtung des Tabellenwerkes ganz besonders Wert darauf zu legen, daß die statistischen Ergebnisse mit den in Betracht kommenden der allgemeinen Statistik verglichen werden können. Dahin gehören vor allem die allgemeine Bevölkerungsstatistik, die Berufsstatistik, die Medizinal- und Morbiditätsstatistik, vor allem aber die Kriminalstatistik im engeren Sinne.

Die Gewinnung des Materials für die Gefängnisstatistik geschieht in technischer Beziehung am zweckmäßigsten auf dem Gebiet der Verwaltungsstatistik durch Listen, die von den Strafanstaltsbehörden zu führen sind, während die Daten für die Personalstatistik — wie bei der Kriminalstatistik im engeren Sinne — durch das Individualzählkartensystem zu erstellen sind.

Maßgebend für die Methode der Strafanstaltsstatistik müssen auf jeden Fall die von der statistischen Wissenschaft aufgestellten Normen und Richtlinien sein.

„Bei der Bearbeitung derselben", so schreibt Krohne schon vor mehr als vier Jahrzehnten, „ist daher die Mitwirkung der Statistiker von Fach nicht zu entbehren, wenn etwas Brauchbares dabei herauskommen soll. Das schlagendste Beispiel dafür ist die Kriminalstatistik für das Deutsche Reich. Welch ein Unterschied zwischen dieser — im Zusammenwirken des Reichsjustizamtes und des Kaiserlich Statistischen Amts bearbeiteten Statistik und den früheren von der Justizverwaltung allein aufgestellten Justizstatistiken" (a. a. O., S. 543).

Die Zahlenergebnisse sind durch Voranschickung eines Textteiles, wie es zumeist bei der Kriminalstatistik üblich ist, eingehend zu erläutern. Es empfiehlt sich hierbei, besonders interessierende Ausführungen aus den Berichten der Anstaltsbeamten (Vorsteher, Ärzte, Geistliche) einzuflechten, wie solche beispielsweise in der englischen Gefängnisstatistik in weitem Ausmaße veröffentlicht werden. Beizugeben ist außerdem den Tabellen ein Bericht über die Verwaltung und das System des Gefängniswesens mit Situationsplänen der Gebäude usw., eine Forderung, die Yvernès bereits auf der Budapester Tagung des Internationalen Statistischen Kongresses (1876) gestellt und auf dem internationalen Gefängniskongreß in St. Petersburg (1892) wiederholt hat.

4. Die Statistik über den Vollzug der Geldstrafen hat Ausweise über die erkannten Geldstrafen mit eingehender Gliederung ihrer Beträge und Unterscheidung nach den wichtigsten persönlichen und sozialen Eigenschaften der zu Geldstrafe verurteilten Personen einerseits und den einzelnen strafbaren Handlungen andererseits zu liefern und — in der gleichen Ausgliederung — eine Darstellung zu bringen, in welchem Umfange die erkannte Geldstrafe tatsächlich bezahlt worden ist und in welchem Umfange bei ihrer Nichtbeitreibung die Ersatzfreiheitsstrafe ganz oder teilweise vollstreckt worden ist oder an Stelle der Geldstrafe eine andere in der Gesetzgebung vorgesehene Ersatzleistung, z. B. Tilgung durch freie Arbeit, getreten ist.

5. Sofern die einzelstaatliche Gesetzgebung Verbannung, Transportation, Deportation, Relegation und Landesverweisung als Haupt- oder akzessorische Strafen kennt, sind bei einer Statistik über den Vollzug dieser Strafmittel mindestens Feststellungen über die in Frage kommenden strafbaren Handlungen sowie über die persönlichen Merkmale der von diesen Einrichtungen betroffenen Personen anzustellen.

6. Die sechste und letzte Gruppe der Strafvollzugsstatistik hat Aufschluß über die Strafvollzugsänderungen zu geben. In ihr sind nach der Forderung von Mayrs (a. a. O. S. 495) alle Vorgänge zusammenzufassen, welche als — vorübergehende oder endgültige — Störungen oder Behinderungen des Strafvollzuges bezeichnet werden können. Hierher gehören statistische Nachweisungen über die zeitliche Hinausschiebung und die frühere Beendigung der Freiheitsstrafen, ihre Umwandlung in andere Arten und in Geldstrafen, sowie der Fortfall des Strafvollzuges durch Begnadigungen, Amnestieen, Tod, Flucht der Bestraften oder aus anderen Gründen. Erwünscht ist auch — unter Aufgliederung nach einzelnen strafbaren Handlungen — eine Gegenüberstellung der Zahl der Verurteilten, bei denen die Vollstreckung der Strafen und insbesondere zunächst die Einleitung derselben Störungen erfahren hat, zu der Gesamtzahl der zu den verschiedenen Strafen verurteilten Personen einerseits, eine Verteilung der erkannten und schließlich abgebüßten Strafen nach ihrer Art und Dauer nebst Angabe etwaiger Nebenstrafen andererseits.

Mit den in diesem Abschnitt dargelegten theoretischen Forderungen in bezug auf das System und das Beobachtungsfeld der Strafvollzugsstatistik ist nur ein Normalprogramm aufgestellt worden, dessen Gliederung und Inhalt natürlich je nach der Art und dem Wesen der einzelstaatlichen Strafvollzugsgesetzgebung noch ausgebaut und ergänzt werden kann.

III. 1. Über die bedingte Verurteilung wurde im Deutschen Reich, wo im Jahre 1895 dieses Institut als Gnadenakt unter der Bezeichnung „bedingter Strafaufschub" (mit Rücksicht auf seinen Zweck häufig auch „bedingte Begnadigung" benannt) Eingang gefunden hat, eine sehr ausführliche Statistik bearbeitet, mit der das Deutsche Reich unter allen Staaten, in denen die Einrichtung der bedingten Verurteilung in der Strafgesetzgebung geregelt ist, und in welchen deren Anwendung und Wirkung einer regelmäßigen statistischen Kontrolle unterzogen wird, an weitaus erster Stelle stand.

Im Jahre 1899 wurde dem Reichstag eine „Zusammenstellung, betreffend die in den größeren Bundesstaaten für die bedingte Begnadigung geltenden Vorschriften und der Ergebnisse der bisherigen Anwendung dieser Vorschriften" (Drucksachen des Reichstags, 10. Legislaturperiode, I. Session, 1899/1900, Nr. 101) vorgelegt. Nachdem in der Folgezeit weitere zahlenmäßige Darstellungen — zuweilen auch mit einer Übersicht über die Gesetzgebung des Auslandes und die Versuche mit der bedingten Begnadigung (z. B. in Amerika, England, in englischen Besitzungen, in der Schweiz, in Belgien, Frankreich, Luxemburg, Portugal, Norwegen, Dänemark, Japan, den Niederlanden; vgl. Drucksachen des Reichstags, 11. Legislaturperiode, II. Session, 1905/06, Nr. 280) dem Reichstag unterbreitet worden waren, wurde zehn Jahre später „eine die Zeit bis Ende 1908 umfassende Zusammenstellung der statistischen Ermittlungen über die Anwendung des bedingten Strafaufschubs" (Drucksachen des Reichstags, 12. Legislaturperiode, 1. Session, 1907/09, Nr. 1321) vorgelegt. Im Jahre 1909 erfolgte sonach zum letzten Male die Vorlage einer solchen das gesamte Reichsgebiet umfassenden Zusammenstellung der statistischen Ermittlungen über die Anwendung der bedingten Begnadigung.

1. Der bedingte Strafaufschub in Preußen in den Jahren 1925—1929.

Bezeichnung	1925	1926	1927	1928	1929 insgesamt	1929 davon durch Verfügung des Justizministers	1929 davon durch Beschluß des Gerichts
Gesamtzahl der Fälle, bei denen Strafaussetzung bewilligt worden ist .	42 371	35 874	35 005	33 211	34 397	1779	32 618
hiervon betrafen:							
männliche Personen . .	33 859	28 793	28 539	27 889	28 805	1497	27 308
weibliche Personen . .	8 512	7 081	6 466	5 322	5 592	282	5 310
Personen, die bei Begehung d. strafbaren Handlung noch nicht 18 Jahre alt waren.	7 207	6 028	5 545	4 886	4 842	40	4 802
18 Jahre und mehr alt waren.	35 164	29 846	29 460	28 325	29 555	1739	27 816
Personen, die verurteilt sind wegen							
Verbrechens	10 864	8 090	7 296	6 701	6 963	451	6 512
Vergehens	27 974	24 511	24 657	23 888	24 816	1231	23 585
Übertretung	3 713	3 273	3 052	2 622	2 618	97	2 521
in einer Strafsache, anhängig in erster Instanz von							
Amts- oder Schöffengerichten	37 730	32 797	32 885	31 609	33 040	1627	31 413
Strafkammern, Schwurgerichten	4 521	3 013	2 090	1 582	1 352	152	1 200
Wuchergerichten . . .	120	64	30	20	5	—	5
Es erfolgte die Aussetzung der Vollstreckung von							
Zuchthausstrafe. . . .	447	332	349	293	245	119	126
Festungshaft	19	6	11	10	13	—	13
Haft.	3 746	3 459	3 061	2 681	2 634	106	2 528
Gefängnis	38 159	32 077	31 584	30 227	31 505	1554	29 951
Freiheitsstrafen von							
mehr als 6 Monaten. .	2 872	2 063	1 715	1 578	1 505	235	1 270
3 bis zu 6 Monaten. .	6 640	5 065	4 495	4 300	4 370	280	4 090
1 Monat bis zu 3 Monaten	12 259	9 742	9 524	8 686	8 964	523	8 441
1 Woche bis zu 1 Monat	13 241	11 853	12 525	12 350	12 915	549	12 366
1 Woche oder weniger.	7 359	7 151	6 746	6 297	6 643	192	6 451
für weniger als 2 Jahre	1 859	2 059	2 136	1 693	1 883	213	1 670
„ 2—3 Jahre	16 135	13 446	12 272	10 714	11 103	578	10 525
„ 3 Jahre oder mehr	24 377	20 369	20 597	20 804	21 411	988	20 423

Die Zahl der Fälle, in denen Strafaufschub bewilligt wurde, betrug seit Einführung desselben bis zum Ende des Jahres 1908 insgesamt 165680. Davon waren am 1. I. 1909 105852 Fälle endgültig erledigt, und zwar 81964 durch vollständige oder teilweise Begnadigung, 21230 durch Einleitung der Strafvollstreckung, 2658 durch Tod, Flucht oder auf andere Weise.

Nach der Einstellung der Reichsstatistik im Jahre 1908 wurden jedoch von den Justizverwaltungen einzelner deutscher Bundesstaaten diese Nachweisungen weiter bearbeitet und auf verschiedene Weise, z. B. in Preußen im „Statistischen Jahrbuch", in Bayern in der „Bayerischen Justizstatistik" veröffentlicht.

Die neueste Veröffentlichung für Preußen, die leider schon mit dem Jahre 1929 abschließt, findet sich im „Statistischen Jahrbuch für den Freistaat Preußen" (27. Bd., 1931). Die wichtigsten Daten hieraus sind — soweit sie sich auf die Bewilligung von Strafaussetzungen beziehen — in der Tabelle 1 (S. 723) zusammengestellt.

In der Zeit vom 23. X. 1895, an welchem Tage die gesetzlichen Bestimmungen über den bedingten Strafaufschub in Kraft traten, sind in Preußen insgesamt 907628 Strafaussetzungen (ohne die Fälle, in denen das Begnadigungsrecht dem Minister für Landwirtschaft usw. zusteht) bewilligt worden, von denen am 1. I. 1930 743316 Fälle endgültig erledigt waren.

Bewährungsfristen wurden 1929 insgesamt 3186 (1928: 3268) verlängert, davon 134 (1928: 195) durch Verfügung des Justizministers und 3052 (1928: 3073) durch Beschluß des Gerichts.

Die Gesamtzahl der Erledigungen von Strafaussetzungen belief sich im letzten Berichtsjahr auf 43807 (1928: 48058). Davon wurden endgültig erledigt — nach Ablauf der Bewährungsfrist — durch vorbehaltlosen Erlaß der ganzen Strafe 26702 (1928: 30359), der Reststrafe 6803 (1928: 7892), durch sonstigen Gnadenerweis 268 (1928: 264) Fälle, durch Widerruf 9074 (1928: 8401), Einleitung der Strafvollstreckung nach Ablauf der Bewährungsfrist 270 (1928: 211), Tod, Flucht, Verjährung oder auf andere Weise 560 (1928: 580) Fälle.

Im Ausland findet sich Zahlenmaterial über die Anwendung der bedingten Verurteilung im weiteren Sinne — sei es als Rechtsinstitut oder als Gnadenakt — in den Statistiken u. a. von Frankreich (Compte général de l'administration de la justice criminelle en France [Sursis à l'exécution]), Belgien (Statistique Judiciaire de la Belgique [Statistique des grâces et de la libération conditionnelle]), England und Wales (Criminal Statistics [Probation]), Dänemark (Danmarks Retspleije [Egentlig betingede Benaadninger]), Schweden (Sveriges Officiella Statistik, Rätsväsen, Brottsligheten [Villkorlig dom, villkorlig frigivning]), Finnland (Oikeustilasto, Rikollisuus, Syytettit), der Schweiz (Schweizerische Kriminalstatistik), der Tschechoslowakei (Statistisches Jahrbuch der Čechoslovakischen Republik).

2. Nachweisungen über den Vollzug der Todesstrafe durch Hinrichtungen bringen die meisten Kulturstaaten ausschließlich im Rahmen der Todesursachenstatistik. Daneben bieten einige Länder Zahlenmaterial hierüber regelmäßig in ihren kriminal-, strafprozeß- oder gefängnisstatistischen Veröffentlichungen; so z. B. England in den „Criminal Statistics", Frankreich im „Compte général de l'administration de la justice criminelle en France", Italien (bis zum Inkrafttreten des Strafgesetzbuchs von 1889, das keine Todesstrafe kennt) in „Statistica giudiciaria penale", die Vereinigten Staaten von Amerika in „Prisoners in State and Federal Prisons and Reformatories" mit besonders eingehenden Angaben über Geschlecht, Alter und Rasse der in den einzelnen Staaten Hingerichteten. Im Übrigen verweise ich auf die Tabellen, die Kohlrausch seinem Art. Todesstrafe beigegeben hat.

3. a) Eine laufende, jährliche Gefängnisstatistik, die das Gebiet des gesamten Deutschen Reichs umfaßt, wie dies bei der im Jahre 1882 beginnenden Kriminalstatistik der Fall ist, liegt nicht vor. Der Grund hierfür ist allein in dem Fehlen einer bisherigen reichsgesetzlichen Regelung des Strafvollzuges zu suchen. Zwar war vor rund 10 Jahren in der Vereinbarung der Landesregierungen über Grundsätze für den Vollzug von Freiheitsstrafen vom 7. VI. 1923 (RGBl. II, 263ff.) in Aussicht genommen (§ 231), nach einem vom Reichsjustizministerium vorgesehenen Muster die teils schon seit vielen Jahrzehnten von den größeren deutschen Ländern durchgeführten gefängnisstatistischen Erhebungen (s. den nächsten Abschnitt) zu vereinheitlichen. „Dieser Plan hat bisher nicht verwirklicht werden können", so heißt es in den Einleitungssätzen der einzigen veröffentlichten „Statistik des Gefängniswesens des Deutschen Reichs", die im Jahre 1929 vom Reichsminister der Justiz dem Reichstag als Anlage zum Entwurf eines Strafvollzugsgesetzes für die Beratungen desselben vorgelegt worden ist (vgl. Drucksachen des Reichstages, IV. Wahlperiode 1928, Nr. 814, ausgegeben am 1. III. 1929). Bei dieser, im Statistischen Reichsamt nach Ergeb-

nissen einer Umfrage des Reichsjustizministeriums bei den Landesjustizverwaltungen bearbeiteten Statistik handelt es sich allerdings zunächst lediglich um einen Versuch einer Reichserhebung. Da diese sich auch nur auf einen Stichtag, den 1. VII. 1927, bezieht und da weiterhin seitdem wesentliche Änderungen in dem Vollzug der Freiheitsstrafen vorgenommen worden sind, besitzen ihre Zahlenangaben zur Zeit nur noch einen bedingten Wert.

Mit dem Abschluß der großen nationalsozialistischen Strafrechtsreform, die auch ein Reichsstrafvollzugsgesetz vorsieht, ist notwendigerweise auch die Einrichtung einer Reichsgefängnisstatistik verknüpft, deren Bearbeitung wie die der Kriminalstatistik von der statistischen Zentralbehörde des Deutschen Reichs, dem Statistischen Reichsamt, zu erfolgen hat. Übrigens war in § 330 des Entwurfs eines Strafvollzugsgesetzes die Aufstellung einer Statistik über den Vollzug der Freiheitstrafen und der mit der Freiheitsentziehung verbundenen Maßregeln der Besserung und Sicherung für das ganze Reichsgebiet erneut vorgesehen. Wesentlich anders liegen dagegen, wie der folgende Abschnitt des Näheren zeigt, die Verhältnisse in den deutschen Ländern.

b) In Preußen wurden für den Staat im Ganzen erstmalig im Jahre 1871 statistische Ergebnisse der Zustände im Gefängniswesen und zwar Daten über die zum Ressort des Ministeriums des Innern gehörenden Staats- und Gefangenenanstalten über das Berichtsjahr 1869 veröffentlicht, dessen Verwaltungsgebiet neben den zur Vollstreckung der Zuchthausstrafe bestimmten Strafhäusern allerdings nur eine geringfügige Zahl von Anstalten für den Vollzug anderer Freiheitstrafen (Gefängnis-, Korrektions-, Polizei- und Untersuchungshaft) umfaßt. Die Veröffentlichung dieser Statistik, die aus diesem Grunde Individualangaben nur bezüglich der in ihrer Gesamtzahl in den Gefängnissen des Verwaltungsressorts untergebrachten Zuchthausgefangenen liefert, während sie sich im Übrigen lediglich als allgemeine Verwaltungsstatistik darstellte, erfolgte jährlich bis in die Kriegszeit.

Im Jahre 1902 beginnt sodann in stattlichem Umfang die Herausgabe der „Statistik über die Gefängnisse der Justizverwaltung in Preußen", die — wie schon ihre Bezeichnung besagt — über die zum Verwaltungsbereich des preußischen Justizministeriums gehörenden Anstalten berichtet.

Als dieser seit über 100 Jahren bestehende eigenartige Dualismus in der Verwaltung der preußischen Gefangenenanstalten im letzten Kriegsjahr beseitigt wurde, indem zufolge einem Erlaß vom 14. XII. 1917 (GS. 1918, S. 11) vom 1. IV. 1918 ab die Verwaltung der dem preußischen Ministerium des Innern unterstellten Zuchthäuser und größeren Gefängnisse der Justizverwaltung unterstellt wurden, ging auf diese auch die Statistik sämtlicher preußischer Strafanstalten über; sie ist zuletzt 1931 mit Ergebnissen für das am 31. III. 1930 abgelaufene Rechnungsjahr 1929 veröffentlicht worden. In den folgenden Jahren ist die Drucklegung der Statistik der preußischen Gefangenenanstalten einmal wegen der aus finanziellen Gründen bedingten staatlichen Sparmaßnahmen unterblieben, fernerhin auch deshalb, weil die Vorarbeiten für eine Reichsgefängnisstatistik, die einheitliche statistische Muster für alle deutschen Länder schaffen sollte, im Gange sind. Ungeachtet dessen sind aber die statistischen Erhebungen selbst nach Art und Umfang der bisherigen preußischen Gefängnisstatistik fortgesetzt und in ihren Hauptergebnissen von Schmidt bekanntgegeben worden (a. a. O., S. 1024ff. und 1364ff.), dessen Ausführungen die nachstehenden Hauptdaten entnommen sind.

In 20 Tafeln mit 3 Untertafeln, jeweils getrennt nach den einzelnen Oberlandesgerichtsbezirken, erfassen diese statistischen Ermittlungen die allgemeinen Verhältnisse der Anstalten und Unterbringungsräume; das Beamtenpersonal; die Belegung; die Bewegung des Gefangenenbestandes; die Zuchthaus- und Gefängnisvorstrafen; Disziplinarstrafen; Entweichungen; Briefwechsel, Besuche und schriftliche Beschwerden; Seelsorge; Schulunterricht; Bücherei; Verpflegung; Krankheitsfälle und Sterblichkeit; Tuberkulose; geistige Erkrankungen; Arbeitsbetrieb; Arbeitszweige; Arbeitslöhne und Arbeitsbelohnungen; Begnadigungen und bedingte Strafaussetzungen.

Die kleinen Gerichtsgefängnisse mit einer Belegungsfähigkeit von unter 50 Köpfen sind jeweils zusammengefaßt; bei den Gerichtsgefängnissen mit einer Belegungsfähigkeit von mehr als 50 Köpfen, bei den besonderen Gefängnissen, die unter einem hauptamtlichen Anstaltsleiter stehen, und den Zuchthäusern wird jede Anstalt für sich ausgewiesen.

Am 31. III. 1933 hatten die Gefangenenanstalten eine Belegungsfähigkeit von insgesamt rund 50000 Köpfen. Von den Belegungsplätzen waren 28478 Einzelzellen, 5280 Einzelschlafzellen und 16249 Gemeinschaftsplätze, d. h. 67,5% Einzel- und Einzelschlafzellen, 32,5% Gemeinschaftsräume. Durch Wiederinbetriebnahme geeigneter geschlossener Anstalten hat sich inzwischen die Belegungsfähigkeit auf 51423

Köpfe (ohne Außenarbeitsstellen) erhöht. Nach dem Stande vom 1. VII. 1934 waren 387 kleine Gerichtsgefängnisse, 51 Gerichtsgefängnisse mit Belegungsfähigkeit von 50 und mehr Köpfen, 92 Besondere Gefängnisse und 16 Zuchthäuser, zusammen 546 Gefangenenanstalten, in Betrieb.

Die durchschnittliche Tagesbelegung sämtlicher Anstalten betrug im Rechnungsjahr 1932/33: 37982,31 (1921/32: 32524,99) Köpfe.

Die Gesamtzahl der Gefangenen, die im Laufe des jeweiligen Rechnungsjahres durch die Anstalten gingen (Aufnahmen), betrug 1932/33: 368967 (1931/32: 317294). Weitere Ergebnisse über den Gefangenenbestand siehe in der Tabelle 2.

2. Die Belegung der Gefangenenanstalten in Preußen.

Bezeichnung	Rechnungsjahre	Gerichtsgefängnisse mit Belegungsfähigkeit bis zu 50 Köpfen	Gerichtsgefängnisse mit Belegungsfähigkeit von 50 und mehr Köpfen	Gefängnisse mit hauptamtlichem Vorsteher	Zuchthäuser
Von den Gefangenenanstalten konnten aufnehmen:					
Männer	31. III. 33	6 191	4 235	26 956	7 923
Frauen	31. III. 33	667	507	3 056	472
Von den Belegungsplätzen waren					
Einzelzellen	31. III. 33	3 771	2 301	18 140	4 266
Einzelschlafzellen	31. III. 33	143	319	3 673	1 145
Gemeinschaftsplätze	31. III. 33	2 944	2 122	8 199	2 984
Durchschnittliche Tagesbelegung (Köpfe)	1931/32	2 252,55	2 868,66	21 772,54	5 631,24
	1932/33	2 716,21	3 297,28	25 685,92	6 282,90
Gesamtzahl der Gefangenen im Laufe des Jahres (Aufn.)	1931/32	54 776	42 494	208 127	11 897
	1932/33	66 067	48 800	240 786	13 314

	Rechnungsjahr 1931/32 männliche Personen	Rechnungsjahr 1931/32 weibliche Personen	Rechnungsjahr 1932/33 männliche Personen	Rechnungsjahr 1932/33 weibliche Personen
Nach der Haftart saßen ein im Tagesdurchschnitt in				
a) Untersuchungshaft	7 163,82	339,67	8 184,76	340,34
b) Strafhaft (ausschließlich Zuchthaus, Festungs-, Zivil- und Polizeihaft)	18 264,50	1 014,96	21 605,70	994,72
c) Zuchthaus	5 326,91	204,95	5 954,98	177,91
Von den Strafgefangenen (Gefängnis und Haft) unter b) waren jugendlich (14 bis 18 Jahre)	200,52	0,76	185,65	0,83

Bereits aus dem ersten Drittel des verflossenen Jahrhunderts liegen gefängnisstatistische Daten für Bayern vor und zwar in einer Arbeit über „Stand der Zucht- und Strafarbeitshäuser, dann der Zwangsarbeitshäuser in den diesseits des Rheins gelegenen Kreisen des Königreichs Bayern, aus den 15 Jahren von 1833/34 bis 1847/48“, die in dem 1855 herausgegebenen Heft IV der „Beiträge zur Statistik des Königreichs Bayern“ veröffentlicht worden ist. Weiterhin ist die von Dr. med. C. Majer verfaßte und in der „Zeitschrift des Kgl. Bayerischen Statistischen Bureaus“ (3. Jg. 1871, S. 1ff.) publizierte medizinisch-statistische Studie „Die bayerischen Straf- und Polizeianstalten während der Periode vom 1. X. 1863 bis 31. XII. 1868“ zu erwähnen. Im Jahre 1894 werden dann erstmals im bayerischen Statistischen Jahrbuch — und zwar bis 1885 zurückreichende — Übersichten über die Bewegung des Gefangenenstandes in den Gerichtsgefängnissen und Strafanstalten bekanntgegeben. Auch die Bayerische Justizstatistik berichtete hierüber, deren letzter Band allerdings 1915 erschienen ist.

3. Der Gefangenenbestand in den Strafanstalten von Bayern.

Bezeichnung	Endbestand		
	1930	1931	1932
Gerichtsgefängnisse: insgesamt	3710	3622	3398
Untersuchungsgefangene	1675	1602	1718
Strafgefangene	1957	1922	1577
Schubgefangene . . .	78	98	103
Strafanstalten: insgesamt	4583	4735	4891
Zuchthaussträflinge. .	1520	1578	1624
Gefängnissträflinge . .	3055	3154	3257
Festungsgefangene . .	8	3	10

Die bayerische Statistik unterrichtet weiterhin über die „Korrektionelle Nachhaft". Im Jahre 1933 bezifferte sich die Zahl der Einschaffungen in die Korrektionsanstalten (Arbeitshäuser) auf 1033 Personen gegen 503 im Jahre 1932.

Die sächsische Statistik hat sich schon in ihren ersten Anfängen, als es noch kein staatliches Statistisches Büro, sondern nur einen vom Staate geförderten statistischen Verein gab, mit dem hier zu erörternden Gebiet beschäftigt. Gleich die erste im Jahre 1831 erschienene Lieferung der Mitteilungen des statistischen Vereins enthielt eine Übersicht der in den öffentlichen Straf- und Versorgungsanstalten befindlichen Personen. Der erste Jahrgang der im Jahre 1855 gegründeten „Zeitschrift des Königl. Sächsischen Statistischen Büros" brachte eine längere — die Zeit von 1838—1854 umfassende — Arbeit unter dem Titel „Beiträge zur Statistik der Strafanstalten und der Moralität der Bevölkerung im Königreiche Sachsen, mit besonderer Beziehung auf die Rückfälligkeit der Verbrecher (a. a. O., S. 89ff.), der Beiträge ähnlichen Inhalts in den Jahrgängen 1861 (S. 89ff.) und 1864 (S. 41ff.) folgten. Die Detentionsanstalten (Polizeiuntersuchungsanstalten, Gefängnisse, Militäranstalten) in Sachsen, Zahl der Insassen am 1. XII. 1880 sind in Jahrgang 1881 (S. 226ff.) der genannten Zeitschrift behandelt. Nachdem eine summarische Darstellung von Zahl und Frequenz der Landes-, Straf- und Besserungsanstalten in den Jahren 1880—84 im Jahrgang 1889 des „Statistischen Jahrbuchs für das Königreich Sachsen" veröffentlicht worden war, erfolgt in diesem regelmäßig vom Jahrgang 1905 ab die Bekanntgabe einer Übersicht über die Personalbewegung in den sächsischen Landes-, Straf- und Korrektionsanstalten bis in die neueste Zeit. Die letzten Angaben datieren vom Jahre 1929.

4. Der Gefangenenbestand in den Strafanstalten von Sachsen.

Ende des Jahres	insgesamt	davon	
		männl.	weibl.
1926.	3794	3482	312
1927.	3357	3075	282
1928.	3219	2990	229
1929.	3301	3066	235

Der Zugang in sämtlichen sächsischen Strafanstalten belief sich im Jahre 1929 auf 22880, der Abgang auf 22798 Gefangene.

In dem VI. Bande der Monatsschrift für die Justizpflege in Württemberg vom Jahre 1841 (S. 311ff. und 462ff.) sind „Beiträge zur Statistik der höheren Zivilstrafanstalten in dem Königreiche Württemberg" mitgeteilt, welche sich auf den Zeitraum vom 31. XII. 1827 bis zum 30. VI. 1839 beziehen. Sie wurden — bearbeitet durch v. Steudel — unter dem gleichen Titel bis zum Jahre 1859 fortgesetzt und in dem „Württembergischen Jahrbuch für vaterländische Geschichte, Geographie, Statistik und Topographie" (vgl. Jg. 1855, I, S. 108ff. und Jg. 1859, II, 1ff.) veröffentlicht. Vom Ausgang der 80er Jahre ab wurde dann bis in die Kriegszeit hinein eine „Übersicht über die Verwaltung der Rechtspflege im Königreich Württemberg sowie über die Verwaltung und den Zustand der gerichtlichen Strafanstalten", ab 1911 mit dem Titel „Württembergische Justizstatistik" (Teil 2, Gefängnisstatistik) herausgegeben, nach dem Kriege „Übersichten über die Verwaltung der Rechtspflege für den Freistaat Württemberg", die zum Teil im Statistischen Jahrbuch abgedruckt sind.

Ausgezeichnetes Material lieferte auch die bis zum Jahre 1915 erschienene „Badische Justizstatistik einschließlich Gefängnisstatistik". Außerdem sind summarische Daten im „Statistischen Jahrbuch" veröffentlicht.

Quellenwerk für Hessen war während einer Reihe von Jahrzehnten die „Statistik der Straf- und Gefangenenanstalten im Großherzogtum Hessen". Aus neuerer Zeit finden sich Angaben über das hessische Gefängniswesen in den „Mitteilungen des Hessischen Statistischen Landesamts".

Was die übrigen Länder des Deutschen Reichs anbetrifft, so enthalten meist die Statistischen Jahrbücher die wichtigsten Daten aus dem Vollzug der Freiheitstrafen.

c) Auch in den meisten ausländischen Staaten wie Österreich, Frankreich, England und Wales, Schweden, Italien, den

Niederlanden u. a. besitzt die Gefängnisstatistik gegenüber allen übrigen Erhebungen auf dem Gebiete der Kriminalstatistik im weiteren Sinne bzw. der Justizstatistik Selbständigkeit und zwar teilweise schon seit einer Reihe von Jahrzehnten. Die durchweg äußeren Gründe dieser losgelösten statistischen Bearbeitung liegen in der großen Bedeutung der Freiheitstrafe, der Besonderheit und Verschiedenheit der Strafvollzugsbehörden und in den Anforderungen der administrativen Kontrolle (Mischler, a. a. O., S. 58).

In Österreich-Ungarn nehmen die „Statistischen Übersichten über die Verhältnisse der k. u. k. Strafanstalten und Gerichtsgefängnisse", welche seiner Zeit ebenso wie die französischen und italienischen Gefängnisausweise inhaltlich zu den besten gehörten, im Jahre 1874 ihren Anfang.

Nach dem Weltkriege werden in Österreich alljährlich statistische Ergebnisse über den Vollzug der Freiheitsstrafe in der „Justizstatistik" bekanntgegeben (vgl. „Zahlenmäßige Darstellung der Rechtspflege". Herausgegeben vom Bundesministerium der Justiz).

Im Jahre 1932 (1931) gingen durch die österreichischen Strafanstalten 47056 (43271) Untersuchungsgefangene und 67913 (65173) Strafgefangene, zusammen 114969 (108444) Häftlinge; und zwar werden in den Strafanstalten nur Strafgefangene angehalten, während die Gefängnisse der Bezirksgerichte und Gerichtsgefängnisse neben den Strafgefangenen auch Untersuchungsgefangene beherbergen.

5. Der Gefangenenbestand in den Strafanstalten von Österreich.

Bezeichnung	Endbestand 1930	1931	1932
Strafanstalten	2483	2241	2251
Bezirksgerichtliche Gefangenhäuser:			
Gerichtl. Untersuchungsgefangene	312	285	355
Gerichtl. Strafgefangene .	459	413	373
Gerichtshofgefängnisse:			
Gerichtl. Untersuchungsgefangene	1539	1224	1295
Gerichtl. Strafgefangene .	2393	2438	2380

Der durchschnittliche Tagesstand stellt sich auf 1802 (1622) Untersuchungshäftlinge, 5237 (5286) Strafgefangene, 7039 (6908) Häftlinge insgesamt.

Das Tafelwerk unterrichtet weiter über die wichtigsten persönlichen Verhältnisse der in die einzelnen Strafanstalten eingelieferten Strafgefangenen, die Ursachen der Verurteilung, die urteilsmäßige Strafdauer, über Krankheits- und Todesfälle, Disziplinarstraffälle, den Arbeitsbetrieb im allgemeinen wie im besonderen (d. h. die verschiedenen Zweige desselben), den finanziellen Aufwand der zur Zeit vorhandenen 5 Strafanstalten und der Gerichtsgefängnisse sowie den Erfolg der bedingten Entlassung.

Weitere Übersichten bringen für die einzelnen bezirksgerichtlichen Gerichtsgefängnisse und die Gerichtshofgefängnisse Daten über die Gefangenenbewegung und die Verpflegungstage.

Für Ungarn sind seit längerer Zeit lediglich in dem „Annuaire statistique hongrois" gefängnisstatistische Angaben enthalten.

Am Schluß des Jahres 1932 (1931) waren in den 6 Gefängnissen 2883 (2826), in den 2 Strafanstalten mit strengem Arbeitszwange 511 (397) Gefangene vorhanden. Die Gesamtzahl der Gefangenen, die im Laufe des Jahres durchging, betrug bei den ersteren Anstalten 6174 (5910), bei den letzteren 707 (651). Die Zahl der Hafttage für beide Anstaltsarten belief sich auf 1341409 (1313366).

Während die Ausweise über den Vollzug der Freiheitstrafe an erwachsenen Personen sich nur auf die Bestandsbewegung in den Strafanstalten beschränken, ist den in den Besserungsanstalten untergebrachten jugendlichen Gefangenen besonders bezüglich ihrer persönlichen Verhältnisse eingehende statistische Beachtung geschenkt.

Nach dem „Statistischen Jahrbuch der Čechoslovakischen Republik" waren im Jahre 1931 in Böhmen und Mähren-Schlesien 3 Männerstrafanstalten und 1 Weiberstrafanstalt mit einem Jahresendbestand von 1172 (1930: 1283) bzw. 183 (1930: 166) Gefangenen vorhanden. In den 348 Gefangenenhäusern saßen Ende 1931 2149 (1930: 2431) gerichtliche Untersuchungshäftlinge und 3578 (1930: 4053) gerichtliche Häftlinge ein. In der Slowakei gab es 3 Strafanstalten und zwar durchweg für Männer; Ende 1931 befanden sich in ihnen 1057 (1930: 1091) Gefangene.

Die Statistik gibt außerdem über die Zahl der Verpflegungstage sowie die Ausgaben und Einnahmen der Strafanstalten Auskunft.

Reichhaltiges statistisches Material aus neuerer Zeit mit eingehender textlicher Erläuterung bietet auch die vom Justizministerium herausgegebene Schrift „Das Gefängniswesen in der Čechoslovakischen Republik" (Prag 1930), die seiner Zeit an die Teilnehmer des Prager Internationalen Strafrechts- und Gefängniskongresses verteilt worden ist.

Quellen für Polen sind die vom Justizministerium erstellten Übersichten im „Rocznik Statystyki Rzeszypospolitej". Danach waren am 1. I. 1932 345 Gefängnisse und 4 Erziehungsanstalten für Jugendliche mit einer Belegungsfähigkeit für 38590 Gefangene vorhanden. Die Zahl der Gefangenen betrug am gleichen Termin insgesamt 37992. Das bedeutet eine Ausnutzung der Belegungsfähigkeit von 98%.

Rußland (UdSSR) bietet gegenwärtig nur einige gefängnisstatistische Nachweisungen in einem der letzten Jahrgänge (1929) des „Statistitscheskij Sprawotschnik, SSSR" (Moskau).

Unter den Randstaaten widmen der Gefängnisstatistik eine Reihe von Übersichten Litauen in „Lietuvos Statistikos Metraštis", Lettland in „Latvijas Statistika Gada Gramata", während Estland hierüber periodisch in seiner Monatszeitschrift „Eesti Statistika" berichtet.

Finnland gibt eine besondere gefängnisstatistische Veröffentlichung unter dem Titel „Suomen Virallinen Tilasto, Oikeustilasto, Rikollisuus, III. Rangaistusta Kärsivät" heraus, die sich gegenüber den entsprechenden Publikationen anderer Länder vor allem durch den Reichtum und die Verschiedenartigkeit der Angaben über die persönlichen Verhältnisse der Häftlinge auszeichnet. Sie berichtet z. B. bezüglich der im Laufe des Jahres eingelieferten Personen über deren Geschlecht, Alter, Muttersprache, Beruf, eheliche oder uneheliche Gebürtigkeit, Familienstand und Familienverhältnisse, Konfession, Bildungsgrad, Vermögensverhältnisse, Geburts- und Wohnort, Ort und Zeit der Tat u. a. m.

Im Jahre 1835 nehmen in Schweden die von der Generaldirektion des Gefängniswesens herausgegebenen Gefängnisberichte (Fångvårds-Styrelsens underdåniga berättelse) ihren Anfang. Sie erscheinen seit vielen Jahren unter dem Titel „Fångvården" (Sveriges Officiella Statistik). Wir entnehmen dem neuesten Jahrgang (1934) folgende Hauptdaten:

Es sind vorhanden 7 Zentralgefängnisse (Centralfängelser), 12 Departementsgefängnisse (Straffängelser) und 16 Kreisgefängnisse (Kronohäkten).

Die Gesamtzahl der Verhafteten und Verurteilten, die in den Strafanstalten einsaßen, betrug im Jahre 1932 19710 und verteilte sich folgendermaßen: Bestand Ende 1931 2242 (davon 105 Frauen), Einlieferungen im Laufe des Jahres 1932 17468 (davon 619 Frauen), Entlassungen während des Jahres 17395 (davon 633 Frauen), Bestand Ende 1932 2315.

2465 Personen (davon 168 Frauen) wurden im Jahre 1932 wegen eines Verbrechens oder Vergehens verhaftet.

Zu Zwangsarbeit Verurteilte wurden 1932 1602 (davon 96 Frauen) eingeliefert. Am Jahresschluß verblieben 1392 (davon 61 Frauen). Von diesen im Verlauf des Jahres eingelieferten 1602 Strafgefangenen sind 584 = 36,4% mit Zwangsarbeit vorbestraft.

Zu Gefängnisstrafe Verurteilte wurden im gleichen Jahr 2003 (davon 35 Frauen) eingeliefert. Ende 1932 verblieben 229 Häftlinge (davon 4 Frauen). Außerdem wurden 13358 Personen (davon 276 Frauen) eingeliefert, die wegen Uneinbringlichkeit der Geldstrafe Gefängnis zu verbüßen hatten. Ihr Jahresendstand stellt sich auf 252 Personen (davon 3 Frauen).

Außer den vorstehenden Angaben behandelt die schwedische Gefängnisstatistik noch u. a. die Ordnung und Disziplin, Religion und Unterricht, Fürsorge der Entlassenen, Krankheits- und Sterblichkeitsverhältnisse, das Strafregister, sowie die wirtschaftlichen und finanziellen Verhältnisse der Strafanstalten.

In Dänemark erscheint seit 1873 bis in die neueste Zeit die Gefängnisstatistik unter dem Titel "Beretning om Strafalternas i Danmark"; Norwegens Nachweisungen werden in „Norges Offisielle Statistikk-Beretning om Rigets Strafarbeidsanstalter", „Fengselsstyrets Årbok", daneben summarisch im „Statistisk Årsbok for Kongeriket Norge" bekanntgegeben.

Die an Einzelheiten sehr reichen Nachweisungen von England und Wales — ursprünglich in den „Judicial Statistics" enthalten — stellen vom Jahre 1893 ab einen besonderen „Report of the Commissioners of Prisons and the Directors of Convict Prisons" dar.

Ausweislich des letzten, auf das Jahr 1932 sich beziehenden Berichts sind in England und Wales 28 Gefängnisse (Local Prisons) und 7 Zuchthäuser (Convict Prisons) in Benutzung. Wie den Ausführungen von Hauptvogel (vgl. „Aufzeichnungen über das Gefängniswesen Englands", Blätter für Gefängniskunde, Heidelberg 1931, 62. Bd., Sonderheft, S. 8ff.) zu entnehmen ist, werden in die ersteren Verurteilte aufgenommen, die Gefängnisstrafe (Imprisonment) zu verbüßen haben, während in den letzteren die Strafe der Penal Servitude (Zuchthausstrafe) vollzogen wird.

In den Gefängnissen stehen 10820 Zellen für Männer, 1349 für Frauen, zusammen 12169 Einzelzellen, 91 andere Räume für Männer, 44 für Frauen, zusammen 135 andere Räume zur Verfügung. Die Zahl der

Einzelzellen in den Zuchthäusern betrug für Männer 1758, für Frauen 139, insgesamt 1879, die der anderen Räume 8.

Zu diesen Anstalten treten im Jahre 1932 3 Sicherungsverwahrungsanstalten (Preventive Detention Prisons) und 9 Borstalanstalten (Borstal Institutions).

Die Verwahrung in einer Borstalanstalt ist eine Strafmaßnahme gegen jugendliche Rechtsbrecher.

6. Durchschnittliche Belegungsziffer in den Strafanstalten von England und Wales.

Bezeichnung	1930	1931	1932
Gefängnisse:			
Männer	7 773	7 909	8 838
Frauen.	620	628	640
insgesamt	8 393	8 537	9 478
Zuchthäuser:			
Männer	1 381	1 363	1 262
Frauen.	45	48	54
insgesamt . .	1 426	1 411	1 316
Borstalanstalten:			
Männer	1 285	1 488	1 781
Frauen.	116	113	114
insgesamt . . .	1 401	1 601	1 895
Sicherungsverwahrungsanstalten:			
Männer	122	124	111
Frauen.	4	3	3
insgesamt . . .	126	127	114
Sämtliche Anstalten:			
Männer	10 561	10 884	11 992
Frauen.	785	792	811
insgesamt . . .	11 346	11 676	12 803

Die entsprechenden Angaben für Schottland sind veröffentlicht in „Annual Report of the Prison Commissioners for Scotland" — (ab 1929) „Annual Report of the Prisons Department".

Die statistischen Gefängnisausweise der Niederlande nehmen im Jahre 1854 ihren Anfang. Sie erschienen unter der Bezeichnung „Statistiek van het Gevangeniswezen" bzw. „Gevangenisstatistiek" bis zum Jahre 1929 als selbständige Publikation; seitdem in einem Bande mit der Kriminalstatistik (Crimineele Statistiek).

Im Jahre 1932 waren für den Vollzug von Freiheitstrafen in den Niederlanden 3 Besondere Strafgefängnisse (Bijzondere Strafgevanenissen), z. B. zur Verbüßung lebenslanger Gefängnisstrafen oder als Gefängnisse für männliche bzw. weibliche Jugendliche, 17 gewöhnliche Gefängnisse (Gewone Strafgevangenissen), 21 Verwahrungshäuser (Huizen van Bewaring) und 4 Staatsarbeitsanstalten (Rijkswerkinrichtingen) vorhanden.

Ende des Jahres 1932 waren die Strafanstalten mit insgesamt 4341 Gefangenen (davon 92 Frauen) belegt. Die Verteilung auf die einzelnen Arten der Strafanstalten ist aus der nachstehenden Zusammenstellung ersichtlich:

7. Der Gefangenenbestand in den Strafanstalten der Niederlande.

Art der Strafanstalten	Endbestand		
	1930	1931	1932
Strafgefängnisse insgesamt.	1661	1692	1673
davon Frauen . .	53	66	54
Verwahrungshäuser insgesamt . . .	906	955	978
davon Frauen . .	33	46	25
Staatsarbeitsanstalten insgesamt . . .	1618	1656	1690
davon Frauen . .	8	7	13

Die Gesamtzahl der Gefangenen im Laufe des Jahres 1931 betrug 24972 (davon 763 Frauen), 1932: 27885 (davon 779 Frauen). Die durchschnittliche Tagesbelegung aller Strafanstalten beziffert sich 1932 auf 1765 (1931: 1723) Gefangene, die eine Gefängnisstrafe und 2346 (1931: 2318), die eine Haftstrafe zu verbüßen hatten.

Die Gefängnisstatistik gibt weiter Aufschluß über die Belegungsfähigkeit, Unterbringungsräume, Unterricht und Seelsorge, den Arbeitsbetrieb, vorläufige Entlassungen, den Gesundheitszustand, über die Schulden halber Verhafteten.

In der „Statistique Pénitentiaire, Exposé général de la situation des services et des divers Etablissements", welche seit dem Jahre 1852 vom französischen Justizministerium herausgegeben wird (bis jetzt sind 81 Jahrgänge erschienen), sind sehr detaillierte Nachweise über das Gefängniswesen von Frankreich veröffentlicht.

Ende des Jahres 1932 waren vorhanden:

a) 12 Zentralgefängnisse (maisons centrales). Davon sind 9 als Zuchthäuser für männliche Personen bestimmt, die zu einer Zuchthausstrafe (réclusion) von 5 und mehr Jahren verurteilt sind, oder als Korrektionshäuser zur Verbüßung der Gefängnisstrafen von mehr als einjähriger Dauer. In den 3 übrigen Zentralgefängnissen werden weibliche Personen aufgenommen, die Gefängnisstrafe, Zuchthausstrafe oder Zwangsarbeit zu verbüßen haben, da die letztere Strafe an

Frauen nicht in Strafanstalten außerhalb Europas vollstreckt wird.

In den Zentralgefängnissen für Männer standen 1932 7258 Plätze für eine durchschnittliche Belegung mit 4516 Gefangenen, in den Anstalten für Frauen 1710 Plätze für eine durchschnittliche Belegung mit 515 Gefangenen zur Verfügung.

b) 8 Erziehungs- und Besserungsanstalten (Etablissements d'éducation surveillée) für Jugendliche.

c) 274 Departementsgefängnisse (Maisons d'arrêt, de justice te de correction). Die Bedeutung dieser Unterscheidung ist — theoretisch betrachtet — etwa folgende: Maisons d'arrêt sind die Untersuchungsgefängnisse für Angeschuldigte (prévenus), maisons de justice solche für Angeklagte (accusés) vor dem Schwurgerichtshof (cours d'assises), maisons de correction für Verurteilte, die eine Gefängnisstrafe von weniger als 1 Jahr zu verbüßen haben. Die Zahl der 1932 in diesen Anstalten vorhandenen Zellen betrug 1932 insgesamt 8615, davon 7525 für Männer, 1090 für Frauen.

d) 3628 dépôts ou chambres de sûreté. Sie dienen zur Verwahrung der vorläufig Festgenommenen.

e) Das Dépôt von Saint-Martin-de-Rhé, wo die zu Zwangsarbeit oder Relegation Verurteilten vor ihrer Abfahrt nach Guyana gesammelt werden.

8. Der Gefangenenbestand in den Strafanstalten von Frankreich.

Art der Strafanstalten	Endbestand 1931 männlich	weiblich	Endbestand 1932 männlich	weiblich
Zentralgefängnisse	4 622	546	4 315	469
Besserungs- und Erziehungsanstalten	1 150	391	1 171	351
Departementsgefängnisse	11 695	1756	12 579	1591
Polizeigewahrsam[1])	79	15	88	20
Dépôt von Saint-Martin-de-Rhé	153	—	347	—
insgesamt	17 699	2708	18 500	2431
Gesamtsumme	20 407		20 931	

[1]) Chambre de sûreté.

Die Gesamtzahl der Hafttage betrug 1932 7583156 gegen 7777210 im Vorjahr.

Die französische Gefängnisstatistik unterrichtet außerdem — gegliedert nach den einzelnen Gattungen der Strafanstalten — über Art und Dauer der Strafen, Bildungsgrad, Betragen und Disziplin, Unterricht und Bibliotheken, Gesundheitsstand und Sterblichkeit, Arbeitsbetrieb und Ertrag, Einnahmen und Ausgaben des Strafvollzugs, Begnadigungen und Entlassungen.

Belgien veröffentlicht seit vielen Jahren die „Statistique pénitentiaire" als besonderen Teil in dem justiz- und kriminalstatistischen Sammelwerk „Statistique Judiciaire de la Belgique" (Gerechtelijke Statistiek van België).

Es waren im Jahre 1930 vorhanden: 3 Zentralgefängnisse (prisons centrales), die zur Vollstreckung krimineller Strafen an Männern bestimmt sind. 26 Anstalten zweiter Klasse (prisons secondaires), in denen kriminelle Strafen weiblicher Personen, korrektionelle Strafen und Polizeistrafen vollstreckt werden. 2 Strafschulen (prisons-écoles). In ihnen werden männliche Personen im Alter von 16—21 Jahren untergebracht, die zu einer Gefängnisstrafe von mindestens 3 Monaten verurteilt sind.

Am 31. XII. 1930 standen in den belgischen Strafanstalten 4379 Tages- und Nachtzellen für Männer und 663 für Frauen zur Verfügung. Es wurden im Laufe des Jahres 1930 eingeliefert in die Zentralgefängnisse 1879 Männer, in die Strafschulen 386 Männer und die Strafanstalten zweiter Klasse 33389 Männer und 2571 Frauen. Entlassen wurden entsprechend im letzten Berichtsjahr 669, 212, 30539 und 2296 Gefangene. Die Zahl der Hafttage stellt sich im Jahre 1930 in den Zentralgefängnissen und nur für erwachsene Gefangene auf 338464, in den Strafschulen auf 63359, in den Strafanstalten zweiter Klasse auf 989887 bei den Männern, 102217 bei den Frauen.

Außer diesen Angaben über die Bestandsveränderung vermittelt das Tabellenwerk — teils für die einzelnen Strafanstalten, teils für deren Gesamtheit — einen Einblick in die Sterblichkeit der Gefangenen unter besonderer Berücksichtigung ihrer Selbstmorde und Selbstmordversuche, die geistig Minderwertigen und deren wichtigsten persönlichen Merkmale, die Finanzgebarung der Gefangenenarbeit und die Ausgaben für den Strafvollzug.

In den eingehenden textlichen Erläuterungen der gefängnisstatistischen Ergebnisse finden sich außerdem Angaben über Schulunterricht der Gefangenen, über die Tätigkeit des bei einer Reihe von Strafanstalten eingerichteten anthropologischen Dienstes.

In Luxemburg betrug nach den im „Annuaire officiel" enthaltenen Angaben über den Strafvollzug, die gleichzeitig als Ersatz für eine Kriminalstatistik gelten können, da Ergebnisse hierüber nicht veröffentlicht werden, die Zahl der Zellen im Jahre 1932 wie auch in den letzten Jahren 477. Am 1. I. 1932 saßen 305 männliche und 49 weibliche Gefangene ein. Der Zugang im Laufe dieses Jahres stellt sich auf 1463 Männer und 199 Frauen. Entlassen wurden im gleichen Zeitraum 1503 männliche und 212 weibliche Häftlinge. Der Jahresendstand beziffert sich auf 267 männliche und 34 weibliche Gefangene. Die Gesamtzahl der Hafttage wird 1932 mit 112946 gegen 114457 im Jahr zuvor angegeben.

In der Schweiz hat im Jahre 1827 St. Franciscini (Statistica della Svizzera, Lugano 1827, S. 311) zunächst für 6 Kantone (Zürich, St. Gallen und Aargau für die Jahre 1824—26, Basel ab 1815—24, Waadt für 1821—26 und Genf für 1826) gefängnisstatistisches Material herausgegeben. Die erste einheitliche Darstellung für die gesamte Schweiz hat v. Orelli in einer Abhandlung „Zur Statistik des schweizerischen Gefängniswesens" (Zeitschrift für schweizerische Statistik, Jg. 1869, S. 8) geliefert. Im Jahre 1876 wurde dann erstmals amtlicherseits von dem eidgenössischen statistischen Büro eine Arbeit unter dem Titel „Zur Statistik der Kriminalanstalten der Schweiz im Jahre 1874" (Zeitschrift für schweizerische Statistik, Jg. 1876, S. 1ff.) bekanntgegeben. Bis zu der vom Jahre 1905 ab neu geschaffenen Strafstatistik des schweizerischen Zentralbüros war die Gefängnisstatistik überhaupt ein Ersatz für eine bisher fehlende Statistik der rechtskräftig abgeurteilten Personen (Kriminalstatistik im engeren Sinne).

Am Schluß des Jahres 1933 waren nach dem „Statistischen Jahrbuch der Schweiz" (Jg. 1934) in den Strafanstalten insgesamt 4279 (1932: 4090) verurteilte Gefangene, davon 531 (1932: 489) Frauen und 2284 (1932: 1647) nicht verurteilte Gefangene, davon 370 Frauen inhaftiert.

Der Gesamtzugang an verurteilten Gefangenen betrug im Jahre 1933 21059 (1932: 21032), der Abgang 20870 (20948).

Italien gibt seit Beginn der 80er Jahre des vorigen Jahrhunderts die „Statistica delle Carceri" heraus, die neuerdings die Bezeichnung „Statistica degli Stabilimenti di Prevenzione e di Pena" trägt. Im Jahre 1927, über das 1931 die letzten Angaben veröffentlicht worden sind, betrug die Zahl der Gefangenen aller Art 264915 (1926: 243239). Davon standen 76152 (73577) zur Verfügung der Staatspolizei (a disposizione della P. S.), 152569 (143586) zur Verfügung des Untersuchungsrichters (a disposizione dell'Autorità giudiziaria), während die restlichen 36194 (26076) Strafgefangene waren.

Was die Balkanstaaten anbetrifft, so ist zuerst die recht ausführliche Gefängnisstatistik (Στατιστική Σωφρονιστική) von Griechenland zu nennen. Sie behandelt unter weitgehender Berücksichtigung der persönlichen Verhältnisse der Häftlinge (Geschlecht, Alter, Familienstand, Beruf) die Bestandsbewegung in den Strafanstalten, die Entlassenen, die Disziplin, die Ursachen der Verurteilung, den Arbeitsbetrieb, die Untersuchungs- und Schuldhäftlinge.

Es wurden im Laufe des Jahres 1931 insgesamt 28591 (1930: 26222) Gefangene eingeliefert und 27940 (1930: 25218) entlassen. Der Endbestand an verurteilten Gefangenen belief sich im gleichen Jahre auf 7006 (1930: 6459).

Rumänien gab früher eine eigene „Statistica penitentiaria" heraus. Aus neuerer Zeit sind Nachweise — auch im „Anuarul statistic al Romàniei" — nicht vorhanden.

Über die wichtigsten Daten aus dem Gefängniswesen, insbesondere die Bestandsbewegung der Häftlinge in Bulgarien, unterrichtet ein umfangreiches Kapitel in „Statistitscheski Godischnik na Blarskoto" (Statistisches Jahrbuch).

Gleichfalls in den Statistischen Jahrbüchern veröffentlichen Jugoslawien (Statistički Godišnjak) und die Türkei (Istatistik Ylligi) die wichtigsten Angaben aus dem Vollzug der Freiheitstrafen.

Originalangaben für Spanien enthält das Werk „Estadistica Penitenciaria", daneben umfangreiche Nachweisungen über den Vollzug der Freiheitstrafen das „Anuario Estadistico", Quellenwerk für Portugal ist das „Anuario Estatistico".

Was die Gefängnisstatistik im überseeischen Ausland anbetrifft, so wurde in den Vereinigten Staaten von Amerika in dem Zeitraum von 1850—90 die Gefängnisbevölkerung lediglich im Zusammenhang mit dem allgemeinen, alle 10 Jahre durchgeführten Zensus zahlenmäßig festgestellt, wobei Zugang und Abgang an Häftlingen nicht Berücksichtigung fanden. Selbständige gefängnisstatistische Erhebungen wurden dann in den Jahren 1904, 1910 und 1923 vorgenommen. Die Ergebnisse der letzten dieser Erhebungen sind im Jahre 1926 unter dem Titel „Prisoners 1923, Crime Conditions in the United States as Reflected in Census Statistics of Imprisoned Offenders" (Washington) erschienen. Berichtet wird hierbei über 2341 Anstalten, 3 Bundesgefängnisse, 61 Staatsgefängnisse, 38 Staatsbesserungsanstalten, 1900 Provinzial-(County-)Jails, Arbeitshäuser und ähnlichem, 339 städtische Jails (über die Bedeutung der Jails s. u.). Genauere Daten sind über 109075 Gefangene gesammelt, die sich am 1. I. 1923 in Anstaltsverwahrung befanden und über 166356 Gefangene, die im Verlauf der ersten 6 Monate des Jahres eingeliefert wurden. Setzt man von der ersteren Zahl diejenigen Personen ab, die nur wegen Nichtbezahlung von Geldstrafen inhaftiert wurden, so verbleibt ein Gefangenenbestand von 117067 Köpfen. Da die Gesamtbevölkerung der Vereinigten Staaten von Amerika am Zählungstag des 1. I. 1923 sich auf schätzungsweise 109,96 Millionen Personen stellte, entfielen an diesem Termin auf 100000 Einwohner 94,6 Gefangene gegen 107,9 bei dem vorangegangenen kriminellen Zensus vom 1. I. 1910.

Diese Statistik gibt vor allem Aufschluß über die strafbaren Handlungen im einzelnen, Rasse und Herkunft, Ehebedingungen, frühere Verurteilungen, eine besondere Darstellung über die fremdgeborenen Gefangenen, über die finanziellen Verhältnisse, Personalangaben und einen Überblick über die Bewegung der Gefängnisbevölkerung.

Die Erhebungen dieser Art waren somit weit umfangreicher als die vom Jahre 1926 ab aufgestellte jährliche Statistik „Prisoners in State and Federal Prisons and Reformatiores", weil sie neben den Gefängnissen und Besserungsanstalten in den einzelnen Staaten und des Bundes auch die Strafanstalten der „Counties" und der Städte umfaßten.

Am 1. I. 1931 befanden sich in den Gefängnissen und Besserungsanstalten der Staaten und des Bundes insgesamt 127495 Gefangene gegen 91669 im Jahre 1926, dem Beginn dieser Statistik; das bedeutet eine Zunahme um fast 40%. Weiblichen Geschlechts waren von den zu Beginn des Jahres 1931 (1930) einsitzenden Personen 4570 (4620) = 3,6% (3,8%). Der durchschnittliche Tagesbestand stellte sich 1930 (1929) auf 76886 (70529). Da die normale Belegungsfähigkeit in diesen Jahren 66174 (62625) Plätze betrug, wurde sie um 16,2% (12,6%) überschritten. Der Zugang 1930 betrug 78866, der Abgang 71270 Häftlinge.

Die auf 100000 Individuen der über 15 Jahre alten Bevölkerung entfallende Kriminalität beziffert sich bei den Männern im Jahre 1930 auf 105,5 gegen 77,5 im Jahre 1926, bei den Frauen auf 5,3 gegen 5,5.

Daneben erschienen regelmäßig zwei weitere — vom Department of Justice — herausgegebene Publikationen, betitelt „Federal Penal and Correctional Institutions" und „Federal Prisoners in Jails". Die letztere gibt Aufschluß über diejenigen Verurteilten, deren Strafvollzugskosten zwar vom Bundesjustizdepartement entrichtet, aber nicht in den Bundesgefängnissen, sondern in den sogenannten „Jails" vollstreckt werden, die nicht nur dem Strafvollzug selbst, sondern auch der Beweis- und Vollstreckungssicherung dienen (vgl. E. M. Foltin, Amerikanisches Gefängniswesen, Reichenberg 1930).

Diese beiden Veröffentlichungen erscheinen vom Jahre 1931 ab inhaltlich im Rahmen der vom „United States Department of Justice" herausgegebenen neuen Publikation „Federal Offenders, A Review of the Work of the Federal Bureau of Prisons, including statistics of Federal Prisoners and Persons under Federal Parole and Probation Supervision", welche über die dem „Bureau of Prisons" unterstehenden Strafanstalten unterrichtet. Wie schon die Bezeichnung besagt, handelt es sich bei den statistischen Nachweisungen nur um die sogenannten „Bundessträflinge", das sind die von den Bundesstrafgerichten verurteilten Personen.

Der Bestand an Bundesgefangenen, die in den Bundesgefängnissen und -besserungsanstalten untergebracht sind, betrug am 30. VI. 1933 (1932) insgesamt 12145 (13696) Köpfe, davon entfallen auf die „Penitentiairies" 8984 (9658), auf die „Reformatories" 1715 (2004) und die „Prison Camps" 595 (761) Gefangene. Hinzukommen an den gleichen Terminen noch 6240 (8756) Gefangene, die in den Staats- und Lokalanstalten sowie in den Bundes-Jails einsaßen, so daß sich ein Gesamtbestand von 18388 (22454) Bundesgefangenen ergibt.

Chile bietet eingehendes und vielseitiges Material über sein Gefängniswesen in „Estadistica Anual de Administracion, Justicia y Education , Uruguay im „Anuario Estadistico de la Republica Oriental del Uruguay".

Die Ergebnisse der gefängnisstatistischen Ermittlungen von Siam sind in „Statistical Yearbook of the Kingdom of Siam", von Japan — allerdings nur summarisch — im „Resumé statistique de l'empire du Japon" enthalten.

Der Gefangenenbestand in sämtlichen Strafanstalten Japans wird für das Ende des Jahres 1931 auf 47507 (1930: 46437) angegeben, darunter befanden sich 729 (738) Personen weiblichen Geschlechts.

Außerdem verweise ich auf die sehr instruktive Darstellung der japanischen Rechtsverhältnisse mit eingehender Kriminal- und Gefängnisstatistik, die Masataro Miyke, Richter am japanischen Obersten Gerichtshof, in „An Outline of the japanese judiciary and the administration of prisons" (The Japan Advertiser, Tokio 1930) gegeben hat.

Gefängnisstatistische Quellen für die größeren britischen überseeischen Besitzungen sind die jeweiligen Statistischen Jahrbücher und zwar für Kanada: „The Canada Yearbook", Britisch-Indien: „Statistical abstract of British India", Südafrikanische Union: „Official Yearbook of the Union of South Africa", Australischer Staatenbund: „Official Yearbook of the Commonwealth of Australia" und Neuseeland: „The New Zealand Official Yearbook".

4. Statistisches Material über den Vollzug der Geldstrafen im Deutschen Reich findet sich lediglich in einer Sonderuntersuchung „Die Anwendung der Geldstrafe", die vor wenigen Jahren vom Reichsjustizministerium im Zusammenwirken mit den Landesjustizverwaltungen zur Beobachtung über die Auswirkungen der Geldstrafengesetzgebung angestellt worden ist. Die Hauptergebnisse dieser — die Jahre 1925—31 umfassenden — Sondererhebung, die in der „Kriminalstatistik für das Jahr 1930" (vgl. Statistik des Deutschen Reichs, Bd. 429, Berlin 1933, S. 44—51) in Aufgliederung nach den einzelnen deutschen Ländern veröffentlicht ist, sind in der Tabelle 9 dargestellt.

9. Die Anwendung der Geldstrafe im Deutschen Reich und ihr Vollzug in den Jahren 1925—1931.

Jahre[1]	Wegen Verbrechen oder Vergehen zu Geldstrafe rechtskräftig verurteilte Personen: überhaupt — Gesamtzahl	und zwar zu Geldstrafen von weniger als 20 RM.	20 bis unter 100 RM.	100 bis unter 300 RM.	300 bis unter 1000 RM.	1000 bis 10000 RM.	über 10000 RM.
1925 .	337 649	134 739	173 424	24 871	3879	664	72
1926[2].	437 325	194 703	209 340	27 756	4385	917	224
1927 .	454 019	206 252	215 663	26 914	4178	841	171
1928 .	461 718	207 668	222 275	27 052	3728	839	156
1929 .	449 407	193 580	224 201	26 994	3633	791	208
1930 .	440 140	184 571	225 581	25 557	3525	693	213
1931 .	383 003	152 407	203 447	21 650	3399	1513	587
Verurteilte, bei denen § 27b StGB. zur Anwendung gekommen ist							
1925 .	48 323	13 885	28 257	5 283	808	83	7
1926[2].	58 291	19 040	32 760	5 552	804	129	6
1927 .	54 734	18 200	31 079	4 673	685	88	9
1928 .	51 434	17 645	28 903	4 189	603	90	4
1929 .	52 303	18 268	29 072	4 241	614	102	6
1930 .	52 905	20 071	28 316	3 818	619	75	6
1931 .	50 154	20 426	25 866	3 231	517	85	29
Verurteilte, welche die Geldstrafe vollständig bezahlt haben							
1925 .	254 214	114 074	124 123	14 277	1597	139	4
1926 .	316 022	155 903	142 532	15 645	1720	208	14
1927 .	347 743	172 205	156 465	16 730	2108	219	16
1928 .	358 550	176 037	163 571	16 697	2031	205	9
1929 .	341 825	161 033	161 727	16 765	2028	265	7
1930 .	316 463	148 033	151 341	15 007	1865	208	9
1931 .	240 296	107 505	119 850	11 353	1430	138	20

[1]) Im Jahre 1925 ohne die Zeit vom 1. I. bis 31. III. 1925.
[2]) Ohne die Zeit vom 1. IV. bis 31. XII. 1926.

Zu bemerken ist, daß diese Sondererhebung im Gegensatz zur Kriminalstatistik, die sich auf die Verbrechen und Vergehen gegen Reichsgesetze erstreckt, auch die gleichen Deliktsarten gegen die Landesgesetze erfaßt. Hieraus erklärt sich, daß die Zahlen der zu Geldstrafe Verurteilten hier und dort nicht übereinstimmen. Von besonderem Interesse in der obigen Tabelle ist die Entwicklung in der Zahl der Verurteilten, die die Geldstrafe vollständig bezahlt haben, da sich in ihr die Gestaltung der allgemeinen Wirtschaftslage mit aller Deutlichkeit widerspiegelt.

Während in dem wirtschaftlich verhältnismäßig günstigen Jahr 1928 noch 77,7 % der Geldstrafen vollständig bezahlt worden sind, hat sich der Prozentsatz mit der ständigen Verschlechterung der Wirtschaftslage bis auf 62,7 % im Jahre 1931 vermindert. Aus demselben Grunde ist die Entwicklung der Zahl der Fälle, in denen gemäß § 29 des Strafgesetzbuchs die Ersatzfreiheitstrafe ganz oder teilweise hat vollstreckt werden müssen, entgegengesetzt. Ihr Anteil an der Gesamtziffer der erkannten Geldstrafen hat sich — wie die folgende Tabelle zeigt — von 1928 bis 1931 von 8,1 % auf 15,4 % erhöht. Die Rücksicht darauf, daß viele Angeklagte ihrer schlechten wirtschaftlichen Verhältnisse wegen von vorn herein zur Entrichtung der Geldstrafe außer stande erscheinen, ließ die Gerichte wieder eher zu einer kurzen Freiheitstrafe als zu einer Geldstrafe greifen. Und so erklärt es sich, daß die Zahl der wegen Vergehens zu Freiheitsstrafe von weniger als 3 Monaten verurteilten Personen sich in den letzten Jahren ständig erhöht hat.

Jahre	Zahl der wegen Verbrechen oder Vergehen rechtskräftig zu Geldstrafe verurteilten Personen			Zahl der wegen Freiheitsstrafe von weniger als 3 Monaten verurteilten Personen
	insgesamt	an denen die Ersatzfreiheitsstrafe ganz oder teilweise vollstreckt ist: überhaupt	%	
1925	337 649	22 653	6,7	70 268
1926	437 325	40 186	9,2	100 171
1927	454 019	38 641	8,5	98 885
1928	461 718	37 360	8,1	95 910
1929	449 407	44 085	9,8	101 704
1930	440 140	53 027	12,0	110 258
1931	383 003	59 076	15,4	114 902

Über die Zahl der Fälle, in denen ein zu Geldstrafe Verurteilter nach § 28b des Strafgesetzbuches die Geldstrafe durch freie Arbeit getilgt und so die Vollstreckung der Ersatzfreiheitstrafe von sich abgewendet hat, liegen nur Mitteilungen aus Thüringen vor. Im letzten Berichtsjahr haben 792 (1930: 248) von 13677 (1930: 15677) zu Geldstrafe Verurteilten oder 5,8 % (1920: 1,6 %) die Strafe durch freie Arbeit getilgt.

Entsprechende Angaben für das Ausland sind in den einschlägigen Publikationen — wenigstens was die neuere Zeit anbetrifft — nicht enthalten. Dagegen wird in den Gefängnisstatistiken z. B. von England, Schweden, Finnland und Griechenland die Zahl derjenigen Personen ausgewiesen, die wegen Uneinbringlichkeit einer Geldstrafe die Ersatzfreiheitstrafe zu verbüßen hatten.

5. Statistische Daten über die im Wege der Transportation, Deportation und Relegation in eine Strafkolonie verschickten Verbrecher enthält die französische „Statistique Penitentiaire“ (vgl. oben Abschnitt III, 3, c). Nach den dort gebotenen Übersichten über das „Dépôt des condamnés aux travaux forcés et à la relegation“ in Saint-Martin-de-Rhé wurden im Jahre 1928 insgesamt 418 Sträflinge nach der französischen Strafkolonie Guayana verschickt, davon waren 237 zu Zwangsarbeit (Transportation) und 181 zu Relegation (das ist dauernde Verschickung als Zusatzstrafe für Rückfällige) verurteilt, im Jahre 1926 betrug die Gesamtzahl der verschickten Sträflinge 700, im Jahre 1925 fanden keine Verschickungen statt, 1924 waren es 410. Weiteres statistisches Material aus den französischen Strafkolonien Neukaledonien und Guayana — allerdings aus der Vorkriegszeit — gibt Heindl im „Berufsverbrecher“ bekannt.

Was die Landesverweisungen anbetrifft, so enthält beispielsweise in gewissen Zeitabständen das deutsche Reichsministerialblatt (Zentralblatt für das Deutsche Reich) eine in kasuistischer Form gehaltene Übersicht der Ausweisungen von Ausländern, in welcher Name, Stand, Heimat, Grund der Bestrafung der Ausgewiesenen, die Behörde, welche die Ausweisung beschlossen hat, sowie das Datum des Ausweisungsbeschlusses mitgeteilt wird.

6. Sofern statistische Ermittlungen über die im Abschnitt II, 6 aufgeführten verschiedenen Arten der Strafvollzugsänderungen angestellt werden, sind ihre Ergebnisse zumeist in der allgemeinen Gefängnisstatistik, mitunter auch in Spezialpublikationen enthalten.

Für Preußen z. B. liegen hierüber nach Schmidt (a. a. O., S. 1023) hinsichtlich der normalen wie anormalen Strafvollzugsstörungen aus der letzten Zeit folgende Daten vor:

Todesfälle ereigneten sich in den preußischen Strafanstalten während der Rechnungsjahre 1932/33 (1931/32) insgesamt 100 (87), das sind je 0,03 % der Gesamtzahl der Gefangenen gegenüber einem Satz von 1,09 % Verstorbener der freien Bevölkerung für das Jahr 1930. Von den Todesfällen waren 64 (62) Selbstmorde. Hiervon entfallen 3 (1) auf weibliche Häftlinge.

Vor Verbüßung ihrer Strafe wurden in den gleichen Jahren entlassen durch Begnadigung 2639 (118), bedingte Strafaussetzung 6334 (5684) Gefangene. Die hohe Zahl der Begnadigungen im Rechnungsjahr 1932/33 ist im Wesentlichen auf die Amnestien durch das Gesetz über Straffreiheit vom 20. XII. 1932 (RGBl. I, 559) und die Verordnung des Reichspräsidenten über die Gewährung von Straffreiheit vom 21. III. 1933 (RGBl. I, 134) zurückzuführen.

Nach den vorläufigen Ergebnissen der Amnestie auf Grund des Gesetzes über die Gewährung von Straffreiheit vom 7. VIII. 1934 (RGBl. I, 769) sind laut einer Abhandlung von Stolzenberg: „Die vorläufigen Ergebnisse der letzten Amnestie in Preußen“ (vgl. Deutsche Justiz, 96. Jg. 1934, Nr. 39, S. 1210) insgesamt 414407 Personen amnestiert worden, und zwar ist bei 238832 Personen die Strafe erlassen und bei 175575 Personen das anhängige Verfahren eingestellt worden.

Die Zahl der Entweichungen zeigt eine ständige Verringerung. Von der Gesamtzahl der Gefangenen sind 1932/33 400 = 0,11 % gegen 416 = 0,13 % im Vorjahr und 610 = 0,22 % im Rechnungsjahr 1930/31 entwichen. Wiederergriffen wurden im letzten Berichtsjahr 335 (1931/32: 359). Also nur ein verschwindend geringer Teil der entwichenen Gefangenen konnte sich der Wiederergreifung entziehen.

In den österreichischen Strafanstalten, deren durchschnittlicher Tagesstand sich 1932 auf 2284 (1931: 2428) Häftlinge stellte, betrug der Abgang an Gefangenen infolge bedingter Entlassung 148 (192), bedingter Begnadigung 142 (184), unbedingter Begnadigung 1 (3), Todes 14 (14) und Flucht 1 (3).

Von einer Wiedergabe der entsprechenden Ergebnisse für weitere Länder muß aus Raumgründen abgesehen werden.

Schrifttum:

Behandlung der Gefangenenstatistik in Frankreich, v. Holtzendorffs Strafrechtszeitung, II. Jg., 1862, S. 492ff. — F. J. Mouat, On Prison Statistics and Discipline in Lower. Bengal, Journal of the Statistical Society, London 1862, XXV, 175ff.; 1867, XXX, 21ff.; 1872, XXXV, 57ff. — Jacobi, Statistische Wünsche betr. die Untersuchungshaft und irrtümliche Strafverfolgung, Gerichtssaal, Stuttgart 1866, XXXV, 182ff. — Internationale Statistik der Strafanstalten und Sträflinge, Statistische Monatsschrift, Wien 1875, Jg. I, S. 494ff. — Verhandlungen der Versammlung des Vereins der deutschen Strafanstaltsbeamten in Frankfurt a. M. 1886, Blätter für Gefängniskunde, Heidelberg 1887, XXII, 128ff.; Beschlüsse ebenda S. 181ff. — E. Mischler, Die Kriminalstatistik als Erkenntnisquelle, Handbuch des Gefängniswesens, herausgegeben durch F. v. Holtzendorff u. E. v. Jagemann, Hamburg 1888, I, 56ff. — K. Krohne, Lehrbuch der Gefängniskunde unter Berücksichtigung der Kriminalstatistik und Kriminalpolitik, Stuttgart 1889, insbesondere S. 542ff. — Caroll D. Wright, Outline of Practical Sociology, New York 1899. — Roland P. Falkner, Criminal statistics. Proceedings of National Prison Association. 1890, S. 12ff., 1891, S. 9ff. — Derselbe, Statistics of crime in the United States, Publications of the Academy of Political Science, New York I, 4, 609ff. — Sichart, Ein Beitrag zur Gefängnisstatistik, Blätter für Gefängniskunde, 1892, 26, Heft 1 u. 2, 21ff. — Rettich. Die württembergische Kriminalität, Württembergische Jahrbücher für Statistik und Landeskunde, Stuttgart 1894, I, 494. — H. Hoegel, Vergleichende Übersicht der Statistik der Strafzumessung und des Strafvollzugs in Österreich, Statistische Monatsschrift, Wien 1899, N. F. IV. Jg., S. 377. — Derselbe, Die Statistik der bedingten Verurteilung in Belgien und Frankreich, Gerichtssaal, Stuttgart 1903, LXII, 425ff. — A. Lenz, Kriminalstatistik und Kriminalpolitik im Hinblick auf die Schweiz, Schweizerische Zeitschrift für Strafrecht 1901, S. 99, insbesondere S. 112ff. — E. Kohlrausch, Die Ergeb-

LIPPERT & CO. G.M.B.H., NAUMBURG (SAALE)

MIX
Papier | Fördert gute Waldnutzung
FSC® C083411

Kolibri 360 GmbH
Ferdinand-Jühlke-Straße 7
99095 Erfurt, Deutschland
produktsicherheit@kolibri360.de